《民法典》释法说理

路晓霞　著

上海交通大学出版社
SHANGHAI JIAO TONG UNIVERSITY PRESS

内容提要

我们生活在一个法治快速进步的新时代。新时代,产生了丰富的法治资源,包括知识资源、学理资源、司法案例等。这些宝贵的法治资源是本书的源头活水。本书依据《民法典》总则编、物权编、合同编、人格权编、婚姻家庭编、继承编、侵权责任编体系,划分为民法总则、物权通则、物权类型、合同通则、典型合同、人格权法、婚姻法、家庭法、继承法和侵权责任法十个章节。《民法典》为人们的社会实践、生产实践和科学实践设置了操作规程。本书力争联通"民法世界"与"生活世界",完整而准确地阐释《民法典》条文规范,让民众知其然并知其所以然,以法护己身,并尊敬他人。同时,本书还着力阐释《民法典》弘扬社会主义核心价值观的中国精神,以更好发挥《民法典》在推进中国式现代化进程中的固根本、稳预期、利长远的基础性法律规范作用。

图书在版编目(CIP)数据

《民法典》释法说理/ 路晓霞著. —上海:上海
交通大学出版社,2023.11
　　ISBN 978－7－313－29512－5

　　Ⅰ.①民… Ⅱ.①路… Ⅲ.①民法－法典－研究－中
国 Ⅳ.①D923.04

中国国家版本馆 CIP 数据核字(2023)第 183175 号

《民法典》释法说理
《MINFADIAN》SHIFA SHUOLI

著　　者:路晓霞
出版发行:上海交通大学出版社　　　　地　　址:上海市番禺路 951 号
邮政编码:200030　　　　　　　　　　电　　话:021－64071208
印　制:上海锦佳印刷有限公司　　　　经　　销:全国新华书店
开　本:710 mm×1000 mm　1/16　　　印　张:20.25
字　数:326 千字
版　次:2023 年 11 月第 1 版　　　　　印　次:2023 年 11 月第 1 次印刷
书　号:ISBN 978－7－313－29512－5
定　价:78.00 元

前 言
PREFACE

一、《民法典》开启中国法治新时代

《中华人民共和国民法典》(简称《民法典》)是中华人民共和国成立以来第一部以"典"命名的法律。典有"经典""典范""典籍"之义,凡是纳入《民法典》的规则,都具有基础性、典范性特征。"民法典在中国特色社会主义法律体系中具有重要地位,是一部固根本、稳预期、利长远的基础性法律。"①

《民法典》是私法的基本法。私法与公法相对,二者共同构筑一国法律的整体。私法调整的是平等主体之间的关系,例如民法、商法;公法调整的是非平等主体之间的关系,例如宪法、行政法。除了《民法典》,私法还包括民事特别法(例如知识产权法)和商事特别法(例如公司法)。②《民法典》不仅是民事特别法的基本法,而且是商事特别法的基本法。

《民法典》是市场经济的基本法。《民法典》采取"民商合一"的立法体例,以保护产权、维护契约、统一市场、平等交换、公平竞争、有效监管为基本导向,引导市场主体规范从事经济活动,为社会主义市场经济的良性运行和持续发展铺平了法治轨道,是市场主体活动的依据,是名副其实的"经济宪章"。

《民法典》是市民社会生活的基本法。人们无时无刻不生活在民法之中,民法事关人们的生老病死、婚配育养、衣食住行、市场交易,以及人的精神生活和人格尊严的保护。"法律是人类最伟大的发明。别的发明让人类学会驾驭自然,而

---

① 习近平:《习近平谈治国理政》(第四卷),外文出版社 2022 年版,第 281 页。
② 《民法典》与民事、商事特别法在法律适用上的关系:特别法有规定的,优先适用特别法;特别法没有规定的,适用《民法典》;特别法规定与《民法典》规定不一致的,适用特别法。

法律的发明则令人类学会如何驾驭自己。"①《民法典》为人们的社会实践设置了操作规程。智者以法护身,愚者以身试法。

二、"一个聚焦""三个阐释好"

习近平总书记在主持"切实实施民法典"集体学习时要求:"民法典专业术语很多,要加强解读。要聚焦民法典总则编和各分编需要把握好的核心要义和重点问题,阐释好民法典关于民事活动平等、自愿、公平、诚信等基本原则,阐释好民法典关于坚持主体平等、保护财产权利、便利交易流转、维护人格尊严、促进家庭和谐、追究侵权责任等基本要求,阐释好民法典一系列新规定新概念新精神。"②"一个聚焦""三个阐释好"为《民法典》的释法说理提供了指导思想。

首先,要聚焦好《民法典》的核心要义——民事权利。《民法典》以保护民事权利为出发点和落脚点,总则规定了一般权利;分则规定了物权、债权、人格权、婚姻和家庭生活领域的权利、继承权以及权利受到侵害时的请求权和救济权。聚焦好《民法典》的"权利—责任"闭环逻辑,有利于让"字面上的权利"切实转化为"生活中的权利"。

其次,要阐释好《民法典》的基本原则。《民法典》的基本原则是整个民法或私法制度的基本精神线索,包括合法权益受法律保护、平等、自愿、公平、诚信、公序良俗、绿色七大基本原则。结合《民法典》的具体规则来阐释基本原则,就是让《民法典》所蕴含的主体责任意识、平等意识、契约精神、诚信精神等根植于民众内心。

再次,要阐释好《民法典》的条文规范。将法言法语转化为民谚民语,将学理逻辑转化为认知逻辑,联通"民法世界"与"生活世界",才能完整而准确地阐释好《民法典》条文规范,让民众对善意取得、"履行治愈规则"、格式条款、保证合同、违约责任等常见法律问题知其然并知其所以然。

最后,要阐释好《民法典》的新精神。《民法典》第1条即开宗明义,指明立法目的之一是弘扬社会主义核心价值观。国无法不立,国无精神不强。阐释好法

---

① 这段话常被误以为是美国法学家博登海默所言。经核查,这段话实际上出自林登·贝恩斯·约翰逊(Lyndon Baines Johnson)于1965年9月16日在华盛顿"经由法律实现世界和平"大会上的演讲。参见徐清:《新时代法理学教材的转型升级——〈法理学〉(第五版)教材修订纪实》,《法制与社会发展》2018年第4期。

② 习近平:《习近平谈治国理政》(第四卷),外文出版社2022年版,第284—285页。

理背后的富强、民主、文明、和谐精神，自由、平等、公正、法治精神，爱国、敬业、诚信、友善精神，不仅展示了依法治国与以德治国的有机结合，而且彰显出中华民族在推动法治文明发展进步中的伟大创造精神。

三、知识、学理与实务

我们生活在一个法治快速进步的新时代。新时代产生了丰富的法治资源，包括知识资源、学理资源、司法案例等。这些宝贵的法治资源是本书的源头活水。

《民法典》及最高人民法院出台的相关司法解释、最高人民法院民法典贯彻实施工作领导小组主编的"中华人民共和国民法典理解与适用"系列丛书，对于构建本书的知识体系举足轻重。

本书的学理资源来自法学界专家学者的学术成果。这些学术成果既包括《中华人民共和国民法总则释义》(李适时主编)、《合同法总论》(韩世远著)、《婚姻家庭法新论》(巫昌祯主编)等学术著作，也包括《法律行为理论纲要》(孙宪忠著)、《大陆法系国家民法典编纂若干问题探讨》(苏永钦著)、《我国〈民法典〉买卖合同制度的重大更新》(易军著)等学术论文。

法律的生命在于实施。"一个案例胜过一打文件"。本书的司法案例包括平台主播违约案、离异母亲望女成凤家暴被剥夺监护权案、康美药业证券虚假陈述审计机构及签字会计师承担100％连带责任案、江某某诉刘某某生命权纠纷案、莫某一般人格权纠纷案等。这些案例用判决固定了人民认可的社会正义与公序良俗，不仅彰显了司法正义，而且引导社会向上向善。

目 录

CONTENTS

第一章

民法总则

《民法典》总则编按照提取公因式的方式,提炼和归纳民法普遍适用的基本原则、概念和制度。总则编共 10 章,包括基本规定、自然人、法人、非法人组织、民事权利、民事法律行为、代理、民事责任、诉讼时效、期间计算,共 204 条。《最高人民法院关于适用〈中华人民共和国民法典〉总则编若干问题的解释》于 2022 年 3 月 1 日实施,共同构建了我国现行的民法总则规范体系。

| 第一节 |

民法的基本原则

民法的基本原则是《民法典》的核心价值,统摄《民法典》整体,对于《民法典》的各编都起到统领和指导作用。《民法典》第 3—9 条规定了民法的七项基本原则,即合法权益受法律保护、平等、自愿、公平、诚信、公序良俗和绿色原则。

民法基本原则与各具体规则之间关系如下:一是《民法典》就某事项作出具体规则时,表明《民法典》对该事项已作出具体规定,应直接适用该具体规则;二是在具体规则存在两种或者两种以上合理解释时,基本原则将成为选择具体规则的价值指引;三是在缺乏具体规则的情况下,基本原则将发挥填补具体规则法律漏洞的作用。①

基本原则之间发生冲突时应如何处理? 美国学者德沃金对此有过著名论

---

① 法官不能拒绝裁判,法官的职责在于"你给我事实,我给你法律"。应注意的是,此处的法律首先指具体的法律规则,只有法无具体规定时,才援引兜底性的法律原则,以弥补具体规则的法律漏洞。

断:"法律原则在个案中并不像法律规则那样,它们彼此之间是一种竞争共存关系,当原则与原则之间发生冲突时,需要在原则之间进行衡量,比较哪一个原则在个案中更具有分量或者优先性,而不是适用其一,其他均归于无效。"①

一、合法权益受法律保护原则

《民法典》第 3 条规定:"民事主体的人身权利、财产权利以及其他合法权益受法律保护,任何组织或者个人不得侵犯。"《民法典》把"民事权益受法律保护"放在各项原则之首,意在彰显《民法典》对民事合法权益受保护原则的重视。

《民法典》总则编第 5 章规定了民事主体的各项权利,是中国民事立法的重大成就。就自然人而言,《民法典》规定的民事权利包括:① 自然人的人身自由、人格尊严受法律保护(第 109 条);② 自然人享有生命权、身体权、健康权、姓名权、肖像权、名誉权、荣誉权、隐私权、婚姻自主权等权利(第 110 条);③ 自然人的个人信息受法律保护(第 111 条);④ 自然人因婚姻家庭关系等产生的人身权利受法律保护(第 112 条);⑤ 民事主体的财产权利受法律平等保护(第 113 条);⑥ 民事主体依法享有债权(第 118 条);⑦ 民事主体依法享有知识产权(第 123 条);⑧ 自然人依法享有继承权(第 124 条);⑨ 民事主体依法享有股权和其他投资性权利(第 125 条);⑩ 民事主体享有法律规定的其他民事权利和利益(第 126 条);⑪ 对未成年人、老年人、残疾人、妇女、消费者等享有法律规定的特殊民事权利(第 128 条)。

民事权利的保护既是《民法典》的出发点,也是落脚点。民法的基本逻辑关系是"权利—义务—责任"。② 这样的逻辑使每个权利主体都能够维护自己的权利,在自己的权利被侵害时能够得到法律的保护。《民法典》通过总则编和分则编(物权编、合同编、人格权编、婚姻家庭编、继承编)将民事权利确定下来,最后以侵权责任编对民事权利的救济收尾。

应注意的是,民事权利应依法行使。黑格尔曾说:"法的命令是,做一个人,并尊敬他人为人。"③我国《宪法》第 51 条规定:"中华人民共和国公民在行使自

---

① 林来梵、张卓明:《论法律原则的司法适用——从规范性法学方法论角度的一个分析》,《中国法学》2006 年第 2 期,第 124 页。
② 郭明瑞:《民法总则规定民事责任的正当性》,《烟台大学学报》2014 年第 4 期。
③ [德]卡尔·拉伦茨:《德国民法通论》(上册),王晓晔、邵建东、程建英等译,法律出版社 2003 年版,第 34 页。

由和权利的时候,不得损害国家的、社会的、集体的利益和其他公民的合法的自由和权利。"与之相对应,《民法典》第 132 条规定:"民事主体不得滥用民事权利损害国家利益、社会公共利益或者他人合法权益。"如果因行使自己的权利而损害了国家或他人的利益,超出了法律所许可的范围,则不再是行使权利而是侵权,会被追究法律责任。

二、平等原则

《民法典》第 4 条规定:"民事主体在民事活动中的法律地位一律平等。"平等原则集中反映了民法所调整的社会关系的本质特征,是民事法律制度的基础。

平等原则的学理表达范式为:在民事活动中,当事人的法律地位平等,任何一方不得将自己的意志强加给对方,民事主体的地位不因其性别、年龄、种族、文化程度等方面的差异而有所区别。[①]

民法的平等原则既是对等级制度的否定,也是对人与人依附关系的否定。正如拉德布鲁赫指出的:"民法典并不考虑农民、手工业者、制造业者、企业家、劳动者等具体主体之间的区别。私法中的人就是作为被抽象了的各种人力、财力等抽象的个人而存在的。"[②]

民法的平等原则是贯彻落实《宪法》"法律面前人人平等"原则的要求。《宪法》第 33 条第 2 款规定:"中华人民共和国公民在法律面前一律平等。""法律面前人人平等"既不允许任何人有凌驾于法律之上的特权,也不允许存在任何形式的歧视。法律虽不能使人人平等,但是在法律面前人人平等。

三、自愿原则

《民法典》第 5 条规定:"民事主体从事民事活动,应当遵循自愿原则,按照自己的意思设立、变更、终止民事法律关系。"民法的自愿原则高举"法无禁止皆可为"的旗帜,承担起民法核心价值的重任。

自愿原则,也称意思自治原则或私法自治原则,是指民事主体在进行民事活动时意志独立、自由和行为自主,根据自己的意愿来设立、变更和终止民事法律

---

① 邹海林:《民法总则》(第二版),法律出版社 2018 年版,第 43 页。
② [德]拉德布鲁赫:《法学导论》,米健等译,中国大百科全书出版社 1997 年版,第 66 页。

关系;同时,尊重对方当事人的意愿,进行平等协商,恪守诚实信用,不将自己的意志强加给对方。自愿原则要求,只要不违反法律、公序良俗,就不受他人的非法干预;欺诈、强迫、威胁等违背交易主体意志的不正当行为,都为法律所禁止。"只有在民事主体违反法律规定、合同约定又拒不承担法律责任时,国家司法机关才依法强制介入。"①

自愿原则的正当性源于理性人或经济人假设:① 人是完全理性的,因此他们知道自己的利益何在;② 人是有完全意志力的,因此他们会不懈追求自己的利益;③ 人是完全自利的,知道利益及追求利益都是为了自利的结果。民事主体自己最明白自己的意愿与利益所在,由其自由地处理自己的利益,既是实现各主体差别化利益的最佳方式,也是实现社会效率的最佳方式。

当然,理性人或经济人假设存在以下理论缺陷:① 人的理性是有限的,无法完全认识自己的利益;② 人的意志力是有限的,即使知道什么是最好的,也往往缺乏足够的自制力去达到行为效用最大化;③ 人的自利也是有限的,人因为多种原因会考虑他人的利益;④ 人是社会中的人,不能为了个体私利,危害社会共同体的根本利益。

因此,自愿原则应受到必要的限制——"绝对的自由就是不自由"。正如孟德斯鸠所言:"过度的自由实际上就是欲望的放纵","特别是自由不受限制被滥用的时候,会带来灾难性的后果"。② 对此,我国《宪法》第51条规定:"中华人民共和国公民在行使自由和权利的时候,不得损害国家的、社会的、集体的利益和其他公民的合法的自由和权利。"就民法而言,民事主体的自由除受法律限制外,还受到公平、诚信、公序良俗等原则的限制。

四、公平原则

《民法典》第6条规定:"民事主体从事民事活动,应当遵循公平原则,合理确定各方的权利和义务。"

尽管每个人心中都有一个关于公正或者正义的想法,但表达出来却千差万别。就如美国学者博登海默所言:"正义有着一张普洛透斯似的脸,变幻无常,随

---

① 李适时:《民法总则释义》,法律出版社 2017 年版,第 19—20 页。
② [法]孟德斯鸠:《论法的精神》,申林译,北京出版社 2007 年版,第 42 页。

时可呈不同形状并具有极不相同的面貌。"①

古罗马法学家凯尔苏斯曾言:"法乃公正善良之术。"②亚里士多德用正义指代公平,他将正义分为分配正义和矫正正义。分配正义涉及的是钱物、财富、荣誉,还包括权力等可分配之物在社会成员之间的分配,强调比例平等;矫正正义旨在维护人们经济交易中的公平和根据法律纠正人与人之间的相互伤害,强调人与人的平等。③ 可以说,亚里士多德关于分配正义和矫正正义的认识,奠定了公平的基本含义。

1979 年,美国国家生物医药和行为研究受试者委员会发布的《贝尔蒙报告》④丰富了我们对于矫正正义的认识。该报告认为,公正是平等的人应当得到平等的对待;平等也并不是要拒绝一切形式的差异,在例外情形下,如果有必要偏离平等对待的原则,应当找到合适的理由论证其正当性。

最高人民法院民法典贯彻实施工作领导小组认为,"法律意义上的公平,一是指法律关系当事人之间的地位、权利、义务、责任处于一种平衡状态;二是指第三方(包括机构、组织、个人)在对待公共利益、利益冲突、当事人诉求等问题时,秉持居中裁断、不偏不倚的立场与态度。"⑤

综合以上观点,笔者认为,法律上的公正包括实体公正与程序公正。前者是指是在平等原则发挥作用的基础上,法在特定情况下具有纠偏功能,且这种纠偏功能必须有正当性;后者是指司法者在对待利益冲突时居中裁断、不偏不倚。

五、诚信原则

《民法典》第 7 条规定:"民事主体从事民事活动,应当遵循诚信原则,秉持诚实,恪守承诺。"诚信原则要求秉持诚实,恪守承诺。诚信原则不仅是民法的基本原则之一,而且是法官解释民法的重要依据。

---

① [美]E.博登海默:《法理学:法哲学与法律方法》,邓正来译,中国政法大学出版社 1999 年版,第 252 页。
② [意]桑德罗·斯奇巴尼:《民法大全选译·正义和法》,黄风译,中国政法大学出版社 1992 年版,第 34 页。
③ 邓肖潇、龚天平:《论亚里士多德关于正义的分配思想》,《湖北文理学院学报》2015 年第 1 期。
④ National Commission for the Protection of Human Subjects of Biomedical and Behavioral Research: THE BELMONT REPORT, The U.S. Department of Health and Human Services (20 October 2021), http://www.hhs.gov/ohrp/regulations-and-policy/belmont-report/index.html,最后访问日期:2023 年 6 月 12 日访问。
⑤ 最高人民法院民法典贯彻实施工作领导小组:《中华人民共和国民法典总则编理解与适用》(上),人民法院出版社 2020 年版,第 58 页。

诚信原则源于古罗马裁判官采用的一项司法原则,即在审理民事纠纷时考虑当事人的主观状态和社会所要求的公平正义。作为一项古老的道德戒律和法律原则,诚信原则被大陆法系誉为民法尤其是债法的"帝王规则"。

　　中国社会历来强调诚信。中国古代有"民有私约如律令"之说;孔子主张,"人而无信,不知其可也"(《论语·为政》);民间有谚:"君子一言,驷马难追"。中国古代还有商鞅"立木为信"、①季布"一诺千金"②等佳话。董仲舒将"信"与"仁、义、礼、智"并列为"五常",③成为中国社会千百年来推崇的基本价值规范和社会道德评价标准。

　　诚信原则对于我国全面推进经济和社会信用体系建设具有重大意义:一是培育契约精神,形成重合同、守信用的交易习惯;二是培养善意观念,确立正义价值观;三是形成权利义务责任相一致观念;四是形成公平竞争的现代法治理念,尊重产权和创新。

六、公序良俗原则

　　《民法典》第8条规定:"民事主体从事民事活动,不得违反法律,不得违背公序良俗。"公序良俗,即公共秩序与善良风俗的简称。所谓公序,即国家的安全、人民的根本利益;所谓良俗,是指人们的一般道德准则。公序良俗具有维护国家社会根本利益以及人们一般道德准则的重要功能。

　　日本学者我妻荣对公序良俗的区分被我国司法实务界所引用。我妻荣认为,公序是指国家社会一般的利益,良俗是指社会一般的道德观念,二者都可归入"社会妥当性"之内。我妻荣把违反公序良俗的类型归纳为七类:"(1)违反人伦的行为;(2)违反正义观念的行为;(3)乘他人的无思虑、危难而谋取不正当利益的行为;(4)对个人自由的极度限制行为;(5)对营业自由的限制行为;(6)对作为生存基础的财产进行处分的行为;(7)显著的射幸行为。"④

　　梅迪库斯指出:"所称的'善良风俗',只是从道德秩序中裁剪下来的、在很大

---

① (汉)司马迁:《史记·商君列传》,中华书局1959年版,第2231页。
② (汉)司马迁:《史记·季布栾布列传》,中华书局1959年版,第2731页。
③ (汉)班固:《汉书·董仲舒传》,中华书局1963年版,第2505页。
④ 最高人民法院民法典贯彻实施工作领导小组:《中华人民共和国民法典总则编理解与适用》(下),人民法院出版社2020年版,第762页。

程度上被烙上法律印记的那部分；法绝非接受某种崇高伦理的标准。"①王泽鉴进一步指出："在现代多元化开放的社会，关于公共秩序或善良风俗，难期有定于一尊的见解，在审判上终究有赖以法官个人的认知。然法律乃在规范社会生活，实现正义，故法律的适用自需克服个人的主观性，排除可能的偏见，而使评价'事理化'。"②可见，"善良风俗"并非直接使道德秩序成为法律秩序，而是要进行一个"底线性裁剪"才能"烙上法律印记"。

实践中，应避免公序良俗原则成为"僭越法律而沦为'道德审判'的工具"。对于公序良俗，只能从反面要求人们不能违背，而不能从正面要求人们遵循。这是《民法典》不从正面表述"应当遵循"，而是从反面表述为"不得违背"的原因。毕竟，法律与道德属于不同的行为规范体系。

七、绿色原则

《民法典》第 9 条规定："民事主体从事民事活动，应当有利于节约资源、保护生态环境。"绿色原则的内涵包括节约资源和保护生态环境两项。

我国是首个在《民法典》中确立绿色原则的国家。绿色原则入典，既是我国民法典回应 21 世纪资源环境日益恶化这一时代特征的重要立法举措，也是对传统民法基本原则体系的重要创新。对于经济发展与环境保护平衡问题，我国司法机关通过不断探索，建立了环境修复、惩罚性赔偿、环境公益诉讼等制度，为民事法律的发展提供了中国经验。

绿色原则入典，在传承我国天地人和、人与自然和谐共生的优秀传统文化理念的基础上，确认了民事主体的环境性权益、环境资源的生态价值。传统民事法律制度注重保护民事主体的人身和财产权利，忽视民事主体的环境性权利；注重环境资源的经济价值，忽视环境资源的生态价值。《民法典》第 346 条规定："设立建设用地使用权，应当符合节约资源、保护生态环境的要求，遵守法律、行政法规关于土地用途的规定，不得损害已经设立的用益物权。"第 509 条第 3 款规定："当事人在履行合同过程中，应当避免浪费资源、污染环境和破坏生态。"

应注意的是，与民法其他原则"应当遵循""不得违反"的表述不同，绿色原则

---

① ［德］迪特尔·梅迪库斯：《德国民法总论》，邵建东译，法律出版社 2013 年版，第 510—511 页。
② 王泽鉴：《民法总则》，北京大学出版社 2009 年版，第 278—279 页。

采用"应当有利于"的表述,表明了绿色原则属于倡导性规范。

八、民法基本原则适用案例

(一) 王某某诉上海迪士尼禁带饮食消费维权案①

1. 基本案情

2019 年 1 月 30 日,原告华东政法大学学生王某前往上海迪士尼乐园游玩,并携带部分即食食品以备游玩时食用。在乐园安检时,王某被告知根据《上海迪士尼乐园游客须知》,游客不得携带食品进入乐园。经交涉未果,原告自行处置食品后入园。

后原告诉至法院,请求判令:① 确认被告《上海迪士尼乐园游客须知》中"不得携带以下物品入园"部分的"食品、酒精饮料、超过 600 毫升的非酒精饮料"条款内容无效;② 被告赔偿原告被迫丢弃的食品损失 46.30 元。

2. 裁判处理

案件调解期间,被告对入园规则中相关条款内容进行了修改:除仍禁止携带少数特殊食品外,游客可携带供本人食用的食品及饮料进入上海迪士尼乐园。

本案法院以调解结案。原、被告双方自愿达成调解协议:对原告的食品损失 46.30 元,被告补偿原告 50 元(当庭给付)。

之后,上海迪士尼旅游度假区实施主题乐园的食品携带和安检新规,游客可携带供本人食用的食品及饮料进入上海迪士尼乐园,但不允许携带需加热、再加热、加工、冷藏或保温的食品及带有刺激性气味的食品。安检方面,上海迪士尼也做出"优化",建议游客在安检时可以自己打开包袋,如果安检人员有要求,游客可自行将可疑物品取出,并在完成检查后放回。

3. 典型意义

一些知名文旅企业采取各种店堂告示或者单方禁止性规定侵犯消费者的合法权益甚至人身权益,这种现象时有发生。本案原告是一名法科学生,自身权利受到损害时不是像多数消费者一样忍气吞声,而是采用诉讼的方式依法维权,既维护了个人的合法权益,又维护了社会公众的切身利益,并且通过个案诉讼实现

① 《第九届(2019 年度)十大公益诉讼案件之二:王某某诉上海迪士尼禁带饮食消费维权案》,https://www.pkulaw.com/pfnl/a6db3332ec0adc4e8a9f8ba77896bb852dd8bc7b79125d2bdfb.html,最后访问日期:2023 年 6 月 12 日。

了帮助企业守法经营的客观效果,可谓一举多得。人人都行动起来,就能避免"公地悲剧"现象①的发生,这也是本案的社会价值。

(二)邓某某诉某速递公司、某劳务公司一般人格权纠纷案②

1. 基本案情

北京某劳务公司在某同城网站上发布招聘信息,标题为"某速递员三千加计件",任职资格:男。邓某,女,在线投递简历申请该职位,并于 2014 年 9 月 25 日到该速递公司进行面试。

邓某在该速递公司酒仙桥营投部面试并试干两天,双方达成于 10 月 8 日签约的意向,但 10 月 8 日未能签约。10 月 19 日邓某给某速递公司负责人事的李某打电话询问不能签合同的原因,李某确认因为邓某是女性,所以某速递公司不批准签合同。邓某遂将该速递公司和劳务公司诉至法院,请求被告支付精神损害抚慰金人民币 5 万元。

2. 裁判处理

生效裁判认为:速递公司在答辩意见中所援引的相关规定并不能证明快递员属于国家规定的不适合妇女的工种或者岗位。某速递公司对其侵权行为给邓某造成的合理损失应予以赔偿。法院结合速递公司在此过程中的过错程度及给邓某造成的损害后果,酌情支持邓某精神损害抚慰金 2 000 元。

3. 典型意义

男女平等就业权利是平等原则的必然要求。用人单位在录用职工时,除国家规定的不适合妇女的工种或者岗位外,不得以性别为由拒绝录用妇女或者提高对妇女的录用标准,对女性进行性别歧视。就业歧视既侵害了女性的人格尊严,也不利于经济社会的持续发展。

就用人单位来说,招录员工不得随意设置与"工作内在要求"非密切相关项的条件。《中华人民共和国就业促进法》(2015 年修订)第 3 条规定:"劳动者依法享有平等就业和自主择业的权利。劳动者就业,不因民族、种族、性别、宗教信

---

① "公地悲剧"一词最早在 1968 年由加里特·哈丁(Garrett Hardin)提出。这一概念描述了人们对公共资源过度利用,却没有承担必要的成本来维护公共资源的使用价值,最终导致公共资源耗尽的现象。
② 《最高人民法院发布十起关于弘扬社会主义核心价值观典型案例之九:邓某某诉某速递公司、某劳务公司一般人格权纠纷案》,https://www.pkulaw.com/pfnl/a25051f3312b07f3cba2c42c15ed515e6205c3cbf48701e5bdfb.html,最后访问日期:2023 年 6 月 12 日。

仰等不同而受歧视。"本条在明确规定民族、种族、性别、宗教信仰四种法定禁止区分事由时使用"等"字结尾。何种事由属于"等"的范畴,一个重要的判断标准是,用人单位应根据劳动者的专业、学历、工作经验、工作技能以及职业资格等与"工作内在要求"密切相关,否则将构成法律禁止的就业歧视。

(三) 广州荔支网络技术有限公司诉黄某网络服务合同纠纷案①

1. 基本案情

荔支公司运营的直播平台是自媒体平台。2018 年 9 月 28 日,荔支公司与黄某签订《直播主播签约合作协议》,协议约定:黄某系荔支公司的独家签约主播。合同有效期为 5 年,从 2018 年 9 月 28 日—2023 年 9 月 27 日;在合同期限内,黄某未经书面同意,不得在第三方平台进行在线直播。该协议还约定:"如黄某违反独家直播条款,经荔支公司书面警告后仍未纠正的,荔支公司有权单方终止协议并要求黄某按照如下标准支付违约金:(1) 已履行合同期限内乙方在甲方平台累计收到的用户打赏的虚拟物品(如荔枝)总数(按照甲方届时平台规则折算成人民币);(2) 最近 12 个月乙方的月平均虚拟物品(如荔枝)收益(按照甲方平台届时规则折算成人民币)乘以合同剩余履行月份的总金额,履行时间不足 12 个月的,以实际履行时间计算月平均荔枝收益;(3) 支付 5 万元。以前述三者金额较高者为准。若前述违约金不足以弥补甲方损失的,乙方应予以补足。"

后黄某在合同期限内跳槽到 LOOK 直播平台进行直播演艺。荔支公司诉至法院,请求判令:"(1) 黄某向荔支公司支付违约金 7 201 211 元(黄某 2018 年 10 月—2019 年 6 月期间月平均虚拟物品收益 141 200.22 元×合同剩余履行月数 51 个月);(2) 黄某向荔支公司支付律师费 5 万元、公证费 5 360 元、诉讼保全担保费 7 200 元。"

2. 裁判结果

法院认为,荔支公司按照案涉《直播主播签约合作协议》约定的违约金计算标准主张黄某支付违约金 7 201 211 元,但荔支公司在黄某履行案涉《直播主播签约合作协议》期间的收益平均值计算剩余合同期内的可得利益为 340 万元左右,低于其主张的违约金数额。

---

① 《广州荔支网络技术有限公司诉黄某网络服务合同纠纷案》,(2021)粤 01 民终 8012 号。

综合分析荔支公司在剩余合同期内运营的成本支出、平台资源投入，黄某可能存在的热度增减及荔支公司通过及时止损减少的损失，法院平衡双方利益，酌定违约金为 200 万元。

3. 典型意义

违约行为引发的合同纠纷应在遵守民法公平原则的前提下，充分尊重市场的资源配置效率。对于违约金合理性的审查，应以违约造成的损失为基准，综合考量当事人的过错程度、合同履行情况、收益分成情况、个人劳动付出情况、合同期限内收入的增减情况、平台资源投入增减情况等动态因素，平衡双方利益。

（四）郭某香与郭某法物权确认纠纷案①

1. 基本案情

原告郭某香与被告郭某法系堂姐弟关系。原告父亲郭某喜生前有三位妻子，肖某香是郭某喜的第三位妻子；原告是郭某喜与第二位妻子所生的女儿，郭某喜生前仅有独生女原告郭某香，无其他子女。郭某喜去世后，因郭某香不愿继续赡养继母肖某香，1982 年 12 月，经村大队、乡公社落实，由被告郭某法与肖某香达成五保户供养协议，协议约定：由郭某法负担肖某香的生活照料、生病治疗及死后安葬事宜，肖某香所有全部家产均由郭某法继承。签订协议后，肖某香由郭某法供养，郭某法于 1987 年搬进本案诉争房屋与肖某香共同生活；肖某香于 1996 年去世，郭某法安排其后事后居住到 2000 年。2000 年后该房屋空置至今。

2020 年 9 月，因诉争房屋旁边的中心小学扩建，政府欲对该房屋征收补偿。郭某香得知后认为该房屋属于其父亲郭某喜所建，郭某香是房屋的所有人和继承人。因与被告郭某法协商未果，郭某香于 2020 年 10 月 9 日，向泰和县人民法院提起房地产登记行政确认行政诉讼，要求法院判决撤销原万安县土地利用管理局于 1992 年颁发给郭某法的集体土地建设用地使用权证，并向郭某香颁发不动产权证。泰和县人民法院于 2020 年 11 月 5 日裁定驳回原告郭某香的起诉。后郭某香又于 2021 年 1 月 7 日向万安县人民法院提起民事诉讼，要求确认郭某

---

① 《江西省高级人民法院发布 2021 年度全省法院贯彻实施民法典十大典型案例之三：郭某香与郭某法物权确认纠纷案——适用〈民法典〉第七条规定的诚信原则，否定了"看到义务就躲避，遇见利益就争夺"的不诚信行为之案例》，https://www.pkulaw.com/pfnl/95b2ca8d4055fce1a3ce753046e55e71cddd373ad10442acbdfb.html，最后访问日期：2023 年 6 月 27 日。

法名下涉案房产的 3/8 份额归其所有。

2. 裁判处理

法院认为,肖某香与本案被告郭某法签订的五保户供养协议系遗赠扶养协议,属于双务、有偿协议,双方都负有对等给付义务,任何一方享有权利都是以履行相应的义务为对价。被告郭某法在签订五保户供养协议后履行了对肖某香的生养死葬的义务,其依协议享有受遗赠财产的权利;原告郭某香以不继续赡养继母肖某香义务为对价,从而放弃了其对案涉房产的继承权,原告郭某香有违民事活动中应当遵循的诚信原则。法院判决驳回原告诉讼请求。

3. 典型意义

本案否定了原告这种"看到义务就躲避,遇见利益就争夺"的不诚信行为,具有引导民众尊老爱老、诚信守诺的积极意义。司法机关通过对五保户供养协议签订缘由、形式要件、内容要件的分析,认定本案被告郭某法按约定履行了生养死葬的义务,其依协议应享有受遗赠财产的权利,维护了赡养人的合法权益,大力弘扬了社会主义核心价值观。

(五)"刷单炒信"违反公序良俗案①

1. 基本案情

原、被告于 2017 年 9 月 15 日就"暗刷流量"交易达成一致:代码:http://mac.iguzi.cn/az_gz6.js;结算方式:周结;单价:0.9 元/千次 UV;按被告指定的第三方后台 CNZZ 统计数据结算。合同履行过程中,双方结算三次,并支付服务费共计 16 130 元。最后一次流量投放统计为 27 948 476UV,按约结算金额为30 743 元,原告催促结算付款,被告认为流量存在虚假,仅同意付款 16 293 元。

原告诉至法院,请求判令被告支付服务费 30 743 元及利息。被告辩称,原告提供的服务违反法律禁止性规定,合同无效,原告无权要求支付对价。

2. 裁判处理

法院认为,"暗刷流量"行为属于欺诈性点击行为。该行为以牟取不正当利益为目的,置市场公平竞争环境和网络用户利益于不顾,触碰商业道德底线,违

---

① 《北京互联网法院成立一周年发布十大热点案件之六:常某某诉许某网络服务合同纠纷案——以"暗刷流量"交易为目的的订立的合同无效》,https://www.pkulaw.com/pfnl/a6bdb3332ec0adc44d63c40121e5cc4023bdf3548c12ea2cbdfb.html,最后访问日期:2023 年 6 月 12 日。

背公序良俗。一方面,该行为使同业竞争者的诚实劳动价值被减损,破坏了正当的市场竞争秩序,侵害了不特定市场竞争者的利益。另一方面,该行为会欺骗、误导网络用户选择与其预期不相符的网络产品,长此以往,会造成网络市场"劣币驱逐良币"[1]的不良后果,最终减损广大网络用户的福祉,属于侵害广大不特定网络用户利益的行为。据此,法院认为,双方订立的"暗刷流量"合同违背公序良俗,损害社会公共利益,应自始无效。

合同自始无效,双方当事人不得基于合意行为获得其所期待的合同利益,且虚假流量业已产生,如果互相返还,无异于纵容当事人通过非法行为获益,违背了任何人不得因违法行为获益的基本法理。法院判决驳回原告的诉讼请求。法院另行制作决定书,对原被告双方在合同履行过程中的获利予以收缴。

3. 典型意义

本案的典型意义在于确认"刷单炒信"触碰商业道德底线,构成违背公序良俗的行为。还应注意的是,如果"刷单炒信"具备规模化及组织性、严重扰乱社会主义市场经济秩序,还将面临非法经营罪的刑事制裁。

(六)林木致死纠纷案[2]

1. 基本案情

红山村景区为国家 AAA 级旅游景区,不设门票。红山村村民委员会系景区内杨梅树的所有人,其未向村民或游客提供免费采摘杨梅的活动。吴某系红山村村民,2017 年 5 月 19 日下午,其私自上树采摘杨梅,不慎从树上跌落受伤。随后,有村民将吴某送红山村医务室,但当时医务室没有人员。有村民拨打 120 电话,但120 救护车迟迟未到。后红山村村民李某自行开车送吴某到广州市花都区梯面镇医院治疗。吴某于当天转至广州市中西医结合医院治疗,后因抢救无效于当天死亡。吴某近亲属向法院起诉,主张红山村村民委员会对吴某的死亡承担责任。

2. 裁判处理

生效裁判认为:红山村村民委员会对吴某私自爬树坠亡的后果不存在过

---

[1] 劣币驱逐良币:在经济学中被称为"柠檬市场",是指在两种实际价值不同而面额价值相同的通货同时流通的情况下,实际价值较高的通货(所谓良币)必然会被人们熔化,输出而退出流通领域;而实际价值较低的通货(所谓劣币)反而会充斥市场。

[2]《李秋月等诉广州市花都区梯面镇红山村村民委员会违反安全保障义务责任纠纷案》,(2019)粤 01 民再 273 号。

错。吴某坠亡系其自身过失行为所致,红山村村民委员会难以预见和防止吴某私自爬树可能产生的后果。吴某跌落受伤后,红山村村委主任及时拨打120电话求救,在救护车到达前,另有村民驾车将吴某送往医院救治。因此,红山村村委会对吴某损害后果的发生不存在过错。吴某因私自爬树采摘杨梅不慎坠亡,后果令人痛惜。虽然红山村为事件的发生地,杨梅树为红山村村委会集体所有,但吴某的私自采摘行为有违村规民约,与公序良俗相悖,且红山村村委会并未违反安全保障义务,不应承担赔偿责任。生效判决驳回原告方的全部诉讼请求。

3. 典型意义

本案的典型意义在于法律是公序良俗的"兜底条款",司法绝不允许守法者为"小恶"买单。法律和司法共同维护社会道德、守护社会底线,这是弘扬社会主义核心价值观的法律政策的必然要求。

| 第二节 |

民事主体制度

任何个人和组织成为民事主体,必须由法律赋予其主体资格。在我国,民事主体包括自然人、法人和非法人组织。自然人是最重要也是最基本的民事主体,个体工商户、农村承包经营户虽以户为单位,但具有自然人属性,是具有中国特色的民事主体;法人组织分为营利法人、非营利法人和特别法人三大类;非法人组织介于自然人与法人之间,兼具组织的有限责任与成员的连带责任属性。张新宝教授认为,"将民事主体分为自然人、法人和非法人组织,又将法人进一步划分为营利法人、非营利法人、特别法人,这是《民法典》最为重要的理论突破和制度创新。"①

一、自然人的能力及监护制度

自然人是基于出生而获得民事权利能力的生命体,包括本国人、外国人和无

---

① 张新宝:《从〈民法通则〉到〈民法总则〉:基于功能主义的法人分类》,《比较法研究》2017 年第 4 期。

国籍人。1896 年《德国民法典》首次使用自然人概念，[①]随后其他国家民法典纷纷仿效。

（一）自然人的权利能力

所谓民事权利能力，是指成为民事主体的资格。《民法典》第 14 条规定："自然人从出生时起到死亡时止，具有民事权利能力，依法享有民事权利，承担民事义务。"自然人的权利能力因主体出生而获得，因死亡而消灭，无须登记，自然取得。

但应注意的是，自然人的民事权利能力存在以下两种法定例外：一是胎儿原则上无权利能力，但涉及遗产继承、接受赠与等胎儿利益保护的若干例外情形下，视为有权利能力。《民法典》第 16 条规定："涉及遗产继承、接受赠与等胎儿利益保护的，胎儿视为具有民事权利能力。但是，胎儿娩出时为死体的，其民事权利能力自始不存在。"二是死者的人格利益受法律保护。《民法典》第 185 条规定："侵害英雄烈士等的姓名、肖像、名誉、荣誉，损害社会公共利益的，应当承担民事责任。"第 994 条规定："死者的姓名、肖像、名誉、荣誉、隐私、遗体等受到侵害的，其配偶、子女、父母有权依法请求行为人承担民事责任；死者没有配偶、子女且父母已经死亡的，其他近亲属有权依法请求行为人承担民事责任。"

（二）自然人的行为能力

所谓民事行为能力，是指能够以自己的行为从事民事活动的资格。民事行为能力不仅包括实施民事法律行为等合法行为的能力，而且包括对不法行为和不履行义务行为负责的民事责任能力。

民事行为能力是法律认定的意思能力。德国学者指出："理智地形成意思的能力，在民法中称为行为能力。"[②]民事行为能力之有无，取决于自然人的年龄、智力或精神状态。划分民事行为能力的目的在于实现对个人利益和社会利益的平衡：一方面，保护无行为能力和限制行为能力人的利益；另一方面，保护交易安全和秩序。

[①] 最高人民法院民法典贯彻实施工作领导小组：《中华人民共和国民法典总则编理解与适用》（上），人民法院出版社 2020 年版，第 27 页。

[②] ［德］迪特尔·梅迪库斯：《德国民法总论》，邵建东译，法律出版社 2013 年版，第 409 页。

我国采取"三分法"划分自然人的民事行为能力：完全民事行为能力人具有健全的辨识能力，可以独立进行民事活动；限制民事行为能力人只能独立进行与其辨识能力相适应的民事活动；[①]无民事行为能力人应当由其法定代理人代理实施民事活动。原则上，成年人[②]具有民事行为能力，除非其智力或精神状态不能辨认或不能完全辨认自己的行为。

(三) 监护制度

所谓监护，是指民法所规定的对于无民事行为能力人和限制民事行为能力人的人身、财产及其他合法权益进行监督、保护的一项制度。[③] 我国实行"以家庭监护为基础，以社会监护为补充，以国家监护为兜底"的监护制度体系。

1. 监护人的选定

我国的监护包括未成年人监护和成年人监护。《民法典》第 27 条规定："父母是未成年子女的监护人。未成年人的父母已经死亡或者没有监护能力的，由下列有监护能力的人按顺序担任监护人：（1）祖父母、外祖父母；（2）兄、姐；（3）其他愿意担任监护人的个人或者组织，但是须经未成年人住所地的居民委员会、村民委员会或者民政部门同意。"第 28 条规定："无民事行为能力或者限制民事行为能力的成年人，由下列有监护能力的人按顺序担任监护人：（1）配偶；（2）父母、子女；（3）其他近亲属；（4）其他愿意担任监护人的个人或者组织，但是须经被监护人住所地的居民委员会、村民委员会或者民政部门同意。"

2. 监护职责

监护人应当按照最有利于被监护人的原则履行监护职责。关于监护职责，《民法典》第 34 条规定："监护人的职责是代理被监护人实施民事法律行为，保护被监护人的人身权利、财产权利以及其他合法权益等。监护人依法履行监护职

---

① 《民法典》第 145 条规定："限制民事行为能力人实施的纯获利益的民事法律行为或者与其年龄、智力、精神健康状况相适应的民事法律行为有效；实施的其他民事法律行为经法定代理人同意或者追认后有效。相对人可以催告法定代理人自收到通知之日起三十日内予以追认。法定代理人未做表示的，视为拒绝追认。民事法律行为被追认前，善意相对人有撤销的权利。撤销应当以通知的方式作出。"

② 关于成年人与未成年人的区分，我国与国际主流做法相一致，采行将 18 周岁作为成年人与未成年人的分界标准，认为 18 周岁的自然人具备了在社会生活中必备的认知能力和判断能力。应注意的是，《民法典》第 18 条第 2 款规定了"视为完全民事行为能力人"："十六周岁以上的未成年人，以自己的劳动收入为主要生活来源的，视为完全民事行为能力人。"

③ 佟柔：《中国民法》，法律出版社 1990 年版，第 75 页。

责产生的权利,受法律保护。监护人不履行监护职责或者侵害被监护人合法权益的,应当承担法律责任。因发生突发事件等紧急情况,监护人暂时无法履行监护职责,被监护人的生活处于无人照料状态的,被监护人住所地的居民委员会、村民委员会或者民政部门应当为被监护人安排必要的临时生活照料措施。"

3. 监护人资格的撤销

监护人实施严重损害被监护人身心健康的行为或怠于履行监护职责的,人民法院根据有关个人或者组织的申请,撤销其监护人资格,并按照最有利于被监护人的原则依法指定监护人。《民法典》第 36 条第 1 款规定:"监护人有下列情形之一的,人民法院根据有关个人或者组织的申请,撤销其监护人资格,安排必要的临时监护措施,并按照最有利于被监护人的原则依法指定监护人:(1)实施严重损害被监护人身心健康的行为;(2)怠于履行监护职责,或者无法履行监护职责且拒绝将监护职责部分或者全部委托给他人,导致被监护人处于危困状态;(3)实施严重侵害被监护人合法权益的其他行为。"

应注意的是,监护人资格被撤销后,其负担的义务不予免除。《民法典》第 37 条规定:"依法负担被监护人抚养费、赡养费、扶养费的父母、子女、配偶等,被人民法院撤销监护人资格后,应当继续履行负担的义务。"

二、法人组织的责任

(一) 法人组织的独立责任

法人,是指依法独立享有民事权利和承担民事义务的组织。法人依法成立,法人的民事权利能力和民事行为能力,从法人成立时产生,到法人终止时消灭。

法人具有如下特点:① 独立的名义。法人具有组织机构代码,法人的民事权利能力、民事行为能力自成立时同时具备。② 独立的财产。法人具有独立的财产决定了其责任的独立性和法人成员的有限责任。由于法人的财产与出资人的财产分开,在法人内部要实行所有权与经营权分立,建立健全组织机构。③ 健全的组织机构。法人的团体意志总是通过一定的组织机构才能形成,并且只有通过一定的组织机构才能具体实现,例如营利法人应当具有权力机构、执行机构和监督机构。④ 独立的责任。《民法典》第 60 条规定:"法人以其全部财产独立承担民事责任。"法人以其全部财产独立承担民事责任,法人的出资人仅以其出资为限对法人债务承担有限责任。法人的独立责任和出资人的有限责任,是法人与非法人组织①的根本区别。可见,法人制度的核心内容是法人独立责任和出资人有限责任。②

《民法典》将法人分为三大类、十一小类。三大类为营利法人、非营利法人和特别法人。十一小类为:一是营利法人包括有限责任公司、股份有限公司和其他企业法人三小类;二是非营利法人包括事业单位、社会团体、基金会、社会服务机构四小类;三是特别法人包括机关法人、农村集体经济组织法人、城镇农村的合作经济组织法人、基层群众性自治组织法人四小类。《民法典》的法人制度创造性地规定了法人的分类,体现了鲜明的中国元素。

当前,营利法人已成为我国重要的市场主体。截至 2020 年 12 月,我国有限责任公司总计 3 832.2 万户(占比 98.66%),股份有限公司总计 51.9 万户(占比 1.34%)。可以说,我国已迈入"公司制"时代。

(二) 法人人格否认制度

任何权利都不得滥用,法人也不例外。关于出资人滥用权利的法律后果,《民法典》第 83 条第 2 款规定:"营利法人的出资人不得滥用法人独立地位和出资人有限责任损害法人债权人的利益;滥用法人独立地位和出资人有限责任,逃避债务,严重损害法人债权人的利益的,应当对法人债务承担连带责任。"此处是"法人人格否认制度"。

《最高人民法院关于印发〈全国法院民商事审判工作会议纪要〉的通知》(简称《九民纪要》)之"10.〔人格混同〕"规定:"认定公司人格与股东人格是否存在混同,最根本的判断标准是公司是否具有独立意思和独立财产,最主要的表现是公司的财产与股东的财产是否混同且无法区分。在认定是否构成人格混同时,应当综合考虑以下因素:① 股东无偿使用公司资金或者财产,不做财务记载的。② 股东用公司的资金偿还股东的债务,或者将公司的资金供关联公司无偿使用,不做财务记载的。③ 公司账簿与股东账簿不分,致使公司财产与股东财产无法区分的。④ 股东自身收益与公司盈利不加区分,致使双方利益不清的。

---

① 非法人组织具有民事权利能力和民事行为能力,但是不能够独立承担责任,其财产不足以清偿债务时,出资人或者设立人应承担无限责任。

② 法人的独立责任和股东的有限责任,是推动法人制度产生、发展和完善的原动力。16 世纪初,在意大利以及地中海沿岸城市出现了一种以海运为主的"康孟达"组织,这种组织是所有者与经营者分离以及有限财产责任的最初形态。1673 年《法国商事条例》初步形成了公司法人制度。

⑤ 公司的财产记载于股东名下，由股东占有、使用的。⑥ 人格混同的其他情形。在出现人格混同的情况下，往往同时出现以下混同：公司业务和股东业务混同；公司员工与股东员工混同，特别是财务人员混同；公司住所与股东住所混同。人民法院在审理案件时，关键要审查是否构成人格混同，而不要求同时具备其他方面的混同，其他方面的混同往往只是人格混同的补强。"

（三）法定代表人的责任

法人作为"组织体"参与经济或社会事务，客观上必须由自然人代为进行，这些代法人实施法律行为的自然人，即为法人的代表人，习惯上被称为"法定代表人"。法定代表人以法人名义从事的民事活动，其法律后果由法人承受。"代表为法人之机关，犹如其手足，其所为的法律行为，即为法人的自身行为，当然由法人承受。"[1]

《民法典》第 61 条规定："依照法律或者法人章程的规定，代表法人从事民事活动的负责人，为法人的法定代表人。法定代表人以法人名义从事的民事活动，其法律后果由法人承受。法人章程或者法人权力机构对法定代表人代表权的限制，不得对抗善意相对人。"

《民法典》第 504 条规定："法人的法定代表人或者非法人组织的负责人超越权限订立的合同，除相对人知道或者应当知道[2]其超越权限外，该代表行为有效，订立的合同对法人或者非法人组织发生效力。"相对人是否善意，直接影响法定代表人行为的效力：① 相对人善意的，对法人发生效力；② 相对人非善意的，对法人不发生效力，法人不承担法律责任。所谓善意，是指相对人在订立合同时不知道且不应当知道法定代表人超越权限。如果相对人有证据证明已对公司决议进行了合理审查，法院应当认定其构成善意，但是公司有证据证明相对人知道或者应当知道决议系伪造、变造的除外。

还应注意的是，法定代表人或者其授权之人在合同上加盖假章的行为是否有效？《九民纪要》"41.〔盖章行为的法律效力〕"规定："司法实践中，有些公司有意刻制两套甚至多套公章，有的法定代表人或者代理人甚至私刻公章，订立合同时恶意加盖非备案的公章或者假公章，发生纠纷后法人以加盖的是假公章为

---

① 王泽鉴：《民法总则》，北京大学出版社 2009 年版，第 444 页。
② 例如 2005 年《公司法》的修订剥夺了法定代表人对为他人提供担保、对外投资等事项的单独决定权，就属于相对人知道或应当知道的范围。

由否定合同效力的情形并不鲜见。人民法院在审理案件时,应当主要审查签约人于盖章之时有无代表权或者代理权,从而根据代表或者代理的相关规则来确定合同的效力。法定代表人或者其授权之人在合同上加盖法人公章的行为,表明其是以法人名义签订合同,除《公司法》第16条等法律对其职权有特别规定的情形外,应当由法人承担相应的法律后果。法人以法定代表人事后已无代表权、加盖的是假章、所盖之章与备案公章不一致等为由否定合同效力的,人民法院不予支持。代理人以被代理人名义签订合同,要取得合法授权。代理人取得合法授权后,以被代理人名义签订的合同,应当由被代理人承担责任。被代理人以代理人事后已无代理权、加盖的是假章、所盖之章与备案公章不一致等为由否定合同效力的,人民法院不予支持。"

三、非法人组织的责任

所谓非法人组织,是指不具有法人资格,但是能够依法以自己的名义从事民事活动的组织。《民法典》第102条规定:"非法人组织是不具有法人资格,但是能够依法以自己的名义从事民事活动的组织。非法人组织包括个人独资企业、合伙企业、不具有法人资格的专业服务机构等。"

在现实生活中,非法人组织涉及的领域非常广泛、数量庞大,难以细致规范,《民法典》第102条采取概括加列举的立法技术。其中,第2款列举了个人独资企业、合伙企业、不具有法人资格的专业服务机构三类非法人组织。

非法人组织属于独立的民事主体。《民法典》第103条规定:"非法人组织应当依照法律的规定登记。设立非法人组织,法律、行政法规规定须经有关机关批准的,依照其规定。"非法人组织以组织名义开展活动,诉讼主体是组织,这与农户(商户)不同,农户(商户)涉及追加自然人为共同诉讼的当事人问题。

非法人组织出资人承担的是无限责任。《民法典》第104条规定:"非法人组织的财产不足以清偿债务的,其出资人或者设立人承担无限责任。法律另有规定的,依照其规定。"法人与非法人组织的根本区别在于:前者的出资人承担有限责任,后者的出资人承担无限责任。

非法人组织出资人的无限责任具有如下特征:一是连带责任。在非法人组织的财产不足以清偿其债务时,非法人组织的出资人或者设立人仍需以个人财产继续赔付;二是补充责任。只有在非法人组织的财产不足以清偿全部债务时,其出资人或者设立人才承担不足部分的清偿责任。

关于个人独资企业的无限责任,《中华人民共和国个人独资企业法》第 2 条规定:"本法所称个人独资企业,是指依照本法在中国境内设立,由一个自然人投资,财产为投资人个人所有,投资人以其个人财产对企业债务承担无限责任的经营实体。"

关于合伙企业的无限责任,《中华人民共和国合伙企业法》(2006 年修订)第 2 条第 3 款规定:"有限合伙企业由普通合伙人和有限合伙人组成,普通合伙人对合伙企业债务承担无限连带责任,有限合伙人以其认缴的出资额为限对合伙企业债务承担责任。"《中华人民共和国律师法》(2017 年修订)第 15 条第 2 款规定,"合伙律师事务所的合伙人按照合伙形式对该律师事务所的债务依法承担责任。"

四、民事主体制度适用案例

（一）向未成年人提供文身服务案①

1. 基本案情

2022 年 6 月,17 岁的小陈出于一时新鲜,想模仿影视人物在胳膊上文身,便找到文身店主小李,让其在自己胳膊上绘制了满臂的图案。小李收取了 800 元加工费。冷静后,小陈后悔了,他决定洗去文身。然而,文身虽然仅花费了 800 元,但清洗文身价格高昂。小陈认为对于自己现在满臂的文身,店主小李也负有不可推卸的责任:小李并未审核自己的身份信息,也没有尽到规劝等义务。小陈将小李诉至法院,要求小李赔还自己清洗费用 2 万元。

店主小李辩称自己只是正常经营,小陈联系自己要求文身,自己在收费后进行操作,并无不妥,且自己文身只收费 800 元,现对方要求赔偿 2 万元,二者数字相差甚远,自己无法接受。

2. 裁判处理

法院认为,小陈和小李都存在过错。对小陈而言,他当时主动寻求文身,本身存在一定过错,但念及当时他作为未成年人,心智尚未健全,极易一时冲动、思虑不周,且清洗文身需要重复数次,耗费时间和金钱都不菲,且须承受由此带来的肉体痛苦;而小李也存在未尽到审核、规劝义务的过失。最终,法院促成双方调解:小李返还文身费用 800 元、赔偿清洗文身费用 5 000 元。

---

① 《上海首例! 向未成年人提供文身服务,商家当庭道歉并赔偿》,https://new.qq.com/rain/a/20221209A081UL00.html,最后访问日期: 2023 年 6 月 27 日。

3.典型意义

2022年,国务院未成年人保护工作领导小组办公室印发的《未成年人文身治理工作办法》第5条规定:"文身服务提供者应当在显著位置标明不向未成年人提供文身服务。对难以判明是否未成年人的,应当要求其出示身份证件。"商家在经营中,应识别未成年人消费者,对于限制民事行为能力人从事的超过其辨识能力的行为,应征得其监护人的同意,否则该行为无效,有过错的一方应当赔偿对方由此所受到的损失;各方都有过错的,应当各自承担相应的责任。

(二)母亲因家暴被撤销监护资格案①

1.基本案情

佳佳(化名)12岁,某小学六年级学生。佳佳4岁时母亲李平(化名)与父亲协议离婚。根据离婚协议约定,佳佳随母亲共同生活。佳佳的外公、外婆不与母女俩住在一起,但时常会去学校接佳佳放学。

2018年起,外婆刘桂英(化名)发现佳佳的脸上、身上经常出现各种伤痕。再三追问之下,孩子道出实情:妈妈时常会给她布置课外作业,如果不能及时完成,就可能会遭到辱骂甚至殴打。2020年4月,因佳佳背课文没达到要求,李平一气之下将书甩到女儿头上,导致佳佳面部、额头肿了起来。刘桂英报警。经公安部门鉴定,佳佳的损伤程度为轻微伤。派出所向李平发出家庭暴力告诫书,要求其及时纠正不法行为,严禁对佳佳再次实施家庭暴力。

被公安机关告诫后,2021年1月,因佳佳没有完成试卷测试,李平又用指甲抓伤了佳佳的脸。经公安部门鉴定,佳佳的损伤程度同属轻微伤。同年1月20日,法院向李平发出人身安全保护令,禁止其对佳佳实施家庭暴力。同年3月15日,李平抽查给佳佳布置的"提升作业",发现女儿没能完成,抄起烧饭时用的锅铲打在了佳佳手上,烧热的锅铲烫伤了佳佳的手背。

李平实施家暴后,派出所、社区曾通知孩子的父亲,要求其履行监护职责,但佳佳父亲这些年无固定居所,无法保障佳佳的基本生活。为了佳佳的健康成长,外婆刘桂英向法院提起诉讼,申请撤销佳佳父母两人的监护资格,由自己担任佳佳的监护人。

---

① 江苏省南通市崇川区人民法院:《离异母亲望女成凤屡屡施家暴,亲生父亲居无定所放弃监护,南通一未成年人父母监护人资格被法院依法撤销》,https://www.pkulaw.com/pal/a3ecfd5d734f711d4b97b61aa 12f6f801dc95008874b6f63bdfb.html,最后访问日期:2023年6月27日。

李平不同意撤销自己的监护权,认为自己体罚女儿都是因为学习的问题,目的是培养佳佳成才;孩子跟着外婆只能保证吃饱穿暖。

2. 裁判处理

法院认为,李平作为未成年人佳佳的监护人,本应正确履行监护职责,抚养教育使其健康成长,在面对其成长过程中可能出现的学习问题时也应当正确对待,采取理性方式进行教育和引导。但李平在与佳佳共同生活期间,罔顾未成年人成长学习的客观规律,急功近利,在佳佳不能顺利完成其布置的所谓"提升作业"的情况下,长期对佳佳进行辱骂、殴打,致使佳佳身体多处受伤,严重损害了佳佳的身心健康。特别是在公安机关和人民法院连续发出家庭暴力告诫书和人身安全保护令后,李平非但没有认识自身错误,规范自身行为,反而变本加厉,升级家暴行为,性质极其恶劣。佳佳父亲作为佳佳的另一监护人,在明知女儿被李平多次殴打、全身伤痕累累的情况下,怠于履行监护职责,没有采取积极有效的保护措施,致使佳佳处于危困之中,且当庭表示放弃对佳佳的监护权。鉴于此,两人已不适合继续作为佳佳的监护人。刘桂英申请撤销二人的监护人资格具有事实和法律依据,法院予以支持。

鉴于佳佳自幼与刘桂英共同生活至5岁,双方具有较深的感情基础,刘桂英也愿意履行监护职责,法院对于其提出的作为佳佳监护人的申请予以支持。

3. 典型意义

本案对于秉持畸形式教育理念的"虎妈虎爸"们具有典型警示意义。李平以"培养佳佳成才"之名,罔顾未成年人成长学习的客观规律,急功近利,长期对孩子实施辱骂、殴打等家庭暴力,严重侵害孩子的身心健康。法院判决撤销李平的监护人资格,并重新指定监护人。

(三) 合同纠纷案①

1. 基本案情

李某某原系威远公司职员,赵某某系威远公司法定代表人,个人持股比例为85%。2016年2月27日,赵某某手写一份《承诺书》,载明:"鉴于李某某在北京威远印刷有限公司早期创建和发展阶段做出过重要贡献,本人郑重承诺在北京威远印刷有限公司拆迁协议签订后,一次性给付李某某伍拾万元人民币的奖励

---

① 《北京威远印刷有限公司等与李亚军合同纠纷二审民事判决书》,(2023)京03民终685号。

和补偿,并于 2016 年年度内将李某某在离职期间约定补助支付到位。"现李某某诉至法院,要求威远公司及赵某某给付该款项。

威远公司称赵某某将公司 50 万元拆迁款奖励给李某某,属于越权代表。赵某某称该份《承诺书》系其酒后所写,故不予认可。

另查,2021 年 9 月 30 日,搬迁人北京市土地整理储备中心通州区分中心、实施单位北京市通州区台湖镇人民政府与被搬迁人威远公司签订《北京市集体土地非住宅房屋搬迁补偿协议》等拆迁手续,现已发放部分拆迁款。

2. 裁判处理

法院认为,赵某某向李某某签订了《承诺书》,承诺威远公司拆迁协议签订后一次性给予李某某 50 万元,现公司已与搬迁方签订拆迁相关协议,拆迁款也已部分发放,故应按约定向李某某支付;涉案《承诺书》并不属于威远公司的担保行为,故威远公司以法律关于公司关联担保的相关规定为据对李某某施以较重的审查义务,于法无据。赵某某辩称《承诺书》是酒后书写,当时并不清醒,未有证据提交予以佐证,法院对此不予采信。另外,赵某某系威远公司的法定代表人,《承诺书》中载明的给付 50 万元前提是李某某对于威远公司的重要贡献,可以认定赵某某系代表公司向李某某做出的此承诺,故判决威远公司给付李某某 50 万元。

3. 典型意义

《民法典》第 504 条规定:"法人或者其他组织的法定代表人、负责人超越权限订立的合同,除相对人知道或者应当知道其超越权限的以外,该代表行为有效。"本案中,赵某某系威远公司的法定代表人及股东,《承诺书》中载明的给付 50 万元前提是李某某对于威远公司的重要贡献,可以认定赵某某系代表公司向李某某做出的此承诺。应注意的是,如果涉案争议属于威远公司的担保行为或债务加入行为,则相对人在法定代表人行使股东会职权时,应形式性审查公司章程,审查公司股东会或董事会是否就此事做出了决议,以表明自己的善意。

(四) 审计机构及签字会计师承担 100% 连带责任案①

1. 基本案情

中国证监会([2021]11 号)《行政处罚决定书》认定:康美药业 2016、2017、

---

① 《"惩首恶":公司赔 24.59 亿元,审计机构及签字会计师承担 100% 连带责任!》,https://xueqiu.com/1520208526/203029529,最后访问日期:2023 年 6 月 27 日。

2018 年年度报告存在虚增收入、虚增货币资金等虚假记载行为。正中珠江为上述年度报告提供审计服务，其中 2016、2017 年财务报表出具了标准无保留意见的审计意见，2018 年财务报表出具了保留意见。在 2016 和 2017 年年报审计期间，正中珠江相关审计人员了解捷科系统是康美药业的业务管理信息系统，金蝶 EAS 系统是康美药业的财务处理信息系统，但未关注两套系统是否存在差异，未实施必要的审计程序。正中珠江在货币资金科目和营业收入科目的风险应对措施方面存在重大缺陷。

顾某某等康美药业的投资人以证券虚假陈述责任纠纷将康美药业股份有限公司、广东正中珠江会计师事务所及签字注册会计师杨某某等诉至法院。

2. 裁判处理

法院认为，正中珠江上述未实施基本的审计程序行为，严重违反了《中国注册会计师审计准则》和《中国注册会计师职业道德守则》等规定，导致康美药业严重财务造假未被审计发现，影响极其恶劣，故正中珠江应当承担连带赔偿责任；杨某某作为正中珠江合伙人和 2016、2017 年康美药业审计项目的签字注册会计师，在执业活动中因重大过失造成正中珠江须承担赔偿责任。《中华人民共和国合伙企业法》第 57 条第 1 款规定："一个合伙人或者数个合伙人在执业活动中因故意或者重大过失造成合伙企业债务的，应当承担无限责任或者无限连带责任，其他合伙人以其在合伙企业中的财产份额为限承担责任"，杨某某应当在正中珠江承责范围内承担连带赔偿责任。

法院判决：被告康美药业股份有限公司向原告顾某某、黄某某等投资者赔偿投资损失 24.59 亿元；被告广东正中珠江会计师事务所（特殊普通合伙）、杨某某对被告康美药业股份有限公司债务承担连带清偿责任。

3. 典型意义

压实中介"守门人"职责是本案的典型意义所在。法院对正中珠江的判决有先例可循，例如金亚科技、华泽钴镍、大智慧等类似案件，但判决合伙人杨某某承担 100% 连带赔偿责任在国内尚是首次。正中珠江与杨某某面临"一案破产"，将迫使行业自我规范。不具有法人资格的专业服务机构，例如会计师事务所、律师事务所等应更加注意甄别客户，拒绝为不诚信客户背书。不诚信中介机构及人员应加速被淘汰，使专业服务机构及人员提高职业操守。

| 第三节 |

法律行为的效力

一、法律行为的生效要件

《民法典》第 143 条规定:"具备下列条件的民事法律行为有效:(1) 行为人具有相应的民事行为能力;(2) 意思表示真实;(3) 不违反法律、行政法规的强制性规定,不违背公序良俗。"

(一) 主体合格

行为人具有相应的民事行为能力,学理上称为主体适格。关于民事主体的立法类型选择,大陆法系传统立法将自然人、法人作为法定的主体类型,而对合伙等非法人团体的主体地位认定则持较为谨慎的态度,一般仅将商事合伙规定为主体的类型之一。

《民法典》采取自然人、法人、非法人组织主体类型法:一是自然人主体资格从出生时起到死亡时止。自然人分为完全民事行为能力人、限制民事行为能力人和无民事行为能力人。二是法人主体资格从成立时产生,到终止时消灭。法人分为营利法人、非营利法人、特别法人。三是非法人组织不具有法人资格,但是能够依法以自己的名义从事民事活动,非法人组织的财产不足以清偿债务的,其出资人或者设立人承担无限责任,除非法律另有规定。非法人组织分为个人独资企业、合伙企业、不具有法人资格的专业服务机构等。

(二) 意思表示自由、真实

《民法典》强调意思表示必须真实,才能发生相应的法律效力。表意人只有在自由、自愿的状况下作出的意思表示才是真实的、有效的。这是因为法律必须保护行为人的意思自由,保护其行为自愿,以维护行为人的基本民事权利。如果行为人在表意时被胁迫、受欺诈,该意思表示不发生相应的法律效力。

（三）不违反效力性强制性规定

我国司法实践中对强制性规定进一步区分为管理性强制性规定和效力性强制性规定,只有违反了效力性强制性规定(见下文无效法律行为),该民事法律行为才被认定为无效。《民法典》第 505 条规定:"当事人超越经营范围订立的合同的效力,应当依照本法第一编第六章第三节和本编的有关规定确定,不得仅以超越经营范围确认合同无效。"

"法人超越经营范围订立的合同,一般应当认定有效,即越权有效,这是一般原则,世界各国概莫能外。"①但是,违反国家限制经营、特许经营的,合同无效。例如未经批准吸收公众存款签订的民事合同,因吸收公众存款行为必须经金融主管部门批准,故凡是未经批准从事该行为的,都应认定无效。

（四）不违背公序良俗

法律规定毕竟是有限的,不能通过法律、行政法规的强制性规定涵盖所有的社会核心利益和公共道德。为此,《民法典》以"公序良俗"为兜底规定,维护社会根本利益和公共道德底线。

《民法典》总则编三处规定了公序良俗:一是第 10 条规定的是公序良俗原则;二是第 143 条将不违背公序良俗作为民事法律行为有效的必备要件;三是第 153 条第 2 款明确规定违背公序良俗的民事法律行为无效。

二、可撤销法律行为

（一）可撤销行为的类型

关于可撤销的民事法律行为,《民法典》主要规定了以下类型:① 限制民事行为能力人实施的民事法律行为在法定代理人被追认前,有权以通知的方式撤销(第 145 条);② 基于重大误解实施的民事法律行为,行为人有权请求人民法院或者仲裁机构予以撤销(第 147 条);③ 一方以欺诈手段,使对方在违背真实意思的情况下实施的民事法律行为,受欺诈方有权请求人民法院或者仲裁机构予以撤销(第 148 条);④ 第三人实施欺诈行为,使一方在违背真实意思的情况下实施的民事法律行为,对方知道或者应当知道该欺诈行为的,受欺诈方有权请

---

① 最高人民法院民法典贯彻实施工作领导小组:《中华人民共和国民法典总则编理解与适用》(下),人民法院出版社 2020 年版,第 723 页。

求人民法院或者仲裁机构予以撤销（第 149 条）；⑤ 一方或者第三人以胁迫手段，使对方在违背真实意思的情况下实施的民事法律行为，受胁迫方有权请求人民法院或者仲裁机构予以撤销（第 150 条）；⑥ 一方利用对方处于危困状态、缺乏判断能力等情形，致使民事法律行为成立时显失公平的，受损害方有权请求人民法院或者仲裁机构予以撤销（第 151 条）。

（二）撤销权的行使主体

撤销权应当由因意思表示不真实而受损害的一方或者因民事行为能力受限制的对方当事人享有。在因意思表示不真实而行使撤销权的场合，受损害方行使撤销权的方式必须是提起诉讼或者申请仲裁；而在因民事行为能力受限制的场合，则对方通知限制民事行为能力人的法定代理人即可。

（三）撤销权的行使期间

撤销权存续期间一般为 1 年，但重大误解撤销权存续期间为 90 日。《民法典》第 152 条规定："有下列情形之一的，撤销权消灭：（1）当事人自知道或者应当知道撤销事由之日起一年内、重大误解的当事人自知道或者应当知道撤销事由之日起九十日内没有行使撤销权；（2）当事人受胁迫，自胁迫行为终止之日起一年内没有行使撤销权；（3）当事人知道撤销事由后明确表示或者以自己的行为表明放弃撤销权。当事人自民事法律行为发生之日起五年内没有行使撤销权的，撤销权消灭。"

应注意的是，撤销权的行使期间为不变期间，不发生中止、中断和延长。

三、无效法律行为

（一）违反"效力性强制性规定"行为无效

《民法典》第 153 规定："违反法律、行政法规的强制性规定的民事法律行为无效。但是，该强制性规定不导致该民事法律行为无效的除外。违背公序良俗的民事法律行为无效。"

"该强制性规定不导致该民事法律行为无效的除外"如何理解？对此，《九民纪要》"30.［强制性规定的识别］"明确："下列强制性规定，应当认定为'效力性强制性规定'：强制性规定涉及金融安全、市场秩序、国家宏观政策等公序良俗的；

交易标的禁止买卖的,如禁止人体器官、毒品、枪支等买卖;违反特许经营规定的,如场外配资合同;交易方式严重违法的,如违反招投标等竞争性缔约方式订立的合同;交易场所违法的,如在批准的交易场所之外进行期货交易。关于经营范围、交易时间、交易数量等行政管理性质的强制性规定,一般应当认定为'管理性强制性规定'。"

(二) 恶意串通的行为无效

《民法典》第 154 条规定:"行为人与相对人恶意串通,损害他人合法权益的民事法律行为无效。"所谓恶意串通,是指行为人与相对人互相勾结,为谋取私利而实施的损害他人合法权益的民事法律行为。

与欺诈、胁迫、乘人之危通常是当事人之间的私事不同,恶意串通涉及当事人之外的第三人,而绝大多数情况下权益受损的第三人当时并不知情。如果不对此宣告无效,则与社会主义核心价值观不符。

(三) 行为无效的法律后果

《民法典》第 157 条规定:"民事法律行为无效、被撤销或者确定不发生效力后,行为人因该行为取得的财产,应当予以返还;不能返还或者没有必要返还的,应当折价补偿。有过错的一方应当赔偿对方由此所受到的损失;各方都有过错的,应当各自承担相应的责任。法律另有规定的,依照其规定。"

民事法律行为被确认无效的,自始无效。但是,无效并不等于没有法律后果。民事法律行为被确认无效后,应当根据诚实信用原则,使当事人的财产恢复到无效民事法律行为实施之前的状态,不能使不诚信的当事人从无效行为中获益。

四、法律行为效力适用案例

(一) 协议被撤销案①

1. 基本案情

被告张某承包了建筑工地的劳务工程,雇用原告王某负责安装水电。王某

---

① 《工地事故"私了"协议不能显失公平》,https://www.pkulaw.com/pal/a3ecfd5d734f711d11eed31b3eb057760d28419dd2ecf9e2bdfb.html,最后访问日期: 2023 年 6 月 12 日。

在干活时不慎从楼上的楼梯口处坠落,造成颈部脊髓损伤,被送往医院治疗。事后,原告王某与被告张某通过协商达成《工地事故调解协议书》,约定:张某负责结清王某剩余的住院费,并一次性补偿王某 8 万元,双方不再搅扰。后王某又住院治疗 80 天,花费医疗费近 3 万元。由于后续还要接受治疗,王某认为张某赔偿数额过低,遂起诉至法院,要求撤销《工地事故调解协议书》。经鉴定,王某目前四肢瘫痪,构成五级伤残,需要完全依赖护理。

2. 裁判处理

法院认为,个人之间形成劳务关系,提供劳务一方因劳务受到损害的,由提供劳务者和接受劳务者根据双方各自的过错承担相应的责任。本案中,原、被告之间形成劳务雇佣关系,原告王某在提供劳务时自己受到损害,原、被告应按照各自的过错承担相应的责任。原告王某在工作时由于自己不小心从楼上楼梯口坠落到楼下,自己未尽到安全注意义务和谨慎义务,同时未穿戴安全防护设备,自身存在一定过错,王某在此次事故中应负次要责任。根据法律规定的赔偿标准和责任比例,经计算原告获得的赔偿数额不低于 50 万元,但实际被告只赔偿了 26 万元,数额相差较大。根据日常社会生活经验和常识,王某作为一个病人是渴望继续治疗的,签订协议时王某处于危困状态,且其是一名农民工,文化水平较低,对后续的治疗和伤残等级的情况缺乏判断,因此能够认定原、被告签订的赔偿协议显失公平。法院遂判决撤销原告王某与被告张某签订的《工地事故调解协议书》。

3. 典型意义

公民之间协商解决争议,俗称"私了",法律予以鼓励和支持;但"私了"协议应当遵循自愿、公平、等价有偿、诚实信用等原则,否则面临被受损害方申请撤销的法律后果。本案中,一方利用对方处于危困状态、缺乏判断能力等情形,致使民事法律行为成立时显失公平的,受损害方有权请求法院或者仲裁机构予以撤销。

(二)房屋买卖协议无效案

1. 基本案情

案外人张某与被告签订《房屋买卖协议》,约定张某将其位于 A 村房屋出售给被告 B 村村民。随后被告翻建了该房屋。两年后,被告(甲方)与原告(C 村村民,乙方)签订《合作建房合同》,约定:甲方在 A 村有宅基地一宗,其负责组织各参加建房人合作建房,乙方自愿申请参加,出资金额为 17.8 万元;甲方在期限内将乙方选定的房屋交乙方使用,且不得干涉乙方处置权。合同签订当天,被告收到原告 5 万元,并将装修好的房屋交付其居住使用。

原告居住三年期间,自行更换墙纸、加装防盗网及橱柜门。因原告未支付剩余购房款,被告在其搬离涉案房屋两年后,将房屋出售给他人。

原告认为,双方签订的合同违反法律强制性规定,损害了自己合法权益,将被告诉至法院,要求确认合同无效,返还其出资款及装修款。审理中,双方均同意按 0.4 万元/年的标准计算原告居住期间的房屋使用费。

2. 裁判处理

法院认为,原、被告签订的《合作建房合同》,实质为农村房屋买卖合同。根据《土地管理法》的规定,农村和城市郊区的土地,除由法律规定属于国家所有的以外,属于农民集体所有,宅基地属于农民集体所有。农民集体所有的土地的使用权不得出让、转让或者出租用于非农业建设。本案中,案外人张三将其位于 A 村的房屋出售给被告,被告翻建后将其中一层出售给原告,涉案《房屋买卖协议》《合作建房合同》均违反土地管理法的强制性规定,属无效合同。合同无效后,因该合同取得的财产,应当予以返还;有过错的一方应当赔偿对方由此所受到的损失,双方都有过错的,应当各自承担相应的责任。

本案中,原、被告均非 A 村村民,对合同无效都有过错。被告本应退还原告购房款 5 万元,鉴于被告将涉案房屋交付原告居住使用了三年,且审理中双方均同意按照 0.4 万元/年的标准计算原告居住期间的房屋使用费,为减少诉累,酌情在本案中对房屋使用费 1.2 万元予以抵扣。被告将涉案房屋交付原告居住时已进行装修,原告自行更换墙纸、加装防盗网及橱柜门,不属于原告的必然损失,原告要求被告退还装修款的诉讼请求,法院不予支持。综上,依法判决确认案涉《合作建房合同》无效,被告返还原告购房款 3.8 万元。

3. 典型意义

由于宅基地是集体经济组织为了保障居者有其屋而无偿准予符合条件的村民使用的土地,村民对其宅基地只有使用权,土地的所有权依旧归属于集体所有,所以宅基地不能随意卖出,买卖宅基地的合同因违反《土地管理法》《农村宅基地管理办法》的相关规定而属于无效合同。现实生活中,与农民签订宅基地房屋买卖合同,或者非同一集体经济组织成员签订宅基地房屋买卖合同,该行为违反了我国《土地管理法》的规定,扰乱了国家正常的土地管理秩序,因此所签订的农村宅基地买卖合同属于无效合同。

| 第四节 |

诉讼时效制度

法律不保护"躺在权利上的睡觉者"。所谓诉讼时效,是指权利人在法定期间内不行使权利,该期间届满后,发生义务人可以拒绝履行给付义务的法律后果。申言之,在时效期间届满后,义务人取得时效利益。诉讼时效制度的目的与价值在于:一是督促权利人及时行使权利;二是有利于证据的收集和判断,便于法院处理民事纠纷;三是维护社会关系和秩序的稳定。《民法典》总则编以专章形式对诉讼时效制度进行了规定。

一、诉讼时效期间

诉讼时效期间是权利人请求人民法院保护其民事权利的法定期限。诉讼时效期间届满的,义务人取得拒绝履行义务的抗辩权,权利人不能再请求强制义务人履行债务。《民法典》第188条规定:"向人民法院请求保护民事权利的诉讼时效期间为三年。法律另有规定的,依照其规定。诉讼时效期间自权利人知道或者应当知道权利受到损害以及义务人之日起计算。法律另有规定的,依照其规定。但是,自权利受到损害之日起超过二十年的,人民法院不予保护,有特殊情况的,人民法院可以根据权利人的申请决定延长。"

诉讼时效期间分为三类:一是普通诉讼时效期间3年。二是特别诉讼时效期间,例如《民法典》第594条:"因国际货物买卖合同和技术进出口合同争议提起诉讼或者申请仲裁的时效期间为四年。"《保险法》第26条第2款规定:"人寿保险的被保险人或者受益人向保险人请求给付保险金的诉讼时效期间为五年,自其知道或者应当知道保险事故发生之日起计算。"三是最长诉讼时效期间20年。普通诉讼时效期间与特别诉讼时效期间自权利人知道或应当知道权利遭受侵害和义务人之日起计算,被称为主观诉讼时效期间;最长诉讼时效期间20年自权利受到损害之日起计算,且不适用诉讼时效中断、中止规定,被称为客观诉讼时效期间。

二、诉讼时效利益的放弃

诉讼时效期间届满后,义务人所享有的时效利益本质上是当事人的私益,其有权予以抛弃。关于诉讼时效利益的放弃,《民法典》第 192 条第 2 款规定:"诉讼时效期间届满后,义务人同意履行的,不得以诉讼时效期间届满为由抗辩;义务人已经自愿履行的,不得请求返还。"义务人同意履行义务,诉讼时效期间重新计算。

实践中,诉讼时效届满后,债务人在文件上签章的行为是否属于对诉讼利益的放弃? 对此,应根据所签章文件的内容进行区分:一是承认债权存在的文件,例如询证函、对账单、确认书、欠款单等,如果这些文件上没有要求履行的意思,债务人签章仅代表承认诉讼时效期间已经届满的债权的存在,并不导致诉讼利益的放弃;二是同意履行债权的文件,例如催款单、限期履行函等,如果这些文件上有要求履行的意思,且无证据表明债务人签名或盖章的行为仅表示收到上述文件,根据《最高人民法院关于超过诉讼时效期间借款人在催款通知单上签字或盖章的法律效力问题的批复》,应认定债务人同意履行,放弃了时效利益。

三、不适用诉讼时效的情形

《民法典》第 196 条规定:"下列请求权不适用诉讼时效的规定:(1)请求停止侵害、排除妨碍、消除危险;(2)不动产物权和登记的动产物权的权利人请求返还财产;(3)请求支付抚养费、赡养费或者扶养费;(4)依法不适用诉讼时效的其他请求权。"

应注意以下问题:一是立法规定"请求停止侵害、排除妨碍、消除危险"不适用诉讼时效,是基于无论是物权请求权还是人格权请求权,都是绝对权的考虑;二是立法规定"不动产物权和登记的动产物权的权利人请求返还财产"不适用诉讼时效,是基于物权因登记而产生公信力,占有人不能因其占有而获得诉讼时效的保护;三是立法规定"请求支付抚养费、赡养费或者扶养费"不适用诉讼时效,不仅因为抚养费、赡养费或者扶养费涉及权利人的基本生活保障,而且并不涉及保护交易第三人的合理信赖问题。

四、诉讼时效制度适用案例

(一) 诉讼时效届满案[①]

1. 基本案情

A公司通过背书转让方式取得银行承兑汇票一张,汇票载明:出票人B公司,出票金额20万元,汇票到期日2012年9月14日,付款行为无锡交行。2018年11月1日,A公司持案涉汇票向付款行无锡交行提示付款,被无锡交行以"该票据已超过票据时效"为由拒绝兑付。A公司将无锡交行诉至法院。

2. 裁判处理

法院认为:《票据法》第18条赋予持票人票据利益返还请求权系出于公平、诚实信用考虑,防止出票人或承兑人因此而获得不当得利,但持票人怠于行使票据权利,对票据权利灭失存在过错,应承担相应的法律后果。票据利益返还请求权的诉讼时效应从票据权利灭失时起算。本案中,案涉汇票到期日为2012年9月14日,A公司于2014年9月14日即丧失票据权利,直至2019年2月12日,其才向无锡交行主张票据利益返还请求权,诉讼时效已过。

3. 典型意义

本案的典型意义在于提醒公司应及时清理财务资料及应收账款,利用询征函、催收函、律师函,定期对账;通过邮件、短信、微信、电话等方式定期催收,并注意保留证据;采取诉讼、仲裁等方式主张权利,形成诉讼时效中断的法律效果;对超过诉讼时效的债务可以与债务人协商,制定还款计划或协议,以重新计算诉讼时效。

(二) 诉讼时效利益放弃案[②]

1. 基本案情

重庆两江假日酒店管理有限公司(甲方)与遵义赏天赐旅游房地产开发有限公司(乙方)于2015年3月订立《战略合作协议书》,约定:甲方对乙方项目冠

---

① 《江苏省无锡市滨湖区人民法院发布2021年度十大商事典型案例》,https://www.pkulaw.com/pal/a3ecfd5d734f711d90803134c13bd8cf6c944a346a1fc24fbdfb.html,最后访问日期:2023年6月12日。

② 《重庆两江假日酒店管理有限公司与遵义赏天赐旅游房地产开发有限公司商标使用许可合同纠纷(2021)》,渝0192民初8183号。

名,同意乙方使用其子公司"重庆宾馆""重宾"商标、服务标志、宣传画册进行项目推广宣传,提升乙方项目的知名度和影响力,合作期限为 2015 年 4 月 1 日—2025 年 3 月 31 日。2015 年 4 月 1 日—2016 年 3 月 31 日,冠名费人民币 30 万元,在本协议签订后 10 个工作日内乙方支付至甲方指定账户。2016 年 4 月 1 日—2025 年 3 月 31 日,冠名费人民币 20 万元/年。乙方于每年 3 月 20 日前支付下一年度冠名费至甲方指定账户,并约定任何一方违约,守约方有权要求违约方支付 10 万元违约金并赔偿由此造成的损失(包括但不限于直接或间接损失、诉讼费、律师费等)。赏天赐公司于 2015 年 4 月 1 日支付了冠名费 30 万元后再未向假日酒店支付任何费用,假日酒店也未向赏天赐公司要求支付冠名费。

2021 年 2 月 26 日,乙方通过员工微信向甲方发送《关于遵义赏天赐旅游房地产开发有限公司与重庆两江酒店管理有限公司战略合作协议情况说明》,主要载明:因赏天赐公司自 2015 年起不再经营及管理重宾生态旅游文化城,赏天赐公司自 2015 年起股权已冻结,不再正常经营及管理,2019 年 6 月 1 日天池三号项目重新启动,2019 年 10 月 30 日正式由贵州正麟房地产开发有限公司经营管理,2019 年 12 月 9 日贵州正麟房地产开发有限公司正式揭牌拿地,遵义市公共资源交易中心于当日公示信息。赏天赐公司提供情况说明,自 2015 年赏天赐公司未再经营天池三号项目,2015—2019 年 6 月 1 日其与假日酒店产生的合作费用 40 万/年应允以减免。

2021 年 6 月 16 日,甲方提起诉讼,要求解除合同,乙方支付至合同解除之日起的冠名费及违约金 10 万元。乙方辩称冠名费 2018 年 6 月 16 日前的部分已过诉讼时效,不应予以支持。

2. 裁判处理

法院认为,案涉商标"重宾""重庆宾馆"所有权人系重庆宾馆有限公司,重庆宾馆有限公司将上述商标授权给假日酒店使用,根据《授权书》,假日酒店有权将上述商标授权给他人使用。赏天赐公司使用了上述商标,应当按照合同约定支付冠名费,虽然部分冠名费已过诉讼时效,但赏天赐公司于 2021 年 2 月 26 日向假日酒店发送的《情况说明》明确支付的金额为 2015—2019 年 6 月 1 日期间的费用,希望假日酒店予以减免,表明赏天赐公司在诉讼时效期间届满时,仍愿意履行上述期间的费用,只是希望假日酒店予以减免,赏天赐公司不得以诉讼时效届满进行抗辩。因赏天赐公司的行为符合合同约定的解除条件,该合同于 2021

年 7 月 23 日解除,赏天赐公司应当支付冠名费 106.26 万元并按照合同约定支付违约金 10 万元和律师费 1.5 万元。

3. 典型意义

本案系商标被许可人出具减免申请是否构成在诉讼时效届满后作出愿意履行的意思表示的认定。《民法典》第 192 条第 2 款规定诉讼时效期间届满后,义务人同意履行的,不得以诉讼时效期间届满为由抗辩。《民法典》明确规定了债务人在诉讼时效届满后需作出同意履行的意思表示。本案中,被告虽未在《情况说明》中用"愿意履行"4 个字作出其意思表示;但被告要求原告予以减免,而减免的前提是被告愿意履行,故应认定为被告作出了同意履行的意思表示。同时,从公平原则来讲,诉讼时效制度的设立是为了督促权利人及时行使自己的权利,原告虽未及时履行自己的权利而丧失了胜诉的权利,但是被告作为义务人愿意履行到期债务,只要其将愿意履行的意思传达原告即可,而不应要求义务人必须以"愿意履行"4 个字作出明确表示,既降低了原告的举证义务,同时也维护了交易安全。

第二章

物权通则

　　物包括不动产、动产和权利。不动产与动产的区分在于物是否可移动。[①] 不动产,顾名思义,系指依其自然性质不能移动,或者一经移动便会损害其经济价值的物,包括土地和土地上的附着物等。不动产之外的有体物,都为动产。法律规定权利作为物权客体的,依照其规定。这里的权利实际上系指票据、债券、股票所体现的权利。

　　"在法律上正式使用物权概念,是 1811 年《奥地利民法典》,此后《德国民法典》接受了物权的概念,并以'物权'作为其'第三编'的编名,系统地规定了所有权、地上权、用益权、地役权、抵押权、质权等物权。"[②]自此以后,大陆法系各国在自己的《民法典》中都规定了符合本国国情的物权制度。《民法典》第 114 条规定:"物权是权利人依法对特定的物享有直接支配和排他的权利,包括所有权、用益物权和担保物权。"

　　物权法律制度,包括调整物之归属和物之利用两大方面的内容。物之归属,是为了定分止争。对此,商鞅曾有精辟阐释:"一兔走,百人逐之,非以兔可分以为百,由名之未定也,夫卖兔者满市,而盗不敢取,由名分已定也,故名分未定,尧

[①] 区分动产与不动产最早源于罗马法,大陆法系国家都采纳这种区分法。区分两者的法律意义在于:① 权利取得方式不同,例如先占、添附等一般不适用于不动产;② 转让的形式要件不同,例如对于不动产的转让要求采用书面合同方式,对于动产则一般无此要求;③ 物权公示方法不同,例如动产一般以交付作为所有权移转要件,不动产则一般以登记作为所有权移转要件;④ 利用方式不同,例如不动产不能设立质押权和留置权;⑤ 权利的性质不同,例如不动产往往涉及国家基本经济制度,甚至与国家主权密不可分,对不动产的设定、取得、移转经常有公法上的限制,而对于动产的相关规则更为体现私法特征,尊重当事人的合意;⑥ 诉讼管辖不同。依据《民事诉讼法》和相关司法解释,涉及不动产的纠纷一般适用专属管辖,而涉及动产的纠纷则允许当事人协议确定管辖法院。
[②] 最高人民法院民法典贯彻实施工作领导小组:《中华人民共和国民法典总则编理解与适用》(上),人民法院出版社 2020 年版,第 572 页。

舜禹汤且皆如骛焉而逐之;名分已定,贪盗不取。"①物之利用,是为了物尽其用,充分发挥物的经济效用,促进各种资源的有效利用。

物权编是《民法典》在总则编之后的首编,其重要性不言而喻。除《民法典》物权编外,我国物权法律规范还包括《土地管理法》《城市房地产管理法》《海域使用管理法》等,以及《最高人民法院关于适用〈中华人民共和国民法典〉物权编的解释(一)》《最高人民法院关于适用〈中华人民共和国民法典〉有关担保制度的解释》(简称《担保制度的解释》)等。

第一节

物权法的基本原则

一、物权法定原则

《民法典》第116条规定:"物权的种类和内容,由法律规定。"我国《立法法》第11条第9项规定,②物权法定的"法",专属于全国人民代表大会及其常务委员会的立法权限。物权尤其是所有权具有强大的效力,是国家社会经济组织的基础。如果任由当事人自由设置,必将造成国家经济秩序的混乱。

我国物权包括所有权、用益物权和担保物权三类。所有权是指所有人依法享有的对其财产进行占有、使用、收益、处分的权利。按照所有权人的不同性质划分,我国的所有权分为国家所有权、集体所有权、私人所有权。用益物权是指用益物权人依法对他人所有的物享有的占有、使用和收益的排他性权利,其支配的是标的物的使用价值。用益物权包括土地承包经营权、建设用地使用权、宅基地使用权、地役权、海域使用权、探矿权、采矿权、取水权、养殖权、捕捞权等。担

---

① 《商君书》,石磊译注,中华书局2009年版,第205页。
② 《中华人民共和国立法法》第11条规定:"下列事项只能制定法律:(1)国家主权的事项;(2)各级人民代表大会、人民政府、监察委员会、人民法院和人民检察院的产生、组织和职权;(3)民族区域自治制度、特别行政区制度、基层群众自治制度;(4)犯罪和刑罚;(5)对公民政治权利的剥夺、限制人身自由的强制措施和处罚;(6)税种的设立、税率的确定和税收征收管理等税收基本制度;(7)对非国有财产的征收、征用;(8)民事基本制度;(9)基本经济制度以及财政、海关、金融和外贸的基本制度;(10)诉讼制度和仲裁基本制度;(11)必须由全国人民代表大会及其常务委员会制定法律的其他事项。"

保物权是对他人提供担保的物或权利的价值所享有的权利,当债务人不履行债务时,担保物权人依法有权就担保物的价值优先受偿。担保物权包括抵押权、质权和留置权。

应注意我国物权法定原则的新发展。《民法典》物权编扩大了担保合同的范围,增加了其他具有担保功能的合同,即将融资租赁、保理等具有担保功能的非典型担保合同纳入担保合同范围。

二、物权平等保护原则

(一) 社会主义经济制度的基本要求

《民法典》第 206 条规定:"国家坚持和完善公有制为主体、多种所有制经济共同发展,按劳分配为主体、多种分配方式并存,社会主义市场经济体制等社会主义基本经济制度。国家巩固和发展公有制经济,鼓励、支持和引导非公有制经济的发展。国家实行社会主义市场经济,保障一切市场主体的平等法律地位和发展权利。"

《民法典》第 206 条确认了以公有制为主体、多种所有制经济共同发展的基本经济制度,规定了我国实行社会主义基本经济制度。国家实行社会主义基本经济制度,就需要保障一切市场主体的平等法律地位和发展权利。在公有制基础上实行市场经济,是人类历史上前所未有的伟大社会实践。

(二) 社会主义市场经济的基本法则

《民法典》第 207 条规定:"国家、集体、私人的物权和其他权利人的物权受法律平等保护,任何组织或者个人不得侵犯。"第 268 条规定:"国家、集体和私人依法可以出资设立有限责任公司、股份有限公司或者其他企业。国家、集体和私人所有的不动产或者动产投到企业的,由出资人按照约定或者出资比例享有资产收益、重大决策以及选择经营管理者等权利并履行义务。"

公平竞争、平等保护、优胜劣汰是市场经济的基本法则。在社会主义市场经济条件下,各种所有制经济形成的市场主体都在统一的市场上运作并发生相互关系,各种市场主体都处于平等地位,享有共同发展权利,遵循相同市场经济规则,承担相同的风险和责任。如果对不同市场主体不给予平等法律地位和相同发展权利、权利救济不能一视同仁、因主体所有制不同而承担不同责任,就不可能发展社会主义市场经济,也不可能坚持和完善社会主义基本经济制度。

应注意的是,"法律平等保护"是就民事法律而言的。我国《宪法》规定,公有制经济是主体,国有经济是主导力量,非公有制经济是社会主义市场经济的重要组成部分,它们在国民经济中的地位和作用是不同的。

(三)中国式现代化的内在要求

《民法典》除了具有作为私法一般法所应有的逻辑性与体系化功能之外,还承载着国家治理体系与治理能力现代化的使命。"物权问题从来就不仅仅是一个纯粹法律技术的问题,物权从根本上反映了人与国际、社会的关系。"①

坚持社会主义基本经济制度与对国家的、集体的和私人的物权给予平等保护是有机统一的。没有前者,就会改变社会主义基本经济制度的性质;没有后者,就违背了市场经济原则,反过来又会损害社会主义基本经济制度。众所周知,从计划经济体制向社会主义市场经济体制的转变过程中,根本的转变是资源配置方式的转变,即由行政配置改为市场配置。

三、物权法基本原则适用案例

(一)罗某等诉市自然资源局建设工程规划许可纠纷案②

1. 基本案情

罗某等 10 人系珠海市某小区一期 6 栋一单元业主。自 2018 年 6 月,该单元业主开始筹备加装电梯事宜,除 201、202 房业主外,其余业主均同意增设电梯。2018 年 10 月,珠海市自然资源局经初审后公示了加装电梯项目设计方案。2019 年 7 月 2 日,珠海市自然资源局收到罗某等 10 人提交的关于加装电梯方案及申请,并承诺于本月 16 日前办结。7 月 10 日,珠海市自然资源局作出《珠海市某小区一期 6 栋加装电梯方案的审核意见》(简称《审核意见》)告知罗某等 10 人:该加装电梯方案尚未与对增设电梯事项持有异议的业主达成谅解,根据《珠海市既有住宅增设电梯指导意见》第 8、11 条,请补充与不同意增设电梯的业

① 尹田:《物权法理论评析与思考》,中国人民大学出版社 2004 年版,第 4 页。
② 《广东省高级人民法院发布 2021 年度行政诉讼十大典型案例之十:罗某等十人诉珠海市自然资源局建设工程规划许可案》,https://www.pkulaw.com/pfnl/95b2ca8d4055fce1c337cc01819c68b12681d4f1ec2353e3bdfb.html,最后访问日期:2023 年 6 月 27 日。

主达成的补偿协议等材料,并妥善处理相关异议。罗某等 10 人收到《审核意见》后,就补偿的事宜积极与两户反对业主协商,在遭拒绝后提交补充材料,再次申请审批,但珠海市自然资源局以需要全体业主 100％同意为由,拒绝审批加装电梯方案。罗某等 10 人不服,诉至法院。

2. 裁判处理

法院认为,被诉《审核意见》实质上是要求罗某等 10 人提供全体业主同意加装电梯的材料,即变相"架空""双过三分之二"的规定。据此,判决珠海市自然资源局就罗某等 10 人关于增设电梯工程规划许可的申请履行法定职责。珠海市自然资源局不服,提出上诉。

既有住宅加装电梯工程,属于对建筑物局部改建,并非新建工程,并且增设电梯所使用的土地属于本楼栋业主共有的建筑所占用的土地,不是低层业主独有的。因此,旧楼增设电梯作为改建附属设施事项,表决程序亦只需⅔以上业主同意,少数业主不具有否决权。涉案加装电梯项目申请规划许可过程中,罗某等 10 人亦竭力配合规划部门的建议及异议业主的意见,制订有效的方案,已尽到必要且充分的注意义务。但珠海市自然资源局作出的《审核意见》实际是要求提供全体业主同意的材料,违反"双过三分之二"的规定;还要求许可申请人需与异议业主就加装电梯方案达成谅解,过于严苛。此外,珠海市自然资源局两次作出加装电梯项目设计方案的批前公示,均明确了现场公示方法、公示期间和有效意见反馈方式,但 201 和 202 房业主未按公示所要求的"有效反馈意见方式"或时限提出异议,属于无效异议。据此,法院判决珠海市自然资源局就罗某等 10 人关于增设电梯工程规划许可的申请履行法定职责。[①]

3. 典型意义

习近平总书记指出:"把《民法典》作为行政决策、行政管理、行政监督的重要标尺。"[②]本案判决通过间接审查行政机关作出加装电梯审核行为所依据的规范性文件,切实保护业主的建筑物区分所有权。行政机关要以保障《民法典》有效实施为抓手推进法治政府建设,把《民法典》作为行政管理的重要标尺。

[①] 珠海市自然资源局已履行判决确定的义务,珠海市人民政府亦将《珠海经济特区城乡规划条例实施办法》与上位法相悖的加装电梯条款予以删除,并于 2021 年 3 月 3 日发布新的《珠海市既有住宅增设电梯指导意见》。

[②] 习近平:《充分认识颁布实施民法典重大意义依法更好保障人民合法权益》,《求是》2020 年第 12 期。

(二) 村民委员会追索流失海外文物案①

1. 基本案情

普照堂及所供奉的章公祖师像属福建省大田县吴山乡阳春村和东埔村集体所有财产。1995 年章公祖师像被盗,一直未破案。2015 年 3 月,荷兰居民奥斯卡·凡·奥沃雷姆在匈牙利展出一尊中国宋代肉身佛像。两村村民经与照片及祖师遗物对比,发现该佛像为被盗的章公祖师像。两村村委会向奥斯卡主张返还未果,向荷兰法院起诉被驳回,遂于 2015 年 12 月向我国法院起诉,请求判令奥斯卡及奥斯卡独资经营的两家公司返还章公祖师像,并支付精神损害赔偿金 20 万欧元、实现债权费用 5 万欧元。

2. 裁判处理

法院认为,案涉佛像与 1995 年福建省大田县吴山乡阳春村普照堂内被盗流失的宋代章公祖师像具有同一性,本案应当适用偷盗事实发生时物之所在地法,即中华人民共和国法律,奥斯卡的买受行为不适用善意取得制度。在章公祖师像被偷盗、未经中国政府许可非法出口到国外后,阳春村村委会和东埔村村委会有权代表集体行使所有权,跨境追索,要求非法占有人返还流失的珍贵文物。法院判决被告向原告两村村委会返还章公祖师肉身佛像。

3. 典型意义

本案系文物物权纠纷引发的涉外民事案件,是民间通过国内民事诉讼追索流失海外文物的开创性案例,宣示了我国文物法律的域外适用,明确流失海外文物适用被盗时文物所在地法,有力维护了文物流出国利益,彰显了我国坚定维护文化财产国际条约的立场,充分尊重文化财产条约关于"保护文化财产免受偷盗、秘密发掘和非法出口的危险"及"便利文物返还和归还"等精神,对国内法作出与国际条约目的和宗旨相符的解释。

本案被告是否构成善意取得?依据我国《民法典》第 311 条善意取得制度,出让人须为无权处分,受让人须满足善意、合理价格转让以及转让物依法登记或已交付的要件。本案被告奥斯卡未提供佛像来源的相应交易凭证,被告作为受让人没有证据证明其有偿支付对价,不能构成善意取得。

---

① 《最高人民法院发布 15 起依法保护文物和文化遗产典型案例之十一:福建省大田县吴山乡阳春村民委员会、东埔村民委员会诉奥斯卡·凡·奥沃雷姆等物权保护纠纷案》,https://www.pkulaw.com/pfnl/08df102e7c10f2063be7dc34ec3c7c5ddcaeb83f41e338c9bdfb.html,最后访问日期:2023 年 6 月 27 日。

还应指出的是,我国法院的判决能否在荷兰得到承认和执行是通过国际民事诉讼追索文物的重要环节。根据《民事诉讼法》第 280 条,我国法院判决要在外国得到承认和执行的前提是两国同是国际条约的缔约国或存在互惠关系。但是中国和荷兰之间没有相互承认和执行判决的双边条约,我国法院判决不会自动得到荷兰法院的执行。本案被告是外国公民,且标的物也在中华人民共和国领域外,加强私下协商或外交手段是促成文物回国的有效途径。

| 第二节 |

不动产登记制度

除了物权法律规范对于不动产登记进行规定外,我国《不动产登记暂行条例》对不动产登记进行了专门规定。

一、不动产物权登记生效制度

《民法典》第 209 条第 1 款规定:"不动产物权的设立、变更、转让和消灭,经依法登记,发生效力;未经登记,不发生效力,但是法律另有规定的除外。"原则上,不动产物权登记是不动产物权的法定公示手段,既是不动产物权设立、变更、转让和消灭的生效要件,也是不动产物权依法获得承认和保护的依据。

关于登记效力,大陆法系有两种立法例:一种是登记对抗主义;另一种是登记生效主义。所谓登记对抗主义,是指不动产物权的设立、变更、转让和消灭的生效,仅以当事人的法律行为作为生效的必要充分条件,登记与否不决定物权变动的效力。但是为交易安全的考虑,法律规定,未经登记的不动产物权不得对抗第三人,例如《日本民法典》规定,不动产物权的取得、丧失及变更,除非依登记法规定进行登记,不得以之对抗第三人。所谓登记生效主义,即登记决定不动产物权的设立、变更、转让和消灭是否生效,不动产物权的各项变动必须登记,不登记则不生效。这种体例为德国、瑞士等所采纳。我国《民法典》第 209 条亦采行"登记生效主义"。

关于不动产物权登记生效的例外,主要包括三方面:一是依法属于国家所有的自然资源所有权可以不登记;二是因人民法院、仲裁委员会的法律文书,或因人民政府的征收决定,或因继承取得物权的,或因合法建造、拆除房屋事实等物权变动的情形;三是土地承包经营权、宅基地、地役权等的物权变动。

应注意的是,应对合同效力与物权变动效力进行区分。《民法典》第 215 条规定:"当事人之间订立有关设立、变更、转让和消灭不动产物权的合同,除法律另有规定或者当事人另有约定外,自合同成立时生效;未办理物权登记的,不影响合同效力。"这一规定明确了我国法律区分合同效力与物权登记效力。物权登记旨在贯彻物权法的公示公信原则,只是决定物权是否发生了变动;只要当事人之间就物权变动达成了合意,即使未经登记,也不影响合同的效力,当事人也应当承担违约责任。

二、国家所有的自然资源无需登记

自然资源的含义,我国现行法律缺少明确界定。现行法律规范中仅有包含"自然资源"范围或者相关表述的条文内容,例如《宪法》第 9 条第 1 款①和《民法典》第 250 条规定。② 据此推论,自然资源主要包括矿藏、水流、森林、山岭、草原、荒地、滩涂等类型。

《民法典》第 209 条第 2 款规定:"依法属于国家所有的自然资源,所有权可以不登记。"毋庸置疑,推进自然资源统一确权登记,有助于解决自然资源所有者权责不清问题。还应注意,国家所有的自然资源所有权虽然可以不登记,但在自然资源的利用范畴,例如在国家所有的土地、森林、海域等自然资源上设立用益物权、担保物权,则需要依法许可登记才能生效。

2019 年 7 月,自然资源部、财政部、生态环境部、水利部、国家林业和草原局印发《自然资源统一确权登记暂行办法》,力图划清全民所有者与集体所有者、不同全民所有者、不同集体所有者之间的边界。《国务院关于 2020 年度国有自然资源资产管理情况的专项报告》③公布了截至 2020 年年底我国的国有自然资源

---

① 《宪法》第 9 条第 1 款规定:"矿藏、水流、森林、山岭、草原、荒地、滩涂等自然资源,都属于国家所有,即全民所有;由法律规定属于集体所有的森林和山岭、草原、荒地、滩涂除外。国家保障自然资源的合理利用,保护珍贵的动物和植物。禁止任何组织或者个人用任何手段侵占或者破坏自然资源。"
② 《民法典》第 250 条规定:"森林、山岭、草原、荒地、滩涂等自然资源,属于国家所有,但是法律规定属于集体所有的除外。"
③ 陆昊:《国务院关于 2020 年度国有自然资源资产管理情况的专项报告》,https://www.pkulaw.com/chl/7903cf8a54e32093bdfb.html,最后访问日期:2023 年 6 月 27 日。

情况,具体如下。

(1) 全国国有建设用地 26 408.5 万亩,其中城市用地占 26.9%、建制镇用地占 22.3%、村庄用地占 13.8%、采矿用地占 7.7%、风景名胜及特殊用地占 1.8%、交通运输用地占 23.9%。

(2) 全国国有耕地 29 357.4 万亩,其中水田占 21.0%、水浇地占 34.5%、旱地占 44.5%。国有耕地主要分布在黑龙江、新疆、内蒙古和吉林。

(3) 全国国有园地 3 581.1 万亩,其中果园占 49.9%、茶园 9.6 万公顷占 4.0%、橡胶园占 26.3%、其他园地占 19.8%。国有园地主要分布在海南、新疆、云南和广东。

(4) 全国国有林地 169 261.7 万亩,其中乔木林地占 70.1%、竹林地占 0.3%、灌木林地占 25.8%、其他林地占 3.8%。国有林地主要分布在黑龙江、西藏、内蒙古、四川和新疆。

(5) 全国国有草地 296 000.7 万亩,其中天然牧草地占 81.8%、人工牧草地占 0.2%、其他草占地 18.0%。

(6) 全国国有湿地 32 740.8 万亩,其中红树林地占 0.1%、森林沼泽占 10.0%、灌丛沼泽占 3.2%、沼泽草地占 45.4%、沿海滩涂占 6.7%、内陆滩涂占 26.7%、沼泽地占 7.9%。国有湿地主要分布在青海、西藏、黑龙江、内蒙古和新疆。

(7) 全国已发现矿产资源 173 种,其中具有资源储量的矿种 163 个。现有石油探明技术可采储量 36.2 亿吨,现有天然气探明技术可采储量 62 665.8 亿立方米,煤炭储量 1 622.9 亿吨、铁矿储量 108.8 亿吨、铜矿储量 2 701.3 万吨、铝土矿储量 57 650.2 万吨、钨矿储量 222.5 万吨(三氧化钨)、钼矿储量 373.6 万吨、锂矿储量 234.5 万吨(氧化锂)、晶质石墨储量 5 231.9 万吨。

(8) 全国水资源总量 31 605.2 亿立方米。全国 1 940 个国家地表水考核断面中,Ⅰ—Ⅴ类水质分别约占 7.3%、47.0%、29.1%、13.6%、2.4%,劣Ⅴ类占 0.6%。

(9) 根据《联合国海洋法公约》和我国主张,管辖海域面积约 300 万平方公里。我国共有海岛 11 000 多个。其中,东海海岛数量约占我国海岛总数的 59%、南海海岛约占 30%、渤海和黄海海岛约占 11%。我国海岛中,无居民海岛约占 90%。我国海岸线长度约 3.2 万千米。我国拥有海洋生物 2 万多种,其中海洋鱼类 3 000 多种。

（10）全国共有自然保护地 9 200 个，其中国家公园体制试点 10 个、自然保护区 2 676 个（含国家级自然保护区 474 个）、自然公园 6 514 个。2015 年以来，国家陆续开展了三江源、大熊猫、东北虎豹、祁连山、海南热带雨林、武夷山、神农架、香格里拉普达措、钱江源、南山 10 处国家公园体制试点。

（11）我国是世界上生物多样性最丰富的国家之一。我国自然分布的野生动物中，脊椎动物约 7 300 余种，已定名昆虫约 13 万种，其中大熊猫、朱鹮等 400 多种野生动物为我国特有。我国有高等植物 3.6 万余种，其中特有种高达 1.5 万—1.8 万种。国家重点保护野生动物共有 980 种和 8 类，其中国家一级保护野生动物 234 种和 1 类；国家重点保护野生植物共有 455 种和 40 类，其中国家一级保护野生植物 54 种和 4 类。大熊猫、朱鹮、藏羚羊等濒危野生动物已基本扭转了持续下降的态势。

三、土地权属争议行政先行处理制度

行政先行处理，是指当平等民事主体之间产生民事纠纷之后，先由行政机关介入进行调查处理，对行政机关的处理不服的，再由当事人以行政机关为被告提起行政诉讼，施行权利救济的法律制度。

土地所有权和使用权争议，应当先由行政处理。我国《土地管理法》第 14 条规定："土地所有权和使用权争议，由当事人协商解决；协商不成的，由人民政府处理。单位之间的争议，由县级以上人民政府处理；个人之间、个人与单位之间的争议，由乡级人民政府或者县级以上人民政府处理。当事人对有关人民政府的处理决定不服的，可以自接到处理决定通知之日起三十日内，向人民法院起诉。在土地所有权和使用权争议解决前，任何一方不得改变土地利用现状。"行政先行处理的意图在于通过赋予行政机关先行解决民事纠纷的一定权力，最大限度地发挥行政执法功能，及时化解民间矛盾纠纷，同时也减轻法院裁判案件的压力。我国法律规定了大量行政裁决程序，例如专利法、药品管理法等，但规定行政裁决必须前置的仅有《土地管理法》。

因我国实行土地权属争议行政先行处理制度，在土地所有权和使用权纠纷中，需要正确把握和处理司法权与行政权的关系：当事人对人民政府的处理决定不服的，才可以向人民法院提起行政诉讼。

四、不动产登记制度适用案例

（一）确认合同效力纠纷案①

1. 基本案情

冯某某 1 与冯某某 2 系兄弟，依据 2012 年 11 月 15 日分家协议，涉案房屋由冯某某 1 与冯某某 2 共同共有，双方各占一半。2013 年 8 月 22 日，冯某某 2 以自己的名字办理了房产证。2015 年 11 月 30 日，冯某某 2 与杨某某签订了房地产买卖契约，杨某某办理了房屋所有权证。

2016 年 10 月 20 日，冯某某 1 向法院提起民事诉讼，要求确认杨某某与冯某某 2 的房地产买卖契约无效。

2. 裁判处理

生效判决认为，房产证及相关证据上没有显示该房为冯某某 2 与他人共用，冯某某 1 没有提供证据证明杨某某对此知情，且该房产已办理了过户登记。法院判决驳回冯某某 1 的起诉。

3. 典型意义

在登记申请人办理了登记后，任何人因为信赖登记而与登记权利人就登记的财产从事了交易行为，符合善意取得的构成要件，应当受到善意取得制度的保护，取得该不动产的所有权。房产以登记生效。本案中，涉案房屋原登记在冯某某 2 名下，杨某某和冯某某 2 已订立了房屋买卖协议，并有完税证明，足以证实他们之间真实的交易关系，且在进行交易时冯某某 2 已承诺该房屋无其他共有权人，无争议和纠纷。因此，杨某某对该房屋的取得是善意的。

（二）同村村民买卖宅基地纠纷案②

1. 基本案情

2001 年，王某与刘某签订房屋买卖协议，刘某将涉案宅基地房屋 3 间卖给王某，双方签订房屋买卖协议，房款当场支付，房屋亦交付使用。后刘某去世，王

---

① 《冯某某 1、冯某某 2 确认合同效力纠纷二审民事判决书》，(2017)冀 01 民终 9262 号。
② 《山东省青岛市即墨区人民法院发布四起房屋买卖合同纠纷典型案例之案例二：同村村民买卖宅基地房屋合同有效，但办理登记过户需符合行政审批条件——王某诉程某某、刘小某房屋买卖合同纠纷案》，https://www.pkulaw.com/pal/a3ecfd5d734f711dca9b2f4e5d6f93ff234e0422ad764c84bdfb.html，最后访问日期：2023 年 6 月 27 日。

某及王某之子王小某多次要求刘某之妻程某某、之子刘小某协助办理房屋过户手续,后者拒不协助。王某遂提起诉讼,要求确认房屋买卖协议有效,并要求程某某和刘小某协助办理过户手续。

2. 裁判处理

法院认为,买卖协议签订的双方为同村村民,协议内容系双方的真实意思表示,不违反法律法规的强制性规定,合法有效。关于王小某要求被告协助办理过户的问题,本案涉及农村宅基上房屋买卖,该类房屋买卖的变更登记情况涉及国家对集体土地的管理政策,需要有相关行政机关进行审查、审批,符合条件的予以办理变更登记,不符合规定的不予办理,故该请求不属于人民法院受理民事诉讼的范围,法院不予处理。

3. 典型意义

关于农村房屋买卖合同的效力问题,合同系当事人的真实意思表示并不违反法律法规强制性规定的,合法有效。但是,双方办理过户手续应由有关行政机关进行审批,不属于人民法院的受理范围,当事人通过诉讼不能解决农村宅基地房的过户登记问题。

| 第三节 |

动产交付制度

一、动产物权交付生效

《民法典》第 224 条规定:"动产物权的设立和转让,自交付时发生效力,但是法律另有规定的除外。"动产物权设立和转让时,除了要求当事人之间达成债权合意外,还要进行交付,才发生物权变动的效力。

交付的外观表现为转移占有。传统上交付仅指现实交付。随着经济的发展,基于交易便捷的考虑,法律上产生了观念交付:一是简易交付。《民法典》第 226 条规定:"动产物权设立和转让前,权利人已经占有该动产的,物权自民事法律行为生效时发生效力。"二是指示交付。第 227 条规定:"动产物权设立和转让前,第三人占有该动产的,负有交付义务的人可以通过转让请求第三人返还原物的权利代替交付。"三是占有改定。第 228 条规定:"动产物权转让时,当事人又约定由出让人继续占有该动产的,物权自该约定生效时发生效力。"

风险转移是交付的法律效果。《民法典》第 604 条规定:"标的物毁损、灭失的风险,在标的物交付之前由出卖人承担,交付之后由买受人承担,但是法律另有规定或者当事人另有约定的除外。"

二、特殊动产物权登记的对抗效力

所谓特殊动产,即船舶、航空器和机动车等动产,因其价值较大,在法律上被视为准不动产。

(一) 特殊动产物权变动适用交付生效原则

特殊动产亦为动产,适用动产交付即生效的原则。对此,《最高人民法院关于审理买卖合同纠纷案件适用法律问题的解释》(简称《买卖合同纠纷解释》)第 7 条规定:"出卖人就同一船舶、航空器、机动车等特殊动产订立多重买卖合同,在买卖合同均有效的情况下,买受人均要求实际履行合同的,应当按照以下情形分别处理:(1) 先行受领交付的买受人请求出卖人履行办理所有权转移登记手续等合同义务的,人民法院应予支持;(2) 均未受领交付,先行办理所有权转移登记手续的买受人请求出卖人履行交付标的物等合同义务的,人民法院应予支持;(3) 均未受领交付,也未办理所有权转移登记手续,依法成立在先合同的买受人请求出卖人履行交付标的物和办理所有权转移登记手续等合同义务的,人民法院应予支持;(4) 出卖人将标的物交付给买受人之一,又为其他买受人办理所有权转移登记,已受领交付的买受人请求将标的物所有权登记在自己名下的,人民法院应予支持。"

(二) 特殊动产物权登记具有对抗效力

《民法典》第 225 条规定:"船舶、航空器和机动车等的物权的设立、变更、转让和消灭,未经登记,不得对抗善意第三人。"

船舶、航空器和机动车等物权的设立、变更、转让和消灭,未在登记部门进行登记,则虽然在当事人之间已发生效力,但当事人不得对善意第三人主张物权变动的效力,即未经登记的物权变动,不产生社会公信力,不得对抗善意第三人。

所谓善意第三人,就是指不知道也不应当知道物权发生了变动的物权关系相对人,包括以取得所有权为目的的相对人、抵押权人、质权人和留置权人。

三、动产交付制度适用案例

(一) 汽车融资租赁合同纠纷案①

1. 基本案情

2018 年 1 月 22 日,某融资租赁有限公司与被申请人杜某某签订了《汽车融资租赁合同》,约定由被申请人通过售后回租的模式向某融资租赁有限公司租赁汽车一台,租赁期限 36 个月,每个月的 22 日支付一次租金,每期租金为 2 487.29元。被申请人以该汽车作为履行融资租赁合同抵押担保,并办理抵押登记。被申请人未按期支付租金,申请人根据《融资租赁合同》申请仲裁,要求解除汽车融资租赁合同,收回租赁物。

2. 裁判处理

仲裁庭认为,物权变动中,机动车所有权的转移标准是交付,机动车物权的登记只是对抗要件。只要机动车由出卖人交付给了买受人,且双方之间的机动车买卖合同合法有效,机动车所有权就转移,是否进行过户登记,不构成对机动车所有权的影响。仲裁庭裁决:《融资租赁合同》解除;被申请人向申请人返还汽车租赁物,并配合办理过户登记。

3. 典型意义

在售后回租模式中,机动车等动产物权转让时,当事人又约定由出让人继续占有该动产的,物权自该约定生效时发生效力;是否进行过户登记,不构成对机动车所有权的影响。

(二) 汽车执行异议纠纷案②

1. 基本案情

2013 年 8 月 3 日,王某从杜某某处以 25 万元的价格购买涉案车辆,因该车

---

① 《鹰潭仲裁委员会就申请人某互联网金融信息服务公司对被申请人杜某某融资租赁合同纠纷进行仲裁案》,https://www.pkulaw.com/atr/fc85474511710eb24a825b89dd2e16dbeda867e219bcb78dbdfb.html,最后访问日期:2023 年 6 月 27 日。
② 《李明国与王涛外人执行异议之诉纠纷上诉案》,(2016)吉民终 170 号。

辆在购买时登记在延边祥安货物运输中心名下,一直没有变更登记。在李某某与延边祥安货物运输中心等合同纠纷案中,法院查封、扣押了涉案车辆。

王某诉请:停止对涉案车辆的执行;确认王某对上述车辆的所有权。

2. 裁判处理

法院认为,依据公安部《关于确定机动车所有权人问题的复函》"公安机关办理机动车登记,是准予或者不准予上道路行驶的登记,不是机动车所有权登记",虽然车辆登记在祥安运输中心名下,但李某某未提供充分证据证明祥安运输中心是诉争车辆的实际权利人。法院判决:停止对涉案车辆的执行,涉案车辆归王某所有。

3. 典型意义

本案的典型意义在于:公安机关登记的车主作为判别机动车所有权的依据,车辆登记名义人与实际出资人不一致时,法院会依据公平、等价有偿原则,确定实际出资人为车辆所有权人。

第三章

物权类型

《民法典》第 114 条规定,我国物权包括所有权、用益物权和担保物权三类。《民法典》物权编坚持、反映以公有制为主体、多种所有制经济共同发展的基本经济制度和中国特色社会主义市场经济体制的内在要求。[1]

| 第一节 |

所 有 权

英国著名法学家威廉·布莱克斯通曾言:"没有任何事物能够像所有权那样,如此广泛地激发人们的想象力与情怀;也没有任何事物像所有权那样,让一个人可以对世界外在之物提出主张、独断专行地加以支配,并完全排除其他任何人的权利。"[2]作为人类社会生活中最基本也是最重要的权利之一,近代资本主义国家将所有权作为一项天赋的人权而予以绝对的尊重。

与世界上多数国家的立法例不同,我国民事立法曾受苏联法学的影响,在国家所有权和私人所有权之外规定了"集体所有权"这一制度。[3] 国家所有权与集体所有权在权利主体上具有高度抽象性,采用民主的多数决程序;私人所有权的行使完全取决于特定的权利主体的意志。

---

[1] 最高人民法院民法典贯彻实施工作领导小组:《中华人民共和国民法典物权编理解与适用》(上),人民法院出版社 2020 年版,第 24 页。

[2] William Blackstone. *Commentaries on the Law of England*. Bk. II, Ch.1, p.2.

[3] 1923 年《苏俄民法典》将所有权区分为国家所有权、集体所有权和个人所有权。参见孙宪忠:《中国物权法总论》(第 2 版),法律出版社 2018 年版,第 124 页。

一、国家所有权及其行权主体

(一) 国家所有权

国家所有权是全民所有制在法律上的体现。《民法典》第 246 条规定:"法律规定属于国家所有的财产,属于国家所有即全民所有。国有财产由国务院代表国家行使所有权。法律另有规定的,依照其规定。"

我国法律将"国家所有"和"全民所有"作为同一个概念加以使用。[①] 我国实行以公有制为主体、多种所有制经济共同发展的基本经济制度,其中公有制的实现形式是国家所有和劳动群众集体所有。我国《宪法》第 9 条第 1 款规定:"矿藏、水流、森林、山岭、草原、荒地、滩涂等自然资源,都属于国家所有,即全民所有;由法律规定属于集体所有的森林和山岭、草原、荒地、滩涂除外。"第 10 条第 1 款规定:"城市的土地属于国家所有。"第 12 条规定:"社会主义的公共财产神圣不可侵犯。国家保护社会主义的公共财产。禁止任何组织或者个人用任何手段侵占或者破坏国家的和集体的财产。"

《民法典》所保护的国家所有权客体包括自然资源、关系国民经济命脉和国家安全的基础设施、国家依法行使公权力取得的财产。《民法典》第 247—257 条规定了国家所有权的客体,包括以下 11 项:(1) 第 247 条规定:"矿藏、水流、海域属于国家所有。"(2) 第 248 条规定:"无居民海岛属于国家所有,国务院代表国家行使无居民海岛所有权。"(3) 第 249 条规定:"城市的土地,属于国家所有。法律规定属于国家所有的农村和城市郊区的土地,属于国家所有。"(4) 第 250 条规定:"森林、山岭、草原、荒地、滩涂等自然资源,属于国家所有,但是法律规定属于集体所有的除外。"(5) 第 251 条规定:"法律规定属于国家所有的野生动植物资源,属于国家所有。"(6) 第 252 条规定:"无线电频谱资源属于国家所有。"(7) 第 253 条规定:"法律规定属于国家所有的文物,属于国家所有。"(8) 第 254 条规定:"国防资产属于国家所有。铁路、公路、电力设施、电信设施和油气管道等基础设施,依照法律规定为国家所有的,属于国家所有。"(9) 第 255 条规定:"国家机关对其直接支配的不动产和动产,享有占有、使用以及依照法律和国务院的有关规定处分的权利。"(10) 第 256 条规定:"国家举办的事业单位对其直

---

① 王利明:《国家所有权研究》,中国人民大学出版社 1991 年版,第 77—78 页。

接支配的不动产和动产,享有占有、使用以及依照法律和国务院的有关规定收益、处分的权利。"(11) 第 257 条规定:"国家出资的企业,由国务院、地方人民政府依照法律、行政法规规定分别代表国家履行出资人职责,享有出资人权益。"

《民法典》确立国家所有权,具有如下意义:一是排除国家以外的其他主体对专属国家所有的客体享有所有权。正如德姆塞茨指出,国家所有权意味着,通过公认的政治程序可禁止任何人享有这种权利。[①] 同时,国家对这种主权也相当克制,例如野生动物、文物等只有在"法律规定为国家所有"时,国家才取得所有权。二是适用民法规则。例如基于所有权弹力性规则,设定各种用益物权,或在国家所有权被侵权时,适用侵权责任编规则。三是奠定平等保护的基础。国家所有权、集体所有权和私人所有权置于《民法典》,意味着以往受特殊保护的国家所有权不再享有特权,在法秩序和法价值上统一各种主体的所有权。

(二) 国家所有权的行权主体

《民法典》第 246 条第 2 款规定:"国有财产由国务院代表国家行使所有权。"我国地域辽阔、自然资源种类繁多,作为代表者的国务院是不可能直接行使自然资源资产所有权。2018 年 3 月全国人民代表大会《第十三届全国人民代表大会第一次会议关于国务院机构改革方案的决定》明确,自然资源部履行全民所有土地、矿产、森林、草原、湿地、水、海洋等自然资源资产所有者职责和所有国土空间用途管制职责。

国有资产由国家机关、事业单位及国有企业代表国家行使权利。《民法典》第 255 条规定:"国家机关对其直接支配的不动产和动产,享有占有、使用以及依照法律和国务院的有关规定处分的权利。"第 256 条规定:"国家举办的事业单位对其直接支配的不动产和动产,享有占有、使用以及依照法律和国务院的有关规定收益、处分的权利。"第 257 条规定:"国家出资的企业,由国务院、地方人民政府依照法律、行政法规规定分别代表国家履行出资人职责,享有出资人权益。"

二、集体所有权及其行权主体

(一) 集体所有权

集体所有权是集体所有制在法律上的体现。《民法典》第 263 条规定:"城镇

[①] Harold Demsetz. Toward a Theory of Property Rights. *The American Economic Review*,Vol. 57,1967,p. 354.

集体所有的不动产和动产,依照法律、行政法规的规定由本集体享有占有、使用、收益和处分的权利。"

我国《宪法》第 8 条规定:"农村集体经济组织实行家庭承包经营为基础、统分结合的双层经营体制。农村中的生产、供销、信用、消费等各种形式的合作经济,是社会主义劳动群众集体所有制经济。参加农村集体经济组织的劳动者,有权在法律规定的范围内经营自留地、自留山、家庭副业和饲养自留畜。城镇中的手工业、工业、建筑业、运输业、商业、服务业等行业的各种形式的合作经济,都是社会主义劳动群众集体所有制经济。国家保护城乡集体经济组织的合法的权利和利益,鼓励、指导和帮助集体经济的发展。"第 10 条第 2 款规定:"农村和城市郊区的土地,除由法律规定属于国家所有的以外,属于集体所有;宅基地和自留地、自留山,也属于集体所有。"

《民法典》对集体所有权进行全面的保护。《民法典》第 260 条明确了集体所有权的客体:"(1) 法律规定属于集体所有的土地和森林、山岭、草原、荒地、滩涂;(2) 集体所有的建筑物、生产设施、农田水利设施;(3) 集体所有的教育、科学、文化、卫生、体育等设施;(4) 集体所有的其他不动产和动产。"

当前,我国集体所有土地实行以家庭承包经营为基础、统分结合的双层经营体制。同时,我国鼓励承包方流转土地经营权。《农村土地承包合同管理办法》第 2、5 条规定,农村土地承包经营应当依法签订承包合同,土地承包经营权自承包合同生效时设立;承包方承包土地后,享有土地承包经营权,既可以自己经营,也可以保留土地承包权,流转其承包地的土地经营权,由他人经营。

(二) 集体所有权的行权主体

农村集体所有权的行权主体是"本集体成员","由村集体经济组织或者村民委员会依法代表集体行使所有权"。《民法典》第 261 条规定:"农民集体所有的不动产和动产,属于本集体成员集体所有。下列事项应当依照法定程序经本集体成员决定:(1) 土地承包方案以及将土地发包给本集体以外的组织或者个人承包;(2) 个别土地承包经营权人之间承包地的调整;(3) 土地补偿费等费用的使用、分配办法;(4) 集体出资的企业的所有权变动等事项;(5) 法律规定的其他事项。"第 262 条规定:"属于村农民集体所有的,由村集体经济组织或者村民委员会依法代表集体行使所有权。"

关于村民对村集体财产的知情权,《民法典》第 264 条规定:"农村集体经济组织或者村民委员会、村民小组应当依照法律、行政法规以及章程、村规民约向本集体成员公布集体财产的状况。集体成员有权查阅、复制相关资料。"

三、私人所有权

"私"(私人所有权)与"公"(国家所有权和集体所有权)相对应。私人所有权包括自然人、法人和非法人组织等非公有制经济主体享有的所有权。《民法典》第 266 条规定:"私人对其合法的收入、房屋、生活用品、生产工具、原材料等不动产和动产享有所有权。"

我国《宪法》第 11 条规定:"在法律规定范围内的个体经济、私营经济等非公有制经济,是社会主义市场经济的重要组成部分。国家保护个体经济、私营经济等非公有制经济的合法的权利和利益。国家鼓励、支持和引导非公有制经济的发展,并对非公有制经济依法实行监督和管理。"《宪法》第 13 条第 1—2 款规定,公民的合法的私有财产不受侵犯;国家依照法律规定保护公民的私有财产权和继承权。

《民法典》关于私人所有权的规定是对我国宪法相关条款的具体落实。《民法典》第 267 条规定:"私人的合法财产受法律保护,禁止任何组织或者个人侵占、哄抢、破坏。"第 269 条规定:"营利法人对其不动产和动产依照法律、行政法规以及章程享有占有、使用、收益和处分的权利。营利法人以外的法人,对其不动产和动产的权利,适用有关法律、行政法规以及章程的规定。"第 270 条规定:"社会团体法人、捐助法人依法所有的不动产和动产,受法律保护。"私人所有权与每一个公民息息相关。"有恒产者有恒心"。私有财产和私有财产权的存在能够促使个人勤奋工作,勤劳致富。

四、征收制度

《民法典》第 243 条规定:"为了公共利益的需要,依照法律规定的权限和程序可以征收集体所有的土地和组织、个人的房屋以及其他不动产。征收集体所有的土地,应当依法及时足额支付土地补偿费、安置补助费以及农村村民住宅、其他地上附着物和青苗等的补偿费用,并安排被征地农民的社会保障费用,保障被征地农民的生活,维护被征地农民的合法权益。征收组织、个人的房屋以及其他不动产,应当依法给予征收补偿,维护被征收人的合法权益;征收个人住宅的,还应当保障被征收人的居住条件。"

(一) 征收以公共利益为条件

《民法典》关于征收的规定是对我国《宪法》相关条款的具体落实。我国《宪法》第 10 条第 3 款规定:"国家为了公共利益的需要,可以依照法律规定对公民的私有财产实行征收或者征用并给予补偿";第 13 条规定:"公民的合法的私有财产不受侵犯。国家依照法律规定保护公民的私有财产权和继承权。国家为了公共利益的需要,可以依照法律规定对公民的私有财产实行征收或者征用并给予补偿。"可见,我国的征收制度以公共利益的需求为条件,强调了对私有财产权限制的正当性。

(二) 关于征收的补偿

征收集体所有的土地,应当依法及时足额支付土地补偿费、安置补助费以及农村村民住宅、其他地上附着物和青苗等的补偿费用,并安排被征地农民的社会保障费用,保障被征地农民的生活,维护被征地农民的合法权益。《土地管理法》第 48 条第 1 款还对征收土地的补偿标准进行了原则性规定:"征收土地应当给予公平、合理的补偿,保障被征地农民原有生活水平不降低、长远生计有保障。"

关于房屋拆迁的补偿问题,应当依法给予征收补偿;征收个人住宅的,还应当保障被征收人的居住条件。《国有土地上房屋征收与补偿条例》第 17 条规定:"作出房屋征收决定的市、县级人民政府对被征收人给予的补偿包括:(1) 被征收房屋价值的补偿;(2) 因征收房屋造成的搬迁、临时安置的补偿;(3) 因征收房屋造成的停产停业损失的补偿。"

(三) 关于征收的程序

征收需要遵循法定程序。《民法典》并未规定具体征收程序。《土地管理法》第 47 条规定:① 国家征收土地的,依照法定程序批准后,由县级以上地方人民政府予以公告并组织实施。② 县级以上地方人民政府拟申请征收土地的,应当开展拟征收土地现状调查和社会稳定风险评估,并将征收范围、土地现状、征收目的、补偿标准、安置方式和社会保障等在拟征收土地所在的乡(镇)和村、村民小组范围内公告至少 30 日,听取被征地的农村集体经济组织及其成员、村民委员会和其他利害关系人的意见。③ 多数被征地的农村集体经济组织成员认为征地补偿安置方案不符合法律、法规规定的,县级以上地方人民政府应当组织召开听证会,并根据法律、法规的规定和听证会情况修改方案。④ 拟征收土地的所有权人、使用权人应当在公告规定期限内,持不动产权属证明材料办理补偿登记。县级以上地方人民政府应当组织有关部门测算并落实有关费用,保证足额到位,与拟征收土地的所有权人、使用权人就补偿、安置等签订协议;个别确实难以达成协议的,应当在申请征收土地时如实说明。

关于征收公告程序,《征用土地公告办法》第 4 条规定:"被征用土地所在地的市、县人民政府应当在收到征用土地方案批准文件之日起 10 个工作日内进行征用土地公告,该市、县人民政府土地行政主管部门负责具体实施。"第 7 条规定:"有关市、县人民政府土地行政主管部门会同有关部门根据批准的征用土地方案,在征用土地公告之日起 45 日内以被征用土地的所有权人为单位拟订征地补偿、安置方案并予以公告。"第 14 条第 1 款规定:"未依法进行征用土地公告的,被征地农村集体经济组织、农村村民或者其他权利人有权依法要求公告,有权拒绝办理征地补偿登记手续。未依法进行征地补偿、安置方案公告的,被征地农村集体经济组织、农村村民或者其他权利人有权依法要求公告,有权拒绝办理征地补偿、安置手续。"

五、建筑物区分所有权

《民法典》第 271 条规定:"业主对建筑物内的住宅、经营性用房等专有部分享有所有权,对专有部分以外的共有部分享有共有和共同管理的权利。"建筑物区分所有权是随着现代城市的兴起以及建筑的发展而产生的一种较为特殊的不动产所有权形态。①

建筑物区分所有权是对传统"一物一权"理论的突破:业主对专有部分享有所有权;对专有部分以外的共有部分享有共有和共同管理的权利。共有部分是

---

① 王利明、杨立新、王轶、程啸:《民法学》(上),法律出版社 2020 年版,第 392 页。

建筑物区分所有权的核心问题。业主对共有部分享有的共有权,某种意义上也是业主基于共有权而产生的应予注意和履行的义务。

《民法典》第 273 条第 1 款规定:"业主对建筑物专有部分以外的共有部分,享有权利,承担义务;不得以放弃权利为由不履行义务。"业主对共有部分享有的共有权,既是权利,也是义务。《民法典》第 286 条的规定,业主对共有部分承担的义务包括不得任意弃置垃圾、排放污染物或者噪声、违反规定饲养动物、违章搭建、侵占通道、拒付物业费等。

《民法典》第 278 条规定,决定筹集建筑物及其附属设施的维修资金,改建、重建建筑物及其附属设施,改变共有部分的用途或者利用共有部分从事经营活动外的其他事项,均属丁本建筑区划内 般性、常规性的事务,可以采取普通多数同意的方式。当然,即使是普通多数决,也要求在由专有部分面积占比⅔以上的业主且人数占比⅔以上的业主参与表决的前提下,同时符合以下两个过半数条件:一是必须获得参与表决的专有部分面积占建筑物总面积过半数的业主的同意;二是必须获得占参与表决人数过半数的业主同意。

六、善意取得制度

《民法典》第 311 条规定:"无处分权人将不动产或者动产转让给受让人的,所有权人有权追回;除法律另有规定外,符合下列情形的,受让人取得该不动产或者动产的所有权:(1) 受让人受让该不动产或者动产时是善意;(2) 以合理的价格转让;(3) 转让的不动产或者动产依照法律规定应当登记的已经登记,不需要登记的已经交付给受让人。受让人依据前款规定取得不动产或者动产的所有权的,原所有权人有权向无处分权人请求损害赔偿。当事人善意取得其他物权的,参照适用前两款规定。"

善意取得制度的目的在于保护交易安全。善意取得制度涉及真实权利人、无处分权人与善意第三人之间的利益调整。构成善意取得的,受让人因善意而即时取得标的物的所有权,原权利人的所有权将因此而消灭,只能基于债权追究让与人的责任。

善意取得制度包括三个构成要件:一是受让人须是善意的,不知出让人是无处分权人;二是受让人支付了合理的价款;三转让的财产应当登记的已经登记,不需要登记的已经交付给受让人。

"善意"源于罗马法上的诚信观念,具有伦理道德属性。[①] "善意取得"的举证责任由真实权利人承担。《最高人民法院关于适用〈中华人民共和国民法典〉物权编的解释(一)》第 14 条规定:"受让人受让不动产或者动产时,不知道转让人无处分权,且无重大过失的,应当认定受让人为善意。真实权利人主张受让人不构成善意的,应当承担举证证明责任。"真实权利人可从受让人取得财物的缘由、性质、方式、对价、交易经验、出让者的关系等方面,证明"受让人不构成善意"。

何种情况下"不构成善意"? 对此,我国刑事法律规定可以提供参考。《最高人民法院关于刑事裁判涉财产部分执行的若干规定》第 11 条第 1 款规定,被执行人将刑事裁判认定为赃款赃物的涉案财物用于清偿债务、转让或者设置其他权利负担,具有下列情形之一的,人民法院应予追缴:① 第三人明知是涉案财物而接受的;② 第三人无偿或者以明显低于市场的价格取得涉案财物的;③ 第三人通过非法债务清偿或者违法犯罪活动取得涉案财物的;④ 第三人通过其他恶意方式取得涉案财物的。

七、所有权适用案例

(一) 自然资源局怠于履行行政管理职责案[②]

1. 基本案情

2020 年 9 月,贵阳市乌当区检察院发现东风镇高穴村养猪大寨的一棵百年以上的古柏树未得到有效保护,其树干基部区域被水泥硬化,树干中部钉有输电线支架,违反了《贵州省古树名木大树保护条例》的规定。检察机关向某自然资源局发出检察建议,建议对该古树履行监管职责,但未收到该局回复。2021 年 5 月,检察机关现场查看发现该古树仍未得到保护,遂提起行政公益诉讼。

2. 裁判结果

法院认为,被告作为该地区林业主管部门,对辖区古树负有保护、管理和监督职责。某自然资源局收到检察建议直至本案一审开庭前,始终未有效解决案

---

① 张嘉艺:《刑事涉案财物执行中"善意取得"的理解与认定》,《人民法院报》2022 年 12 月 14 日,第 7 版。
② 《最高人民法院发布 15 个生物多样性司法保护专题典型案例之十五:贵阳市乌当区人民检察院诉贵阳市某自然资源局怠于履行行政管理职责行政公益诉讼案》,https://www.pkulaw.com/pfnl/08df102e7c10f20636ffeae430da57bc78268ac7015abe26bdfb.html,最后访问日期:2023 年 6 月 27 日。

涉古树被破坏的问题,存在未依法履行职责情形。法院判决被告依法履行法定职责,对东风镇高穴村养猪大寨的古树采取相应的保护措施等。

3. 典型意义

古树是大自然和前人留下的自然遗产、文化遗产,弥足珍贵且不可再生。案涉古树及其生长环境遭受严重破坏,长势衰弱,而行政主管部门未依法及时进行管护。本案的典型意义在于法律对古树保护提供了司法救济,通过判决行政机关履行法定职责来强制某自然资源局依法履行管护自然资源的责任。

(二) 农地承包合同无效案①

1. 基本案情

2010 年 10 月 31 日,桂某以与某村小组订立承包合同、享有经营权 50 年为由雇用他人挖土修路,破坏了山场原有的山貌,并导致两条灌溉的水沟被填没。2011 年 1 月,某村小组将桂某告上法院,要求被告立即停止侵权、排除妨碍、恢复原状,并赔偿经济损失。

桂某以与原告订立农村土地承包合同为由提起反诉,要求确认与原告已订立农村土地承包合同、依法享有涉案山场承包经营权 50 年。桂某提供 1999 年协议,表明其承包行为经过村民代表讨论决议。经鉴定,桂某提交的协议上代表签名包括桂某在内仅 3 人签名为本人签名,4 人不是本人签名,其他签名无法鉴定。

2. 裁判处理

法院认为,某村小组与桂某农村土地承包合同未成立。第一,农村土地承包发包方应为农村集体经济组织,而非每户村民代表,1999 年原告村小组村民代表大会订立协议中的签名主体是原告村小组每户村民代表和被告,而不是原告与被告,故原告与被告之间并未达成承包涉案山场林权经营管理权的发包和承包合意,故该农村土地承包合同没有成立。第二,承包方案应当依法经本集体经济组织成员的村民会议⅔以上成员或⅔以上村民代表同意讨论,而 1999 年原告村小组村民代表大会订立协议中的户代表签名主体未到法律规定的人数要求,不能代表原告的真实意思表示。第三,从合同形式上看,农村土地承包合同应该签订书面承包合同,承包合同一般包括发包方与承包方的名称、发包方负责人和

---

① 《农村土地承包合同有严格程序　不合法依法被判无效》,https://www.pkulaw.com/pal/a3ecfd5d734f711d0fa81da6300ab4d54639dbe55778a414bdfb.html,最后访问日期: 2023 年 6 月 27 日。

承包方代表的姓名和住所,承包土地的名称、坐落、面积、质量等级,承包期限和起止日期,承包土地的用途,发包方和承包方的权利和义务,违约责任等内容。第四,农村土地承包的程序是,首先要选举产生承包工作小组,其次,公布承包方案,再次,召开村民会议讨论承包方案,最后再签订承包合同。由此可见,原告与被告没有签订规范的农村土地承包合同,程序上完全不合法。

法院判决桂某立即停止侵权,排除水沟被填造成的妨碍,并将涉案山场恢复至挖土修路前的山貌原状。

3. 典型意义

本案梳理了我国集体所有土地承包应注意的主要问题:一是承包方案应当依法经本集体经济组织成员的村民会议⅔以上成员或者⅔以上村民代表的同意;二是农村土地承包经营应当依法签订承包合同,承包合同示范文本由农业农村部制定,土地承包经营权自承包合同生效时设立,乡(镇)人民政府负责本行政区域内农村土地承包合同管理;三是土地承包应当按照选举产生承包工作小组、承包工作小组拟订并公布承包方案、村民会议讨论通过承包方案、公开组织实施承包方案及签订承包合同等程序进行。

(三)集体成员查账案①

1. 基本案情

2022年5月3日,原告南眉村村民王凤玉等13人通过邮寄方式向被告南眉村村民委员会提出申请查阅、复制账簿、票据等,被告对该邮件予以拒收。原告诉至法院。

2. 裁判处理

生效判决认为,原告在本案中申请查阅、复制的资料为2022年4—5月南眉村村民委员会关于向村民发放失地养老保险的党员会议资料、村民代表会议资料、资金来源银行拨款进账凭证票据、拨付失地养老保险标准、单据及拨付失地养老保险总金额情况等集体财产状况的相关资料,属于《民法典》第264条规定的事项,法院予以支持。南眉村村民委员会主张召开党员会议记录等事项不属于《民法典》第264条规定的事项,法院不予支持。

---

① 《潍坊市坊子区坊子工业发展区管理委员会南眉村村民委员会、王凤玉等侵害集体经济组织成员权益纠纷民事二审民事判决书》,(2022)鲁07民终10055号。

3.典型意义

本案的典型意义在于确认了集体财产状况的相关资料属于《民法典》第 264 条规定的应予公开事项。应注意的是,党员会议记录等事项属于《民法典》第 264 条规定的事项。

(四) 征收程序违法案①

1. 基本案情

原告郝某某等 15 人是屯留县李高乡王公庄村村民,1991 年原告与王公庄村签订了土地承包合同,承包了村里的果园地,承包期限为 1993—1999 年。承包期满后,合同变为一年一签,直至 2003 年。2003 年 10 月,郝某某、高某某等人承包的果园地被长治市德凯亚飞汽车连锁销售有限公司占用。

2004 年 11 月 24 日,屯留县人民政府向山西省人民政府和长治市人民政府报送《关于长治市德凯亚飞汽车连锁销售有限公司清真肉业深加工改扩建项目建设用地的请示》。2005 年 12 月 14 日,屯留县人民政府与王公庄村签订《土地补偿协议》。2006 年 8 月 4 日,山西省人民政府批复同意屯留县人民政府征用上述土地,并由屯留县人民政府负责所转用面积的耕地补充、批后实施及公告等工作。2007 年 6 月,屯留县国土资源局将征用的相关土地出让给德凯公司。同年 8 月 27 日,屯留县国土资源局对该块土地初始登记的审核情况进行公告。

从 2004 年开始,屯留县人民政府每年通过王公庄村支付郝某某、高某某等人租地费每亩 500 元,直至 2008 年。

郝某某等人称,其在 2007 年 8 月公告时方得知所承包土地已被征用并出让给德凯公司,而屯留县政府自始没有告知其征用土地的事实,更没有依法履行征地方案和征地补偿、安置方案公告的法定职责,而是一直以租地费的形式给予其补偿,故提起诉讼,要求屯留县人民政府依法履行公告职责,并一次性支付征地补偿款。

2. 裁判处理

法院认为,山西省人民政府于 2006 年 8 月 4 日批准讼争土地转为建设用地

---

① 《最高人民法院公布保障民生第二批典型案例之六:郝龙只等 15 人诉屯留县人民政府不履行征地方案公告和征地补偿、安置方案公告法定职责案》,https://www.pkulaw.com/pfnl/a25051f3312b07f3331dea8e0d9ed4919096f035946728fabdfb.html,最后访问日期:2023 年 6 月 27 日。

并办理征收手续,并确定屯留县人民政府负责批后实施及公告工作。屯留县人民政府在接到山西省人民政府的征地批文后,组织实施了征地工作及出让工作,但没有依法履行公告职责和办理补偿、安置手续。屯留县人民政府从 2004 年起支付给上诉人郝某某等人的土地租赁费,不能等同于征收土地的补偿、安置费。法院判决:屯留县人民政府依法履行征地方案和征地补偿、安置方案公告职责。

3. 典型意义

习近平总书记指出:"民法典是全面依法治国的重要制度载体,很多规定同有关国家机关直接相关,直接涉及公民和法人的权利义务关系。国家机关履行职责、行使职权必须清楚自身行为和活动的范围和界限。"①土地征收中,行政机关既是决定者也是执行者,权力高度集中,被滥用的风险极大。因此,征收的程序设计强调透明度,以保障被征收者的知情权和陈述权,规范征收行为。征地公告制度,即是征收程序的重要部分。

| 第二节 |

用 益 物 权

《民法典》确认的用益物权包括三类:一是在国有或集体所有土地上创设的用益物权,例如建设用地使用权、土地承包经营、宅基地使用权;二是土地以外的自然资源使用权,例如探矿权、采矿权、取水权、养殖权、捕捞权等;三是在私人所有的不动产上创设的用益物权,例如居住权、地役权。我国的用益物权制度极具中国特色,例如土地承包经营权与土地经营权、建设用地使用权、宅基地使用权等用益物权,都是在其他一些国家和地区的民法中所没有的。可以说,我国《民法典》用益物权具有典型的中国特色。

一、建设用地使用权

《民法典》第 344 条规定:"建设用地使用权人依法对国家所有的土地享有占有、使用和收益的权利,有权利用该土地建造建筑物、构筑物及其附属设施。"

---

① 习近平:《充分认识颁布实施民法典重大意义,依法更好保障人民合法权益》,《求是》2020 年第 12 期。

我国的土地使用权类型包括农用地、建设用地和未利用地三种。《土地管理法》第 4 条规定："国家实行土地用途管制。国家……将土地分为农用地、建设用地和未利用地。……建设用地是指建造建筑物、构筑物的土地,包括城乡住宅和公共设施用地、工矿用地、交通水利设施用地、旅游用地、军事设施用地等。"

建设用地使用权的核心内容为"建设",即利用土地建造建筑物、构筑物及其附属设施的行为,这是其与集体土地承包经营权、地役权等其他用益物权的本质区别。建设用地使用权的取得方式包括无偿划拨和有偿出让。因法律要求划拨建设用地使用权的土地用途应具有较强的公益性,其权利主体一般也具有特定性。

国务院《城镇国有土地使用权出让和转让暂行条例》第 12 条规定:"土地使用权出让最高年限按下列用途确定:(1)居住用地七十年;(2)工业用地五十年;(3)教育、科技、文化、卫生、体育用地五十年;(4)商业、旅游、娱乐用地四十年;(5)综合或者其他用地五十年。"土地使用权出让合同可以约定低于本条规定的年限,但不得约定高于本条规定的年限。《民法典》第 359 条第 1 款明确,住宅建设用地使用权期限届满的,自动续期;续期费用的缴纳或减免,或依照法律、行政法规的规定办理。

应注意的是,土地的公益性决定了权利人应承担相应的公法义务。《土地管理法》等确立了权利人节约土地资源、保护生态环境以及按照土地用途使用土地等公法义务。相关国家机关应严格按照土地利用总体规划确定的用途设立建设用地使用权,建设用地使用权人则应按照法定和约定的用途使用特定土地,建造和保有不同类型的建筑物和构筑物,否则应承担相应的法律责任。

二、自然资源使用权

《民法典》第 324 条规定:"国家所有或者国家所有由集体使用以及法律规定属于集体所有的自然资源,组织、个人依法可以占有、使用和收益。"《民法典》明确将国家或者集体所有的自然资源通过用益物权制度赋予私主体"利用"。

我国自然资源使用权的民事立法,基于以下考虑:一是自然资源本质为公共资源,理应使全民中的个体享有利益,其重要体现就是任何个体均可依法取得自然资源使用权;二是如果缺乏明晰的私人使用制度,则无法获得良好配置和保护,易引发"公地悲剧"问题。

我国自然资源使用以有偿为原则、无偿为例外。现行资源性法律法规,有的明确规定了该项资源实行有偿使用制度或者需要支付使用费,有的在相关政策性文件中作出了规定。自然资源的无偿使用属于法定例外,通常包括两种情形:一是通过划拨方式无偿取得土地等自然资源使用权;二是农村集体经济组织和农民、牧民使用的土地、水流等自然资源。

罗马法时期曾有法谚云:"任何人不恶用自己的物,乃国家利益之所在。"自然资源具有不同于一般财产的特殊属性,是国民经济和社会发展的重要物质基础,属于公共物品,是环境要素的一部分,兼具经济价值和生态价值。自然资源的公共物品和生态属性决定了资源物权制度设计的最终目的不是为了实现私人或者团体的利益,而是站在社会的立场上,增进公共利益与公众福祉。《民法典》第 326 条规定:"用益物权人行使权利,应当遵守法律有关保护和合理开发利用资源、保护生态环境的规定。"

所有权人不得干涉用益物权人行使权利。用益物权区别于所有权具有优先地位,这是由于现代物权法均以物的"利用"为中心发展,并取代了以物的"所有"为中心。

三、土地承包经营权

《民法典》第 330 条规定:"农村集体经济组织实行家庭承包经营为基础、统分结合的双层经营体制。农民集体所有和国家所有由农民集体使用的耕地、林地、草地以及其他用于农业的土地,依法实行土地承包经营制度。"

1979 年以来,我国在农村实行土地承包经营制度改革,将"集体所有,集体使用收益"改为"集体所有,农民使用收益",大大促进了农村土地的利用效率和生产力的发展提高。

集体土地承包经营权具有以下特征:一是主体的特定性。享有土地承包经营权的人通常为本集体经济组织成员。家庭承包,是人人有份的承包,每个集体经济组织成员不论男女老幼均有承包经营所在集体经济组织土地的权利,例如承包期内妇女结婚,在新居住地未取得承包地的,发包方不得收回其原承包地。二是客体的特定性。集体土地承包经营权的客体为集体所有的土地。三是权利内容的特定性。土地承包经营权对承包经营的耕地、林地、草地等进行占有、使用和收益,以从事种植业、林业、畜牧业等农业生产为目的。四是土地承包经营权的稳定性。《民法典》332 条规定:"耕地的承包期为三十年。草地的承包期为三十年至五十年。林地的承包期为三十年至七十年。前款规定的承包期限届满,由土地承包经营权人依照农村土地承包的法律规定继续承包。"

近年来,我国推进农村土地承包经营制度改革,在集体所有权、农民承包权之外创设土地经营权。关于土地经营权,我国《农村土地承包法》第 9 条规定:"承包方承包土地后,享有土地承包经营权,可以自己经营,也可以保留土地承包权,流转其承包地的土地经营权,由他人经营。"《民法典》第 339 条规定:"土地承包经营权人可以自主决定依法采取出租、入股或者其他方式向他人流转土地经营权。"第 342 条规定:"通过招标、拍卖、公开协商等方式承包农村土地,经依法登记取得权属证书的,可以依法采取出租、入股、抵押或者其他方式流转土地经营权。"

土地经营权采行"合同设立、登记对抗"规则。《民法典》第 341 条规定:"流转期限为五年以上的土地经营权,自流转合同生效时设立。当事人可以向登记机构申请土地经营权登记;未经登记,不得对抗善意第三人。"

四、宅基地使用权

《民法典》第 362 条规定:"宅基地使用权人依法对集体所有的土地享有占有和使用的权利,有权依法利用该土地建造住宅及其附属设施。"宅基地使用权是中国"固有"的用益物权,设立目的在于保障农村居民基本的生存权。

《土地管理法》第 62 条[①]明确了我国的宅基地使用权制度:农村村民一户只能拥有一处宅基地;宅基地的面积不得超过省、自治区、直辖市规定的标准;农村村民住宅用地,经乡(镇)人民政府批准;农村村民出卖、出租住房后,再申请宅基

---

① 《土地管理法》第 62 条规定:"农村村民一户只能拥有一处宅基地,其宅基地的面积不得超过省、自治区、直辖市规定的标准。人均土地少、不能保障一户拥有一处宅基地的地区,县级人民政府在充分尊重农村村民意愿的基础上,可以采取措施,按照省、自治区、直辖市规定的标准保障农村村民实现户有所居。农村村民建住宅,应当符合乡(镇)土地利用总体规划、村庄规划,不得占用永久基本农田,并尽量使用原有的宅基地和村内空闲地。编制乡(镇)土地利用总体规划、村庄规划应当统筹并合理安排宅基地用地,改善农村村民居住环境和条件。农村村民住宅用地,由乡(镇)人民政府审核批准。其中,涉及占用农用地的,依照本法第四十四条的规定办理审批手续。农村村民出卖、出租、赠与住宅后,再申请宅基地的,不予批准。国家允许进城落户的农村村民依法自愿有偿退出宅基地,鼓励农村集体经济组织及其成员盘活利用闲置宅基地和闲置住宅。国务院农业农村主管部门负责全国农村宅基地改革和管理有关工作。"

地的,不予批准;国家允许进城落户的农村村民依法自愿有偿退出宅基地,鼓励农村集体经济组织及其成员盘活利用闲置宅基地和闲置住宅。2019年《土地管理法》允许已经进城落户的农村村民自愿有偿退出宅基地,突破了过去宅基地流转的制度瓶颈。

针对宅基地使用权的继承问题,2020年自然资源部发布《对十三届全国人大三次会议第3226号建议的答复》,其第6项规定:"农民的宅基地使用权可以依法由城镇户籍的子女继承并办理不动产登记⋯⋯非本农村集体经济组织成员(含城镇居民),因继承房屋占用宅基地的,可按相关规定办理确权登记,在不动产登记簿及证书附记栏注记'该权利人为本农民集体经济组织原成员住宅的合法继承人'。"宅基地使用权的主体为农村集体经济组织成员。但是,宅基地使用权上的房屋作为遗产被继承时,其项下的宅基地使用权也应当被一体继承,这是"房地一体"原则的必然要求。

五、居住权制度

《民法典》第368条规定:"居住权无偿设立,但是当事人另有约定的除外。设立居住权的,应当向登记机构申请居住权登记。居住权自登记时设立。"居住权制度为没有住房的人使用他人房屋居住提供了法律保障。

我国居住权设立采用登记生效主义,居住权自登记时设立。居住权是对他人住宅享有的用益权利。民法理论认为,根据标的物所有人归属,物权可以分为自物权和他物权。所有权是唯一的自物权,是完全的物权。他物权是权利人依据法律的规定或合同的约定,在他人所有的物上所设定的直接管理和支配该物、享有对物的收益,并排除他人干涉的权利。居住权作为他物权,是对他人之物享有占有和使用的权能,同时遵循物权法定这一物权法基本原则。

居住权的设立方式包括合同和遗嘱两种。我国《民法典》遵循的立法技术是以合同设立居住权方式为其基本的规范原型。[1] 居住权的设立不适用市场交易等价有偿的原则。从居住权的历史源流以及在我国的发展实践来看,居住权制度主要用于处理家庭成员之间的赡养、抚养和扶养关系,这是居住权制度的精髓所在。

---

[1] 焦富民:《我国〈民法典〉居住权设立规则的解释与适用》,《政治与法律》2022年第12期。

六、用益物权适用案例

(一) 非法采砂案①

1. 基本案情

陈甲系一货船的船主,米某、陈乙、陈丙受其雇用。2019 年 11 月 15 日,陈甲等人驾船至福建省闽江口水域附近,从非法采砂船处接驳海砂 8 000 余吨后返航。返航途中,陈甲等人被海上执法部门查获。除前述违法行为外,陈甲等人另供述了之前在相近海域先后 11 次贩卖海砂的情况,其间销售海砂共计近 500 万元。检察机关指控陈甲等人非法采砂的行为,造成国家矿产资源损失,破坏相关海域海洋环境,影响渔业资源的正常生长繁殖,对海洋渔业资源和生态系统造成损害,侵害了公共利益,提起刑事附带民事公益诉讼,要求赔偿海洋资源损失、生态系统服务损失等。

2. 裁判结果

法院认为,被告 4 人与非法采砂方事先通谋,购买、运输、贩卖海砂,情节特别严重,构成非法采矿罪;同时,4 人行为破坏了相关海域海洋环境,对海洋渔业资源和生态系统造成损害,应当承担相应的民事责任,判决 4 人赔偿海洋资源损失 200 万余元、生态系统服务损失 5 万余元,并公开向社会公众赔礼道歉。

3. 典型意义

习近平总书记指出:"保护生态环境必须依靠制度、依靠法治。只有实行最严格的制度、最严密的法治,才能为生态文明建设提供可靠保障。"②海砂是一种极其重要的海洋资源,随着内河水域禁止限制开采砂石,砂石价格暴涨,非法开采海砂行为多发频发。对海砂的无序开发和肆意开采,会直接影响海岸和相关地域的地形地貌,严重威胁海洋生态环境;不合格海砂、违规海砂还会对建筑工程质量安全造成影响。本案由违法行为人承担刑事责任的同时,还让其承担对生态系统损害的赔偿责任,让其付出沉重代价。

---

① 《世界环境日,上海高院发布生态环境民事公益诉讼典型案例》,http://news. xinmin.cn/2022/06/06/32179879.html,最后访问日期:2023 年 6 月 27 日。

② 习近平:《在十八届中央政治局第六次集体学习时的讲话》,http://apa.people.com.cn/n/2013/0525/c64094-21611332.html,最后访问日期:2022 年 7 月 31 日。

（二）排除妨害纠纷案①

1. 基本案情

佟某某系十八里镇孙口村民委员会村民,其家庭承包有十八里镇孙口村高刘庄组土地两块。其中一块位于小庄虎地块,西邻李某某。刘某某于 2002 年租赁李某某的土地,在其租赁的土地上与佟某某土地相邻处种植槐树 73 棵。现上述槐树已成材,影响了佟某某的庄稼生长。

2. 裁判结果

法院认为,佟某某所承包的土地被刘某某在其租赁的相邻的土地上栽种树木,遮挡光阴,影响佟某某的土地收益,刘某某应当对上述事实停止侵权、排除妨碍。故对佟某某请求判令刘某某排除妨害、清除刘某某在其承包地边的槐树 73 棵的诉讼请求,予以支持。佟某某诉求刘某某赔偿其经济损失 5 000 元,但其未提交相应证据证明其主张,对该诉求,不予支持。法院判决刘某某清除相邻佟某某土地上的 73 棵槐树。

3. 典型意义

近年来,农村排除妨害已经成为热点问题。农民作为土地的使用者,其合法权益应当得到保障。物权是一种可以直接支配不动产或者动产的权利,它包括所有权、用益物权和担保物权。法律依法保护公民的物权,如果存在妨害物权或者可能妨害物权的行为,权利人可以请求排除妨害或者消除危险。

（三）居住权纠纷案②

1. 基本案情

徐某道与梁某威系继母子关系。梁某威的父亲于 2007 年购入中山市三乡镇涉案商品房。2011 年,梁某威的父亲与徐某道登记结婚。2014 年,梁某威的父亲去世。同年,徐某道与梁某威签订关于涉案商品房居住权的协议,约定在未取得徐某道同意的情况下,梁某威不得出售该商品房,徐某道可在该商品房内居住至百年归老,后徐某道也一直居住在该房屋。

---

① 《安徽省亳州市中级人民法院发布 6 个民法典适用典型案例》,https://www.pkulaw.com/pal/a3ecfd5d734f711d7421ae26321174c52cfcd87eba26ee7bbdfb.html,最后访问日期:2023 年 6 月 27 日。

② 《广东高院发布第二批贯彻实施民法典典型案例之七、依法保护老年人居住权——徐某道与梁某威居住权纠纷案》,https://www.pkulaw.com/lar/c6ce134265b105e66d05721ee7cf8a11bdfb.html,最后访问日期:2023 年 6 月 27 日。

2019 年,涉案商品房变更登记至梁某威名下。2021 年 2 月,徐某道以担心日后梁某威出售或抵押房屋,其居住权没有保障,且梁某威不配合办理居住权登记为由诉至法院,要求判令徐某道享有该商品房的永久居住权,梁某威协助办理居住权登记手续。

2. 裁判处理

法院认为,徐某道与梁某威之间系继母子关系,身份关系比较特殊,而且双方之间感情基础和信任基础较为薄弱,日常交往较少。双方虽然就涉案商品房的居住权签订了协议,但在居住权实际履行过程中产生多次争执,梁某威拒绝到产权登记机关办理居住权登记,双方矛盾历时多年仍未得到有效解决,且矛盾日益加深。考虑到双方之间特殊的身份关系及居住权制度的立法目的主要是满足特定人群的居住需求,法院积极进行调解,消除双方顾虑,最终促成达成调解协议:梁某威确认徐某道对涉案房屋享有永久居住权,同意到产权登记机关办理居住权登记手续;梁某威作为产权人可以定期察看房屋状态,但察看前需与徐某道提前沟通。

3. 典型意义

实践中,居住权纠纷主要集中在离婚、继承、赡养纠纷等相关社会生活领域。《民法典》首次确立居住权制度,既沿袭为达到赡养、抚养或扶养目的的传统法律制度基础,又拓展了其社会保障属性,体现了居住权保障弱势群体的立法目的,具有重要的现实意义和时代特征。

| 第三节 |

担 保 物 权

担保物权,是指为了担保债权的实现,债务人或第三人以动产、不动产或某些权利为客体而设定的,在债务人不履行到期债务或者发生当事人约定的实现担保物权的情形时,就该担保财产变价并优先受偿的一种限制物权(《民法典》第 386 条)。担保物权的核心权能系"就担保财产优先受偿"。

传统民法,不动产上只能设立抵押权;动产则对应于质押权和留置权,以交付作为公示方法。为了满足不断增长的融资功能,我国《民法典》对担保物权进行了扩张：一是担保财产范围的扩张。抵押权的客体从不动产扩至不动产权利、动产，质押权的客体从动产扩及集合财产以及知识产权、股权、债权等财产性权利。二是出现非典型担保物权的兜底规定。《民法典》第388条规定，担保合同包括抵押合同、质押合同和其他具有担保功能的合同，即只要能够通过登记等方式进行公示的，都认可其具有相当于担保物权的效力。

应注意的是，《民法典》采行债权与物权二分的立法方式，分别在第二编物权编规定了担保物权，合同编的第二分编规定了保证合同。《担保制度的解释》则统一对抵押、质押、留置、保证等担保形式进行了司法解释。

一、抵押权制度

（一）抵押担保合同应采用书面形式

抵押合同必须采用书面形式。《民法典》第400条规定："设立抵押权，当事人应当采用书面形式订立抵押合同。抵押合同一般包括下列条款：（1）被担保债权的种类和数额；（2）债务人履行债务的期限；（3）抵押财产的名称、数量等情况；（4）担保的范围。"为了优化营商环境，《民法典》简化了对抵押合同一般包括的条款的描述。

之所以要求抵押合同采用书面形式，主要基于两点考虑：一是抵押涉及的财产数额通常较大，法律关系较复杂，采用书面形式便于避免争议；二是我国抵押权登记的法律规则类似契约登记主义，抵押合同采用书面形式也便于登记。

（二）不动产抵押的登记生效主义

我国不动产抵押采行登记生效主义。不动产抵押应当办理抵押登记，未进行抵押登记，抵押权未设立，债权人对抵押物不享有优先受偿权。

可以抵押的不动产主要包括：一是建筑物和其他土地附着物，以及正在建造的建筑物；二是建设用地使用权，包括国有建设用地使用权和符合一定条件的集体经营性建设用地使用权；三是海域使用权。

（三）动产抵押的登记对抗主义

1. 动产抵押登记对抗的一般规则

我国动产抵押采行登记对抗主义。《民法典》第403条规定："以动产抵押的,抵押权自抵押合同生效时设立;未经登记,不得对抗善意第三人。"动产抵押权自抵押合同生效时就有效设立,未经登记不影响抵押权的设立,只是不产生对抗善意第三人的法律效果。

可以抵押的动产主要包括:① 生产设备、原材料、半成品、产品;② 正在建造的船舶、航空器;③ 交通运输工具。

2. 正常经营买受人优先规则

《民法典》第 404 条规定:"以动产抵押的,不得对抗正常经营活动中已经支付合理价款并取得抵押财产的买受人。"此处遵循的是"正常经营买受人规则"。

所谓正常经营买受人是指已经支付合理价款,从以出卖某类动产为业的人处购买商品的买受人。已经支付合理价款的正常经营买受人可以取得担保物的所有权,不问动产抵押权是否进行了登记,也不问出卖人是否知晓动产抵押权的存在。

最高人民法院民法典贯彻实施工作领导小组认为:"在动产抵押权人与买受人之间出现权利竞存的情况下,应当遵循如下的优先顺序:正常经营买受人>已经登记的抵押权人>善意买受人>未登记的抵押权人>恶意买受人>未取得所有权的买受人。"[①]

3. 动产购买价款抵押担保的优先权

《民法典》第 416 条规定:"动产抵押担保的主债权是抵押物的价款,标的物交付后十日内办理抵押登记的,该抵押权人优先于抵押物买受人的其他担保物权人受偿,但是留置权人除外。"动产购买价款抵押担保优先于在它之前办理抵押登记的抵押权,一跃成为优先的担保权利,被称为"超级优先权"。

针对交易实践中普遍存在的借款人借款购买货物,同时又将该货物抵押给贷款人作为价款担保的情形,立法赋予该抵押权优先效力,以保护融资人的权利,促进融资。抵押权人如何防范"超级优先权"? 抵押权人可以在设立抵押后,延迟 10 日放款,以减少"超级优先权"在后出现所导致的资金风险。

(四)抵押权的实现

《民法典》第 410 条规定:"债务人不履行到期债务或者发生当事人约定的实现抵押权的情形,抵押权人可以与抵押人协议以抵押财产折价或者以拍卖、变卖

[①] 最高人民法院民法典贯彻实施工作领导小组:《中华人民共和国民法典物权编理解与适用》,人民法院出版社 2020 年版,第 1083 页。

该抵押财产所得的价款优先受偿。协议损害其他债权人利益的,其他债权人可以请求人民法院撤销该协议。抵押权人与抵押人未就抵押权实现方式达成协议的,抵押权人可以请求人民法院拍卖、变卖抵押财产。"

抵押权的实现方式包括折价、拍卖、变卖三种方式。履行期限届满后签订的以物抵债协议,并不违反法律、行政法规的强制性规定,而且对抵押人也无不公,因而是合法有效的。当然,如果因所折价款过低,导致损害其他债权人利益的,其他债权人可以通过可撤销合同或者债权撤销权等有关规定,请求撤销折价协议。

二、质押权制度

(一) 质权与抵押权的区别

债权人对质押的财产享有的占有权和优先受偿权称为质权。《民法典》第425条规定:"为担保债务的履行,债务人或者第三人将其动产出质给债权人占有的,债务人不履行到期债务或者发生当事人约定的实现质权的情形,债权人有权就该动产优先受偿。前款规定的债务人或者第三人为出质人,债权人为质权人,交付的动产为质押财产。"

质权与抵押权的区别在于:① 标的不同。质押标的是动产或者可以质押的权利,抵押标的为不动产及动产。② 权利外观不同。质权的成立以占有的移转为要件,而抵押权的成立以登记为成立要件或者对抗要件,但不转移占有。③ 担保机能不同。质权兼具留置效力和优先受偿的效力,而抵押权为非占有性担保物权,仅以优先受偿效力来发挥担保作用。④ 权利实现方式不同。质权人于债权届期而未受清偿时,因其已事先占有标的物,因而在不能协商一致时,可以不必经诉讼程序而径直照市价变卖质物或以其他方式处分质物,就其价款受偿;而抵押权人于债务人不履行债务而实现其抵押权时,如果不能就标的物的作价问题协商一致,一般须向人民法院申请拍卖抵押物,以清偿自己的债务,而不能强行夺取标的物并变卖。

(二) 动态质押的管控

《担保制度的解释》第55条规定:"债权人、出质人与监管人订立三方协议,出质人以通过一定数量、品种等概括描述能够确定范围的货物为债务的履行提供担保,当事人有证据证明监管人系受债权人的委托监管并实际控制该货物的,人民法院应当认定质权于监管人实际控制货物之日起设立。监管人违反约定向出质人或者其他人放货、因保管不善导致货物毁损灭失，债权人请求监管人承担违约责任的，人民法院依法予以支持。在前款规定情形下，当事人有证据证明监管人系受出质人委托监管该货物，或者虽然受债权人委托但是未实际履行监管职责，导致货物仍由出质人实际控制的，人民法院应当认定质权未设立。债权人可以基于质押合同的约定请求出质人承担违约责任，但是不得超过质权有效设立时出质人应当承担的责任范围。监管人未履行监管职责，债权人请求监管人承担责任的，人民法院依法予以支持。"可见，动态质押于债权人委托的监管人实际控制货物时设立。

罗帅认为："债权人是否'实际控制货物'，应从客观上判断能否达到'防止出质人享有过度支配与处分货物的自由'之效果。"①

三、混合担保制度

为了担保债权的实现，当事人在同一个债上设立了多个主体提供的多个担保是普遍现象，既有物的担保，又有人的担保。《民法典》第 392 条规定："被担保的债权既有物的担保又有人的担保的，债务人不履行到期债务或者发生当事人约定的实现担保物权的情形，债权人应当按照约定实现债权；没有约定或者约定不明确，债务人自己提供物的担保的，债权人应当先就该物的担保实现债权；第三人提供物的担保的，债权人可以就物的担保实现债权，也可以请求保证人承担保证责任。提供担保的第三人承担担保责任后，有权向债务人追偿。"

据此可见，混合担保下，担保责任的承担包括以下内容：① 当事人意思自治优先。例如有约定则按照约定确定担保责任的承担顺序。② 没有约定或约定不明，债权人应先就债务人提供的物保实现债权。这既是出于公平的考虑，也是出于成本的考虑。③ 没有以上两种情形，债权人可选择就保证或者第三人提供的物保实现债权。赋予债权人以选择权，目的在于让债权人可以选择最有利于其实现债权的方式。④ 担保人承担担保责任后，有权向债务人追偿。债务人始终是最终的责任承担。

《民法典》没有规定担保人之间是否享有追偿权。《担保制度的解释》第 18

---

① 罗帅：《动态质押中"实际控制货物"的法理阐释》，《法学家》2022 年第 6 期。

条第 2 款填补了此立法漏洞:"同一债权既有债务人自己提供的物的担保,又有第三人提供的担保,承担了担保责任或者赔偿责任的第三人,主张行使债权人对债务人享有的担保物权的,人民法院应予支持。"

四、担保无效的法律后果

《民法典》第 388 条第 2 款规定:"担保合同被确认无效后,债务人、担保人、债权人有过错的,应当根据其过错各自承担相应的民事责任。"

对于债务人、担保人、债权人的过错责任,《担保制度的解释》第 17 条规定:"主合同有效而第三人提供的担保合同无效,人民法院应当区分不同情形确定担保人的赔偿责任:(1) 债权人与担保人均有过错的,担保人承担的赔偿责任不应超过债务人不能清偿部分的二分之一;(2) 担保人有过错而债权人无过错的,担保人对债务人不能清偿的部分承担赔偿责任;(3) 债权人有过错而担保人无过错的,担保人不承担赔偿责任。主合同无效导致第三人提供的担保合同无效,担保人无过错的,不承担赔偿责任;担保人有过错的,其承担的赔偿责任不应超过债务人不能清偿部分的三分之一。"

五、担保合同适用案例

(一) 融资租赁合同纠纷案①

1. 基本案情

2016 年 2 月 16 日,中民公司与某国际融资租赁公司签订《租金保理合同》。同日某国际融资租赁公司与武汉和润公司签订了《房地产抵押合同》,约定武汉和润公司将其有权处分涉案土地使用权及该土地上的附属房屋及建筑物设定抵押,为中民公司在保理合同项下的债务向某国际融资租赁公司提供抵押担保。双方于 2016 年 8 月 23 日办理了抵押登记,抵押权人为某国际融资租赁公司,义务人为武汉和润公司,被担保主债权数额为 5 151.45 万元,担保期限为自 2016 年 2 月 18 日—2021 年 10 月 15 日止。后中民公司违约,某国际融资租赁公司诉至法院。

2. 裁判处理

法院生效裁判认为,武汉和润公司以其名下土地使用权与某国际融资租赁公

---

① 《中民国际融资租赁股份有限公司诉武汉和润物流有限公司等融资租赁合同纠纷案》,(2020)津 72 民初 467 号。

司签订抵押合同,为中民公司在保理合同项下的全部债务向某国际融资租赁公司提供抵押担保,不违反法律规定,应认定合法有效。双方依法办理了抵押登记,抵押权依法设立,被担保主债权数额为 5 151.45 万元。在中民公司违约的情况下,某国际融资租赁公司有权在抵押权范围内请求就抵押合同项下土地使用权及该土地上的附属房屋及建筑物折价或拍卖、变卖后的价款优先受偿,法院对其主张予以支持。

3. 典型意义

不动产抵押物未进行抵押登记,抵押权未设立,债权人对抵押物不享有优先受偿权。企业需要对方当事人提供不动产抵押担保的,应在签订抵押合同时立即与对方当事人到有关登记机关办理抵押登记手续。为避免对方当事人在签订抵押合同后拖延、拒绝协助办理抵押登记手续的情形,建议在签订合同时对上述情形的违约责任作出约定,以此要求对方当事人及时履行协助义务。

(二)买卖合同纠纷案①

1. 基本案情

2016 年 4 月,原告江铜公司与被告鸿晟隆公司签订铜材产品销售合同。为担保鸿晟隆公司欠江铜公司货款 3.6 亿余元的债权,江铜公司与鸿晟隆公司、被告浙江泰晟新材料科技有限公司、第三人上港公司签订《货物质押及监管协议》,约定鸿晟隆公司、泰晟公司同意将其享有所有权的货物质押给江铜公司,并同意将质押财产交由上港公司存储监管,上港公司则同意按照江铜公司的指示监管质押财产,确保质押财产不低于 2 437.14 吨等。

2018 年 10 月,泰晟公司对涉案仓库内 2 000 余吨货物进行了出库,仓库内仅剩余 200 余吨货物。因催讨剩余货款未果,江铜公司向法院提起诉讼,诉讼请求:鸿晟隆公司支付剩余货款及相应利息损失,江铜公司有权对涉案仓库内的货物行使质权。

鸿晟隆公司、泰晟公司辩称:《货物质押及监管协议》项下的质押财产并未移交给上港公司进行质押监管,故涉案质权未设立,应驳回江铜公司行使质押权的诉请。

上港公司述称:各方并未实际履行《货物质押及监管协议》,该协议项下的

---

① 《上海江铜营销有限公司诉浙江鸿晟隆新材料科技有限公司等买卖合同纠纷案》,(2021)沪民终 54 号。

质押财产并未实际交付,故江铜公司主张的质权不成立。

2. 裁判处理

法院认为,出质人向质权人移转对质押财产的占有,是质权成立的必备要件。为担保江铜公司对于鸿晟隆公司的合同债权,本案相关当事人采取了库存货物动态质押监管的交易模式,即质权人不直接占有控制质押财产,而是委托第三方对涉案仓库内的货物进行动态质押监管,在确保库存货物重量、价值不低于合同约定或者质权人指定的最低控制线的前提下,出质人可以提取、置换及增加库存货物。在此类交易模式中,移转占有表现为出质人将质押财产交付给监管人,监管人根据质权人的委托直接管领控制质押财产。由于监管人对质押财产的占有既是防止质押财产价值贬损、确保主债权顺利实现的必要条件,同时也关系不特定第三人的市场预期和交易安全,因此,监管人对质押财产的占有不仅应当具备应有的形式外观,而且应当具有相应的真实性和实质性,即质权人或者监管人不仅应当实际占有质押财产,而且应当采取有效措施,使质权人或者监管人对于质押财产具有足够的控制力,能够排除他人特别是出质人的随意占有、支配和处分。综合考量全案事实,本案中虽然具有库存货物移转上港公司占有的形式外观,但江铜公司和上港公司对涉案仓库内的货物显然缺乏足够的管领控制力,不符合设立质权所需要达到的"移转占有"的认定标准。法院判令鸿晟隆公司支付剩余货款及相应利息损失,对江铜公司主张实现涉案质权的诉讼请求不予支持。

3. 典型意义

在动态质押监管交易模式中,只有监管人在对质押财产具有足够的控制力,能够有效排除出质人等对质押财产进行随意占有、支配和处分时,方可认定动态质押监管达到设立质权的条件。实务中,质权人对质押财产的占有不仅应当具备应有的形式外观,而且应当具有相应的真实性和实质性。

(三) 金融借款合同纠纷案①

1. 基本案情

贷款人光大银行重庆分行、借款人向某某、保证人昊华公司三方签订《个人

---

① 重庆市第五中级人民法院:《重庆昊华置业有限公司与中国光大银行股份有限公司重庆分行、向定会金融借款合同纠纷二审民事判决书》,https://www.pkulaw.com/pfnl/95b2ca8d4055fce17abf7acd815d60f17450f507662ce706bdfb.html,最后访问日期:2023 年 6 月 29 日。

贷款合同》，约定光大银行重庆分行为向某某购买住房提供贷款 22 万元；向某某以所购住房提供抵押担保（已办理房屋抵押登记）；昊华公司作为保证人自愿为案涉贷款提供连带保证责任，保证期间从本合同签署之日起至本合同项下贷款履行期限届满之日起两年止。后向某某未还款，构成违约。

光大银行重庆分行将向某某、昊华公司诉至法院，诉求包括：① 向某某偿还光大银行重庆分行未还借款本金及相应利息、罚息、复利；② 确认光大银行重庆分行对抵押物，即向某某名下涉案房屋享有优先受偿权；③ 昊华公司对上述诉讼请求承担连带保证责任。

昊华公司辩称：其不应对本案的债务承担连带赔偿责任。本案保证担保未经昊华公司内部决议程序应属无效，昊华公司不应承担连带赔偿责任。

2. 裁判处理

法院认为，昊华公司应当承担担保无效的赔偿责任，理由如下。

（1）昊华公司为向某某向光大银行重庆分行提供的担保应被认定为无效。本案中，光大银行重庆分行与昊华公司达成保证担保约定，由昊华公司为向某某提供保证担保。昊华公司作为商事主体，应当按照但并未按照《公司法》第 16 条①在为向某某作出保证时提供董事会或者股东会决议，故该担保属无效担保。

（2）昊华公司应承担担保无效的赔偿责任，责任范围和大小是向某某不能清偿部分的½。本案中，昊华公司作为商事主体，应当在为向某某作出保证时提供董事会或者股东会决议；光大银行重庆分行作为金融机构，应当审查但并未审查昊华公司在提供保证时是否提供董事会或者股东会决议，故光大银行重庆分行作为债权人与昊华公司作为担保人均有过错，昊华公司在本案中应依法承担担保无效的赔偿责任。

（3）昊华公司作为担保人对光大银行重庆分行就向某某提供的抵押房屋优先受偿后不能清偿部分的½承担担保无效的赔偿责任。被担保的债权既有物的担保又有人的担保的，没有约定或者约定不明确，债务人自己提供物的担保的，债权人应当先就该物的担保实现债权。具体而言，本案应当先行确认光大银行

---

① 《公司法》第 16 条规定："公司向其他企业投资或者为他人提供担保，依照公司章程的规定，由董事会或者股东会、股东大会决议；公司章程对投资或者担保的总额及单项投资或者担保的数额有限额规定的，不得超过规定的限额。公司为公司股东或者实际控制人提供担保的，必须经股东会或者股东大会决议。前款规定的股东或者受前款规定的实际控制人支配的股东，不得参加前款规定事项的表决。该项表决由出席会议的其他股东所持表决权的过半数通过。"

重庆分行对向某某的案涉债权范围,再明确向某某抵押物优先受偿后仍不能清偿的部分,最终按照½确定昊华公司承担的赔偿责任的大小。

法院判决:昊华公司对光大银行重庆分行在确定的债权范围内,就向某某名下涉案抵押房屋优先受偿后向某某未清偿部分的½承担赔偿责任。

3. 典型意义

担保合同被确认无效后,债务人、担保人、债权人有过错的,应当根据其过错各自承担相应的民事责任。主合同有效但担保合同无效的,债权人与担保人均有过错的,担保人承担的赔偿责任不应超过债务人不能清偿部分的½。被担保的债权既有物的担保又有人的担保的,没有约定或者约定不明确,债务人自己提供物的担保的,债权人应当先就该物的担保实现债权。

第四章

合同通则

清人赵翼曰："合同者,以两纸尾相并,共写'合同'二字丁其上,而各执其一以为验。"[①]"合同"源自古人"破券成交"的做法,即双方在一片竹木侧面刻画记号,再一削为二,各持一片,当两片竹木合对无误即为"合券",表示对已有事实的确认。

合同又称契约。从字义上讲,"契"本义为刻画,《说文解字·刀部》:"契,刻也。从刀。""约"本义为缠绕,《诗·小雅·斯干》:"约之阁阁",疏:"谓以绳缠束之。"《周礼·秋官·司约》郑玄注:"约,言语之约束"。可见,从字义上来讲,"契约"的基本含义为记载某一事实、确认某一事实,以此约束人的行为。

合同具有"合意""约束"的意思。大陆法学者通常认为合同是合意或协议,强调各方意思表示的一致性;英美法学者则大都认为合同是允诺,强调承诺的约束力。《民法典》采用"协议"概念,与大陆法相近,第464条将合同定义为"民事主体之间设立、变更、终止民事法律关系的协议"。

国际化是现代合同法发展的重要趋势。伴随经济全球化而发展起来的广泛的跨境交易对统一交易规则具有强烈的需求。为了回应这一需求,各国的合同法呈现出融合统一的发展趋势。可以说,国际化程度成为衡量一国合同法发展水平的重要指标。

《民法典》合同通则编包括8章,即一般规定、合同的订立、合同的效力、合同的履行、合同的保全、合同的变更和转让、合同的权利义务终止以及违约责任,是所有典型合同都适用的通用规则。

---

① （清）赵翼：《陔余丛考》(第33卷),商务印书馆1957年版,第702页。

| 第一节 |

合 同 的 形 式

一、合同的形式要求

形式是内容的载体。任何形式都是为了表达一定的内容。《民法典》第469条规定:"当事人订立合同,可以采用书面形式、口头形式或者其他形式。书面形式是合同书、信件、电报、电传、传真等可以有形地表现所载内容的形式。以电子数据交换、电子邮件等方式能够有形地表现所载内容,并可以随时调取查用的数据电文,视为书面形式。"

书面形式是指以文字等可以有形地表现所载内容的形式。书面形式不只是指合同书、信件这些传统形式,短信、电子数据交换、电子邮件等能够有形地表现所载内容,并可以随时调取查用的数据电文,亦被视为书面形式。书面形式的优点在于有文字凭据可查,发生纠纷时易于举证。采用书面形式订立的合同,自当事人均签名、盖章或者按指印时成立。

口头形式是指当事人通过口头对话的方式订立合同。在社会生活中,口头方式是最普遍采用的合同订立方式。口头形式简单、便捷,便于交易,但是,在发生争议时,当事人举证困难。当然,如果当事人采用录音、录像等方式将双方对话录制下来,也可作为一种有效的证据来使用。

其他形式也称默示形式,是指当事人未采用书面形式或者口头形式,未明确表示订立合同的合意,但根据当事人的行为或者特定情形可以推定合同成立。其他形式,实务中又称"事实合同"。① 关于事实合同,当事人可能并没有就合同主要条

---

① 孙宪忠教授认为,"事实合同"概念由德国司法判例"停车场案"首创。20世纪50年代初期的汉堡,由于经济发展比较快,人们上班前购买了汽车,结果导致停车场不够用。汉堡市政府为解决这个难题,就将市政厅前面广场的一部分划出来作为停车场。但是有个小伙子在那里停车之后,却不愿意交停车费。他的理由是,市政府广场是公共场所,是公法上的物,老百姓可以自由使用,不能收取费用;再说,如果知道在这里要收费的话他就不在这里停车,就不会发生使用停车场的合同行为,所以收费违背了意思自治的原则。法官认为:市政府前面的广场作为停车场是为了解决停车问题,经过了批准,是符合公益的,而停车场需要管理,所以收费是正当的;停车人在此停车缴费,虽然从合同法的角度不符合其内心自愿,但是他已经合法有效地使用了这个场地。在停车人知道收费合理的情况下他也会交费,所以虽然当事人之间没有明确的意思自治基础上的合同关系,但是从事实上成立了合同关系。参见孙宪忠:《法律行为理论纲要》,《法治社会》2022年第6期。

款达成书面合同或口头协议,但事后一方向对方的履行,而对方又接受该履行的,可以通过当事人实际履行的行为认定合同已经成立。日常生活中的公交车刷卡、自动售货机贩卖等合同订立形式均难以归入书面或口头形式,但可以归入默示形式。

二、"履行治愈规则"

所谓"履行治愈规则"是指缺乏法定或约定形式要件的合同,因当事人履行的事实而弥补合同缺陷,使本来无效的合同成为有效合同。[1]《民法典》第 490 条规定:"当事人采用合同书形式订立合同的,自当事人均签名、盖章或者按指印时合同成立。在签名、盖章或者按指印之前,当事人一方已经履行主要义务,对方接受时,该合同成立。法律、行政法规规定或者当事人约定合同应当采用书面形式订立,当事人未采用书面形式但是一方已经履行主要义务,对方接受时,该合同成立。"

我国法律规定了特定类型的合同应当采用书面形式。例如,《商业银行法》规定的金融借款合同,《城市房地产管理法》规定的土地出让合同,《民法典》规定的技术开发合同、融资租赁合同、建设工程合同、抵押合同等,如果未按规定采用书面形式,原则上应当认定合同不成立。但是,如果合同主要义务已经履行且被接受,仍应当认定合同成立。

"履行治愈规则"包括两个要件:一是必须一方履行了主要义务。认定履行了主要义务主要体现为未来合同的主要条款义务;二是另一方必须无条件接受履行,且并未提出异议。在判断合同成立时,这两个要件缺一不可。这表明以实际履行方式就合同的主要条款达成了合意,否则不能产生合同订立的后果。

还应注意的是,"履行治愈规则"存在法定例外,例如《民法典》第 707 条规定:"租赁期限六个月以上的,应当采用书面形式。当事人未采用书面形式,无法确定租赁期限的,视为不定期租赁。"

三、合同形式适用案例

(一)视听资料作为证据,应当提供存储该视听资料的原始载体[2]

1. 基本案情

2018 年,某建筑安装公司将承揽的路基土石方填筑工程中的部分土石方

---

[1] 王洪:《合同形式要件欠缺与履行治愈论——兼评〈合同法〉第 36 条之规定》,《现代法学》2005 年第 3 期。
[2]《山东省青岛市中级人民法院发布 10 个建设工程典型案例(2019—2021 年)之案例六青岛某园林工程公司诉青岛某某建筑安装公司建设工程施工合同纠纷案》,https://www.pkulaw.com/pal/a3ecfd5d734f711d8e0a21a81463bf4e71f61d9cf5c524a3bdfb.html,最后访问日期:2023 年 6 月 29 日。

工程分包给某园林工程公司施工,双方并未签订书面合同。某园林工程公司在施工过程中,也没有让某建筑安装公司出具任何签证单、结算单等书面材料。双方均确认截至 2019 年 1 月 25 日,某建筑安装公司共向某园林公司支付工程款 1 124 万元,某园林工程公司称尚欠 160 万元,某建筑安装公司称已经支付完毕。某园林工程公司提交视频一份,称视频系某园林工程公司法定代表人与某建筑安装公司法定代表人对账的录像视频,在该视频中,某建筑安装公司法定代表人承认尚欠 160 万元未付。但双方对于视频是否原始载体产生争议。

2. 裁判处理

法院认为,某园林工程公司与某建筑安装公司存在土石方施工合同关系,双方对已支付工程款 1 124 万元无异议。但双方并未签订书面施工合同,某园林工程公司也未提交与施工有关的原始基础材料。某园林工程公司为证明欠款关系提交的视频资料,经鉴定检材录像与样本录像在文件属性模式、录像格式、录像参数和数据结构等方面存在差异,反映了检材录像不是所提供录像设备直接录制形成的特点,无法确定视频资料的真实性和完整性,故对该视频资料没有予以采信。

3. 典型意义

电子数据原始载体的真实性是认定电子数据真实性的核心。当事人在交易活动中,如果需要通过微信、电子邮件、录音、录像等方式取得证据,务必注意保留好电子证据的原始载体,以便在法庭上出示。原始载体包括储存电子数据的手机、计算机或者其他电子设备。缺乏原始载体会因无法确定电子证据的真实性、统一性和完整性而不能予以采信,进而承担举证不能的法律后果。

(二) 没有签署合同能否维权①

1. 基本案情

2019 年 9 月,A 公司与 B 公司达成委托加工的合作意向,由 A 公司负责采购原材料给 B 公司,B 公司提供场地、人员并最终加工出成品交给 A 公司。双方达成合作意向后,由于 A 公司有一批紧急的订单,因此在双方还未签署书面协议的情形下,双方就开始了合作。A 公司于 2019 年年底采购了大批物料放到 B 公司的场地存放,以便迎接后续的大批订单需求。

① 陈亮、樊森英:《没有签署合同能否维权?》,https://www.pkulaw.com/lawfirmarticles/433ea25d0ae326602df0d122c3a710bdbdfb.html,最后访问日期:2023 年 6 月 29 日。

2020 年年初,突如其来的疫情使得 A 公司没有新的订单,也无法复工,导致存在 B 公司的物料处于闲置状态,双方也没有就物料的保管事宜进一步协商。直至 2020 年 10 月,疫情趋于平缓后,A 公司找 B 公司要回剩余的物料,但 B 公司含糊其词,说这个仓库已经转让了,不清楚物料去了哪里,既不赔偿,也不配合办理剩余物料的交接。A 公司遂将 B 公司诉至法院。

2. 裁判结果

法院认定:结合双方的聊天记录,双方已构成委托加工合同关系,并已实际开始履行。关于原告的损失,原告向被告提供加工材料,被告完成部分加工产品后还有剩余材料,并已向原告返还一部分材料,但还有部分材料未返还且已灭失,理应赔偿。但由于 A 公司本身证据不足,且无法补全,法院判决仅支持有证据证明的部分。

3. 典型意义

企业经营中,应尽可能采用书面形式订立合同,以减少争议的发生或争议发生时缺少证据支持。尤其是在对方主要承担义务的合同当中,市场主体更要注意签署书面合同。如果企业采用口头形式或者其他形式订立合同,也应当注意及时保存好对账单、往来文件等证据,以证明当事人之间存在合同关系。

| 第二节 |

合 同 的 内 容

一、合同的条款

合同条款是当事人合意的产物,是合同内容的表现和固化。合同的权利义务,除少数由法律直接规定产生之外,大多由当事人约定。合同条款必须明确、肯定、完整,并且不能够自相矛盾,否则将构成合同的缺陷。[①]

(一) 合同的一般条款

按照合同自由原则,合同的内容应当由当事人在法律规定的范围内自由约

---

① 董安生:《英国商法》,法律出版社 1991 年版,第 47 页。

定。《民法典》第 470 条规定:"合同的内容由当事人约定,一般包括下列条款:(1) 当事人的姓名或者名称和住所;(2) 标的;(3) 数量;(4) 质量;(5) 价款或者报酬;(6) 履行期限、地点和方式;(7) 违约责任;(8) 解决争议的方法。当事人可以参照各类合同的示范文本订立合同。"

通常认为,当事人的姓名或者名称、标的、数量是买卖合同的必备条款,当合同没有这三项条款之一时,合同不能成立。《关于适用〈中华人民共和国合同法〉若干问题的解释(二)》第 1 条第 1 款规定:"当事人对合同是否成立存在争议,人民法院能够确定当事人名称或者姓名、标的和数量的,一般应当认定合同成立。但法律另有规定或者当事人另有约定的除外。"

(二) 合同的示范文本

商事实践中,当事人参照示范文本进行交易,已成为商业活动的常态。示范文本通常可以分为三类:一是国际组织特别是国际贸易组织发布的有关国际贸易的合同文本;二是我国市场监督管理系统独立或联合其他行业主管部门发布的合同文本;三是行业协会发布的建议型合同文本。

示范文本通常具有以下优势:① 贯彻国家改革方针政策,发挥规范行业管理、规范商家行为,以维护正常经济秩序的作用;② 减轻当事人撰写合同条款的负担,减少签约的盲目性;③ 平等公平地规定各方权利和义务,杜绝"霸王条款"等显失公平的条款,防止出现违法条款;④ 具有相对完备、完善的合同条款,在合同发生纠纷时为举证和纠纷解决提供方便,有利于保护当事人的合法权益和国家及社会公共利益。

示范文本与格式条款都是为重复使用而与事先拟定,但格式条款是事先拟定,不得更改;而示范文本只是订约的参考,可以协商更改。可以说,示范文本与格式条款的根本区别在于条款的内容能否与对方协商。

二、合同条款的解释规则

当事人欲使自己的内心意思表露于外,为他人所知,就必须借助语言或文字等载体。但是,当事人表达能力以及文字载体对内心意思反映的程度不一,漏洞与歧义在所难免。当疑义发生后,需要依据法律规定,对合同的漏洞以及歧义进行解释,以明确当事人的真实意思。

（一）订入条款的解释规则

已经订入合同的条款，但当事人对其理解具有争议的，《民法典》第 142 条第 1 款规定了解释规则："有相对人的意思表示的解释，应当按照所使用的词句，结合相关条款、行为的性质和目的、习惯以及诚信原则，确定意思表示的含义。"

（二）未订入条款的解释规则

如果合同条款未订入合同中，合同当事人亦不能就合同漏洞的弥补达成一致的，《民法典》第 510、511 条规定了补充性解释方式以弥补合同漏洞。第 510 条规定："合同生效后，当事人就质量、价款或者报酬、履行地点等内容没有约定或者约定不明确的，可以协议补充；不能达成补充协议的，按照合同相关条款或者交易习惯确定。"第 511 条规定："当事人就有关合同内容约定不明确，依据前条规定仍不能确定的，适用下列规定：（1）质量要求不明确的，按照强制性国家标准履行；没有强制性国家标准的，按照推荐性国家标准履行；没有推荐性国家标准的，按照行业标准履行；没有国家标准、行业标准的，按照通常标准或者符合合同目的的特定标准履行。（2）价款或者报酬不明确的，按照订立合同时履行地的市场价格履行；依法应当执行政府定价或者政府指导价的，依照规定履行。履行地点不明确，给付货币的，在接受货币一方所在地履行；交付不动产的，在不动产所在地履行；其他标的，在履行义务一方所在地履行。（4）履行期限不明确的，债务人可以随时履行，债权人也可以随时请求履行，但是应当给对方必要的准备时间。（5）履行方式不明确的，按照有利于实现合同目的的方式履行。（6）履行费用的负担不明确的，由履行义务一方负担；因债权人原因增加的履行费用，由债权人负担。"

三、格式条款制度

格式条款，又称附和契约。所谓附和契约，是指契约之内容预先由当事人一方为之确定，他方当事人只得依其既定内容加入之契约。格式条款具有如下基本特征：一是一方为反复使用而预先制定；二是附和性，即"要么订立，要么走开"，他方只得依其既定内容，加入之。据此，如何使经济上的强者不能假借契约自由之名欺压弱者则成为格式条款制的规范意旨。

（一）格式条款提供方的提示、说明义务

《民法典》第 496 条规定："提供格式条款的一方未履行提示或者说明义务，致使对方没有注意或者理解与其有重大利害关系的条款的，对方可以主张该条款不成为合同的内容。"提供格式条款的一方应当遵循公平原则确定当事人之间的权利和义务，并采取合理的方式提示对方注意与对方有重大利害关系的条款，且应按照对方的要求，对该条款予以说明。

（二）格式条款无效情形

《民法典》第 497 条规定了三种格式条款无效情形：① 民事法律行为通用的无效情形。格式条款因违反法律、行政法规的强制性规定以及公序良俗的格式条款无效，以及合同中免除"造成对方人身伤害的"或者"因故意或者重大过失造成对方财产损失的"的格式条款无效。② 格式条款提供方不合理地免除或者减轻其责任、加重对方责任、限制对方主要权利的无效情形。③ 格式条款提供方排除对方主要权利的无效情形。具有以上三种情形之一的格式条款，即使格式条款提供方履行了提示说明义务，也属于无效条款。

格式条款一旦被宣告无效，则自始无效，将产生溯及力，使该行为自实施之前就不具有法律效力。对已经履行的，应当通过返还财产、赔偿损失等方式使当事人的财产恢复到法律行为实施之前的状态。

（三）格式条款的解释规则

《民法典》第 498 条："对格式条款的理解发生争议的，应当按照通常理解予以解释。对格式条款有两种以上解释的，应当作出不利于提供格式条款一方的解释。格式条款和非格式条款不一致的，应当采用非格式条款。"就格式条款的解释规则而言，周恒宇认为："本条规定的三种解释规则有其适用顺序，首先应判断是否适用非格式条款优先规则，其次再对格式条款经由通常解释规则进行解释，最后才是适用不利解释规则。"①

---

① 周恒宇：《民法典格式条款规定适用规则探析》，《法律适用》2022 年第 9 期。

四、合同条款适用案例

(一) 演艺经纪合同纠纷①

1. 基本案情

2022 年 2 月 1 日,申请人与被申请人签订《独家经纪合同》,约定:双方在全球范围内于本合同约定的合作期限内展开全领域的独家经纪合作;因解释和履行本合同而发生的任何争议,各方应首先通过友好协商的方式加以解决。如果在一方向其他方发出要求协商解决的书面通知后 30 日之内争议仍然得不到解决,有关的争议、争执或索偿、违约终止或合同无效等事项均应通过常州仲裁委员会根据申请仲裁时该会的仲裁规则在常州仲裁解决;此外,合同就合作期限、合作区域、业务分成比例、保底费用、违约责任等进行了具体约定。

后来申请人就本案提出仲裁请求。被申请人提出管辖异议:申请人提交含有仲裁条款的合同,缔约过程中申请人没有给予充分提示或者特殊说明,被申请人不知道也不同意通过仲裁解决纠纷;申请人提交的仲裁条款属于明显限制、排除合同相对方选择争议解决方式和诉讼的权利,应该属于无效的格式条款。

2. 裁判处理

关于本案争议在于仲裁条款是否属于《民法典》第 496 条规定的"与对方有重大利害关系"的条款? 仲裁委员会认为不属于"与对方有重大利害关系"的条款,依法可以适用"合同订入规则":一是案涉合同属于演艺经纪合同,属于双方当事人达成合作情形下的商事交易,不应认定为涉众类型合同;二是作为一种争议解决方法,仲裁条款本身不属于"与对方有重大利害关系"的条款;三是即使案涉合同属于格式合同,格式条款提供方已经采取字体加粗和谨慎阅读方式予以提示和说明。

关于仲裁条款是否属于《民法典》第 497 条第 2—3 款规定的无效条款? 仲裁委员会认为:一是案涉仲裁条款符合《仲裁法》第 16 条仲裁协议有效的要件。案涉仲裁条款已经成为合同组成部分,双方当事人将纠纷提交仲裁解决的意愿明确。二是商事交易中的提供方将仲裁条款纳入合同,是交易主体

---

① 《常州仲裁委员会就申请人对被申请人演艺经纪合同纠纷进行仲裁案》,https://www.pkulaw.com/atr/fc85474511710eb256d6fb1b5bbe3a68becb164039ba4980bdfb.html,最后访问日期:2023 年 6 月 29 日。

"合理地"选择争议解决方法,并非"不合理地"选择。三是《民法典》第507条规定,合同不生效、无效、被撤销或者终止的,不影响合同中有关解决争议方法的条款的效力。综上,案涉仲裁条款合法有效,仲裁委员会驳回被申请人提出的管辖异议。

3. 典型意义

坚持完善仲裁制度、提升仲裁公信力是我国仲裁事业发展的核心和目标。仲裁审查始终以支持仲裁和监督仲裁为方向,对仲裁条款效力认定也秉承尽量促成有效的原则。本案的警示意义在于格式仲裁条款提供方在消费合同等涉众类型合同中应采取字体加粗、要求相对方誊抄等方式加以提示。

(二)《学员手册》约定条款无效案①

1. 基本案情

蒋先生诉称,其在尚武公司花费9 888元为儿子购买了50节功夫课。后续学习中,小蒋的教练及工作人员陆续全部更换,教学质量大不如前。蒋先生向尚武公司提出退费要求,但尚武公司称,合同约定上课超过10节的概不退款。因退费未果,蒋先生诉至法院,要求尚武公司退还34节课时费6 691.2元。

尚武公司辩称,双方签订的《学员手册》上已经注明,"办卡后在有效期内开展课程达10次以上的,将不接受退学、退费申请,公司无须支付任何费用补偿"等约定。该约定合法有效,双方均应遵照履行。蒋先生随意提出解约,属于违约行为,故不同意蒋先生的诉讼请求。

2. 裁判处理

法院认为,双方之间的合同系由尚武公司提前拟定、打印、制作并重复使用,双方并未就合同条款进行协商,有关退费约定属于格式条款。该条款限制了蒋先生的选择权,加重了其责任,应属无效格式条款。蒋先生称尚武公司教学质量下降,但对此未能充分举证,现其单方面放弃履约,导致合同未能继续履行,蒋先生应承担单方停止履约的违约责任,但该责任不能按照双方约定的格式条款来追究。综合考虑合同的履行程度、尚武公司提供服务的情况、蒋先生的过错程度等因素,法院判决尚武公司退还蒋先生4 960元。

---

① 《武术课"上了10节概不退款" 法院:该条款无效》,https://www.pkulaw.com/pal/a3ecfd5d734f711d190241f7953e39cba40a013baf8bb421bdfb.html,最后访问日期:2023年6月29日。

3. 典型意义

严重侵害消费者合法权益的格式条款无效。提供格式条款一方不合理地免除或者减轻其责任、加重对方责任、限制对方主要权利的格式条款无效;提供格式条款一方排除对方主要权利的格式条款无效。实践中,常见的无效格式条款包括"有效期过、概不退款""本店享有会员卡的最终解释权"等。

| 第三节 |

合同订立的方式

合同始于订立。合同的订立,是当事人互为意思表示、达成合意的过程。当事人订立合同,可以采取要约、承诺方式或者其他方式。① 所谓"其他方式"包括合同书方式、悬赏广告方式等。

一、"要约—承诺"方式

"要约—承诺"缔约方式的兴起与邮政事业的广泛应用有着密切联系。虽被称为"传统缔约方式",但"几乎全世界的教科书"都承认,"要约—承诺"方式属于20 世纪以来民法中最重要的缔约方式。

要约是向他人提出明确的条件,作出意思表示,希望签订合同。《民法典》第472 条规定:"要约是希望与他人订立合同的意思表示,该意思表示应当符合下列条件:(1) 内容具体确定;(2) 表明经受要约人承诺,要约人即受该意思表示约束。"

承诺意味着接受。《民法典》第 479 条规定:"承诺是受要约人同意要约的意思表示。"第 488 条规定:"承诺的内容应当与要约的内容一致。受要约人对要约的内容作出实质性变更的,为新要约。有关合同标的、数量、质量、价款或者报酬、履行期限、履行地点和方式、违约责任和解决争议方法等的变更,是对要约内

---

① 在我国民法语境中,"方式""形式"各有所指:"形式"与"内容"相对应,是指当事人意思表示的载体或表现形式(form),例如口头形式或书面形式;"方式"与缔约的结果、合同是否成立相对应,是指达成合意、成立合同的方式或程序(manner or process),例如要约承诺方式。参见罗昆:《缔约方式发展与民法典缔约制度完善》,《清华法学》2018 年第 6 期。

容的实质性变更。"

经过要约、承诺,当事人合意一致即可达成的合同,为诺成合同。实践合同则不仅需要当事人承诺,而且需要交付标的物或完成其他给付才能成立。近现代民法崇尚合同自由主义,大部分合同是诺成合同,实践合同需要法律有特别规定。

二、合同书方式

合同书方式具有两个显著特征:一是签订合同书是对唯一的一种合同内容表示同意,在签订合同书之前,当事人之间的具体磋商过程通常不予考虑;二是在三方以上当事人缔结合同时具有要约承诺方式难以企及的优势。

实质重于形式。只要文件内容记载了当事人之间达成的合意事项,包括构成一种合同的必要条款,即使文件名称为意向书、议事录、备忘录等,也是合同书;反之,虽然具有合同书或协议书之名,但文件内容并非当事人之间达成的合意,或者并未包括一种合同的必要条款,也不是合同书。

《民法典》第490条第1款规定:"当事人采用合同书形式订立合同的,自当事人均签名、盖章或者按指印时合同成立。"关于签名,是指在文件上写上自己的名字,表示负责;关于盖章,此处的章注意使用公章,私人名章因无登记备案容易发生效力争议;关于指纹,指纹重复率极小,大约 1/150 亿,被称为"人体身份证",当事人在合同书上"按手印"的,与签字或者盖章具有同等的法律效力。

应注意的是,在多页合同书最后一页签名、盖章或按指印,没有在骑缝位置盖章、签名或指印的,不影响合同的成立,但不利于保持合同的完整性,存在合同页被替换、增减的风险。相对于签名和公章,单独按指纹存在非自愿或不知情的情况被按的可能,留存两个无利害关系人的见证更有保障。

三、悬赏广告方式

《民法典》第499条规定:"悬赏人以公开方式声明对完成特定行为的人支付报酬的,完成该行为的人可以请求其支付。"

悬赏广告是一种古老的借助他人的力量解决问题的方式。"悬赏以待功,序爵以俟贤",[①]商鞅变法中的"城门立木"就是现代法意义上的悬赏广告。寻人、

---

① 王利器校注:《盐铁论校注》,中华书局 1992 年版,第 411 页。

寻物启事是生活中比较常见的悬赏广告。

相对人的不特定性是悬赏广告的核心特征。悬赏广告大致可以分为三个阶段：悬赏人作出悬赏广告；应征人完成悬赏广告确定的特定行为；应征人请求支付悬赏广告声明的报酬。

悬赏广告的法律后果在于行为人通过完成一定行为享有报酬请求权。在不知道悬赏广告的情况下，行为人完成悬赏广告中要求的一定行为，是否享有报酬请求权？《民法典》第499条规定，行为人享有的报酬请求权不以知道该悬赏广告为前提。

四、合同订立方式适用案例

（一）"推荐成交享佣金"纠纷案①

1. 基本案情

原告吕先生是某房产公司的老客户。2021年7月，该公司在小程序中开展了"推荐成交享佣金"活动，参与者只要推荐新客户购买该公司商铺即可享受成交总价2%的佣金。在销售人员的介绍下，吕先生在小程序上进行注册，参与了该活动，并成功推荐好友购买了总价值240万元的商铺。交易完成后，该公司却拒付吕先生佣金，吕先生起诉至法院。

房产公司辩称，吕先生不能享受所承诺的佣金。一是吕先生与房地产公司无直接合同关系，吕先生无权向被告公司主张；二是即便可以主张，活动协议中写明了房产公司有权对推荐人资格进行"二次判定"，吕先生是老客户，不是新客户，不符合此次活动参与对象的条件。

2. 裁判处理

法院查明，房产公司在销售过程中对外发放的广告宣传单内容涉及项目名称、主体资格、佣金比例、活动期限等，内容具体明确，且宣传单中明确写有"推荐成交即享丰厚奖励——成交总价的2%（税前）"等内容。

法院认为，《民法典》第473条第2款规定，商业广告和宣传的内容符合要约条件的，构成要约。对于内容具体明确，且包含有"即刻""即享"等结果导向性词语的广告宣传，应当认定为要约。吕先生在要约规定的期限内推荐了新客户购

---

① 《客户参与"老带新"推荐购房活动后主张佣金遭拒》，https://www.pkulaw.com/pal/a3ecfd5d734f711d6af8297d93447bbde80588bdf786f7bbbdfb.html，最后访问日期：2023年6月29日。

买商铺,系通过行为作出承诺。吕先生与房产公司之间的合同关系成立,房产公司应当按约履行义务。房产公司对外发放的广告宣传单和注册及协议,均未对活动主体是否老客户进行限制约定,仅对被推荐客户进行了约定,因此,房产公司以吕先生系老客户为由不予支付佣金的抗辩理由不成立。法院判决房产公司向吕先生支付全额佣金4.8万元。

3. 典型意义

要约是希望与他人订立合同的意思表示。要约有两大要素:一是内容具体明确;二是表明经相对人承诺,要约人即受该意思表示约束。如果商业广告中关于产品或服务的数量、质量、价格、报酬、期限等内容具体明确,且承诺给予一定报酬,应视为要约。本案房产公司为促进商品房销售,通过印制宣传单、发布广告等形式承诺给付一定的报酬,或采用"老带新"方式招揽客户,属于通过实际行动与介绍人或老客户建立起了中介合同关系。按照法律规定,事成之后,开发商作为委托人应按照约定支付报酬,否则构成违约。

(二)"一错千金"悬赏广告纠纷案①

1. 基本案情

2012年3月,张某通过南方出版社出版发行其新书《带三只眼看国人》。同年3月25日,张某通过腾讯微博发布:"为推广和普及中国地域文化知识,让14亿华人更了解中国各省人不同性格特点,兹郑重承诺凡挑出拙作《带三只眼看国人》1个错者即奖赏1 001元,请@北晚晓阳@潘启雯@诗人记者袁毅@吴波1@记者吴海虹@罗皓菱@彭志强@蒲荔子@羊晚邓琼生活大爆炸各位老师为我作证!"

而后,白某从《带三只眼看国人》一书中挑出172处错误,并据此起诉索要悬赏奖金172 172元。这172处错误包括一般政治性差错1处、叙述不符合事实27处、表述逻辑差错1处、用词不当57处、词语搭配不当1处、错别字19处、病句17处、表述不当24处、标点失误19处、排版失误1处、多出文字2处、漏字1处、汉语拼音书写失误2处。

张某则认为,该悬赏广告目的在于推广和普及中国地域文化知识,让14亿

① 石岩、黄硕:《作家新书"一错千金"悬赏广告引纠纷》,《人民法院报》2018年7月10日,第3版。

华人更了解中国各省人不同性格特点,因此悬赏挑错范围仅限于知识性错误;白某起诉超过诉讼时效,其指出的错误系主观认识,缺乏客观标准,尽管白某进行了鉴定,但文学作品不具有可鉴定性;涉案书籍由正规出版社出版,如果存在172 处错误,出版社不应出版;白某主张的报酬过高,应根据挑错的时间、成本予以调整。

2. 裁判结果

法院认为,关于悬赏广告的挑错时间,广告中并未明确特定期限,且发布该广告的微博至诉讼中仍可查看,说明悬赏广告仍然有效。张某关于超出悬赏广告规定时间、超出诉讼时效的答辩意见,法院未予采信。关于错误范围,法院适用《图书编校质量差错判定细则计错表》,结合作者的写作目的、语境等情况综合考量最终认定 18 处知识性错误。法院按照张义悬赏广告中的承诺一错 1 001 元的标准,判决张某向白某支付 18 018 元。

3. 典型意义

日常生活中,以支付一定报酬为内容的寻人、寻物启事为大众所熟知,但实际社会生活中悬赏广告的形态、领域非常丰富,例如有奖征文、创意大赛、竞技悬赏等,还有像本案中的有奖征错。"君子无戏言"。悬赏人以公开方式声明对完成特定行为的人支付报酬的,完成该行为的人有权请求其支付。

| 第四节 |

合 同 的 效 力

一、合同对当事人的约束力

依法成立的合同,对当事人具有法律约束力。所谓合同的约束力,是指除当事人同意或有解除原因外,任何一方当事人都不得无故反悔解约,撤销合同。[①]合同的约束力是合同功能实现的重要基石;若合同没有相应的约束力,信赖利益的保护与市场交易的秩序就无从谈起,社会经济生活必然陷入混乱和无序。

---

① 韩世远:《合同法总论》,法律出版社 2018 年版,第 105 页。

（一）依法成立是前提

关于合法性的一般要求，《民法典》第 143 条规定："具备下列条件的民事法律行为有效：（1）行为人具有相应的民事行为能力；（2）意思表示真实；（3）不违反法律、行政法规的强制性规定，不违背公序良俗。"

关于合同合法性的特殊要求，《民法典》第 502 条第 2 款规定："依照法律、行政法规的规定，合同应当办理批准等手续的，依照其规定。未办理批准等手续影响合同生效的，不影响合同中履行报批等义务条款以及相关条款的效力。应当办理申请批准等手续的当事人未履行义务的，对方可以请求其承担违反该义务的责任。"

（二）合同应当严格遵守（严守）

法谚有云："合同就是当事人之间的法律"。合同一经产生，合同的当事人就应该按照合同的内容严格履行自己的义务，以使合同所欲追求的目的得以实现；非经当事人协商一致或有法定事由，任何一方当事人都不得单方面解除或变更已经成立的合同。

当事人不履行其所负的合同义务或履行义务不符合约定时，法律会通过对违约方进行制裁的方式，使遭到违反的合同内容得以履行，让当事人之间被破坏的利益分布得到再平衡，继而使合同目的得以实现。

（三）原则上仅对当事人具有约束力

"依法成立的合同，仅对当事人具有法律约束力"，这是合同相对性原则。合同相对性的内涵在于合同只在特定的当事人之间发生法律约束力，只有合同当事人能基于合同向相对方提出请求或提起诉讼，而不能向与其无合同关系的第三人提出合同上的请求，也不能擅自为第三人设定合同上的义务。合同相对性原则是古典契约法的基石。随着社会经济的发展和个人本位向社会本位的回归，现代法律规定了一些合同相对性原则的例外。

二、成立但未生效合同的约束力

《民法典》合同编根据判断依据不同，将合同区分为合同成立与合同生效两种情况。合同成立是当事人经过要约和承诺，就双方权利义务达成意思表示一致；合同生效则是法律赋予了合同强制约束力，约束合同当事人按约定履行合同权利义务。合同成立是事实判断,合同生效为价值判断。合同生效表明合同一定成立,但合同成立,合同未必一定生效。

(一) 成立但未生效合同的类型

鉴于现实生活的复杂性,除了上述《民法典》第 502 条规定的法定报批生效合同外,还有附条件生效合同和附期限生效合同亦属于合同成立与生效不同步情形。《民法典》第 158 条规定:"民事法律行为可以附条件,但是根据其性质不得附条件的除外。附生效条件的民事法律行为,自条件成就时生效。附解除条件的民事法律行为,自条件成就时失效。"第 160 条规定:"民事法律行为可以附期限,但是根据其性质不得附期限的除外。附生效期限的民事法律行为,自期限届至时生效。附终止期限的民事法律行为,自期限届满时失效。"

(二) 违反成立但未生效合同的法律责任

违反成立但未生效合同,违约方将承担约定责任或法定责任。

所谓约定责任,是指《民法典》第 502 条第 2 款之规定产生的责任,其规定:"未办理批准等手续影响合同生效的,不影响合同中履行报批等义务条款以及相关条款的效力。应当办理申请批准等手续的当事人未履行义务的,对方可以请求其承担违反该义务的责任。"

所谓法定责任,是指缔约过失责任。《民法典》第 500 条规定:"当事人在订立合同过程中有下列情形之一,造成对方损失的,应当承担赔偿责任:(1) 假借订立合同,恶意进行磋商;(2) 故意隐瞒与订立合同有关的重要事实或者提供虚假情况;(3) 有其他违背诚信原则的行为。"

三、合同的效力适用案例

(一) 债权人诉请实际用款人还款被驳回①

1. 基本案情

胡某与小胡系父子,岳某某系小胡的舅舅。2020 年,小胡和岳某某准备购买货车挂靠在凤台县某汽车运输公司。2020—2021 年,胡某分三次向汽运公司

---

① 安徽省凤台县人民法院:《安徽一债权人诉请实际用款人还款被驳回》,https://www.pkulaw.com/pal/a3ecfd5d734f711d723b742308ae03820df55a972dccdf73bdfb.html,最后访问日期:2023 年 6 月 29 日。

出具借条,载明胡某欠汽运公司借款本金合计 176 230 元,并同时约定了欠款利息及违约金。之后,汽运公司直接将款项用于小胡和岳某某挂靠车辆的首付款、保险费用及车辆购置税的缴纳。但约定期限到期后,胡某一直未偿还欠款。汽运公司将胡某 3 人诉至法院,要求 3 人偿还借款本金及利息合计 20 余万元。

2. 裁判处理

法院发现,被告岳某某在本案受理前已去世,其诉讼主体的民事诉讼权利和义务也应随之终止,因此汽运公司对岳某某的起诉不符合受理案件条件,但汽运公司拒不变更本案被告,法院遂依法驳回汽运公司对岳某某的起诉。经审理查明,借款欠条均为胡某出具并签字,根据合同的相对性,仅对胡某具有法律约束力,且汽运公司也未能举证证明该欠款系父子两人共同债务,其主张小胡承担责任无事实及法律依据。综上,法院依法判令被告胡某偿还汽运公司欠款及利息 20 余万元,驳回要求被告小胡承担责任的诉讼请求。

3. 典型意义

对于依法成立的合同,合同义务由合同当事人承担,合同债权人不得要求当事人以外的第三人承担合同义务。合同债务人不履行合同义务或者履行合同义务不符合规定的,应当向债权人承担违约责任,而不是向当事人以外的第三人承担违约责任。本案中,胡某与某汽运公司是欠款合同的双方当事人,胡某借款的用途未违反法律强制性规定,则无论胡某是为谁向汽运公司借款,因签署欠条的人仅为胡某一人,汽运公司不应以胡某借款的用途为由,向合同外第三人要求承担违约责任。

(二) 股权转让纠纷案①

1. 基本案情

2012 年 4 月 17 日,转让方鞍山市财政局(甲方)与受让方标榜公司(乙方)签订《股份转让合同书》,约定甲方拟转让其合法持有的鞍山银行 22 500 万股份,乙方拟收购甲方转让的上述股份。审批机关包括中国银行业监督管理委员会、鞍山市国资委等依国家法律、法规规定具有审批权限的机关或其地方授权机关。

---

① 《深圳市标榜投资发展有限公司与鞍山市财政局股权转让纠纷案》,(2016)最高法民终 802 号。

2013 年 3 月 25 日,在鞍山监管分局向辽宁银监局报送"我局拟同意鞍山银行此次股东变更有关行政许可事项"后,鞍山市国资委作出《关于终止鞍山银行国有股权受让的函》:"辽宁省银监部门向市政府反馈了明确意见,认为贵集团等4 户企业存在关联交易,不通过审批。"2013 年 12 月 31 日,鞍山财政局在北京金融资产交易所将上述股权重新挂牌转让。

2015 年 9 月 1 日,标榜公司向法院提起诉讼,要求鞍山市财政局赔偿损失、保证金、可得利益等。

2. 裁判处理

生效判决认为,本案鞍山市财政局转让其持有鞍山银行国有股权,应根据前述规定经相应级别的政府部门审批合同才生效,涉案的《股份转计合同书》未经政府部门审批,该合同成立但未生效。标榜公司在缔约过程中支付交易费及保证金利息,属于标榜公司的直接损失,应由鞍山市财政局承担赔偿责任。

生效判决认为,对于标榜公司因合同未生效导致交易机会损失数额,结合本案事实,应综合考虑以下因素予以确定:首先,鞍山市财政局的获益情况。鞍山市财政局违反诚实信用,以 2.5 元/股的价格将涉案股权另行出售,其所获得的0.5 元/股的价差系其不诚信行为所得。标榜公司丧失涉案股权交易机会的损失数额,可以此作为参考。其次,标榜公司的交易成本支出情况。因涉案合同未生效并已解除,标榜公司未实际支付对价,亦未实际取得涉案股权,其主张应当以鞍山市财政局转售股权价差的全部作为标准进行赔偿不符合本案情况,不应支持。本案中,即使标榜公司实际取得涉案股权,因双方合同对股权再转让有期限的约定,故约定期限届满之后,涉案股权价值是涨是跌尚不确定。另外,标榜公司虽丧失购买涉案股权的交易机会,但并不妨碍其之后将资金另行投资其他项目获得收益。综上,对标榜公司交易机会损失,本院酌定按鞍山市财政局转售涉案股权价差的 10% 予以确定,以涉案股权转售价 2.5 元/股减去涉案股权转让合同价 2 元/股乘以 22 500 万股再乘以 10% 计算,即 1 125 万元。该损失应由鞍山市财政局予以赔偿。

3. 典型意义

本案是最高人民法院的公报案例,是较好展示国有产权与私人产权法律平等保护的案例。依据《企业国有资产监督管理暂行条例》《企业国有资产法》,国有资产监督管理机构代表国家履行出资人职责,国有企业在市场交易中自主组织经营活动。国有企业、集体经济组织及私主体在社会主义市场经济体制中受到法律的平等保护。

| 第五节 |

合 同 的 履 行

合同终结于履行、解除。合同生效在当事人之间建立了"法锁"。如果当事人不履行或不全面履行该约束义务,法律则通过法律责任对守约方进行救济。世事复杂,一味严守合同有时会产生不公。基于公平原则,我国法律规定了三大抗辩权、不可抗力、情势变更等突破合同全面履行原则的制度。

一、合同履行的原则

《民法典》第 509 条规定:"当事人应当按照约定全面履行自己的义务。当事人应当遵循诚信原则,根据合同的性质、目的和交易习惯履行通知、协助、保密等义务。当事人在履行合同过程中,应当避免浪费资源、污染环境和破坏生态。"合同履行的基本原则包括全面履行、诚信履行和绿色履行。

(一) 全面履行原则

当事人应当按照合同约定全面履行自己的义务。合同履行义务包括主合同义务(主给付义务)和从合同义务(从给付义务)。所谓主给付义务,是指合同关系所固有、必备,并且用于决定合同关系类型的基本义务;所谓从给付义务,是指从属于主给付义务,其本身不具有独立的意义,但可以确保债权人的利益能够获得最大限度满足的辅助性给付义务,例如买卖合同中出让人应将有关证明文件、单据(例如发票、保修卡)等交付受让人。

(二) 诚信履行原则

诚信履行原则要求根据合同的性质、目的和交易习惯履行通知、协助、保密等义务。诚信履行原则也被称为附随义务。所谓附随是相对于合同中约定的当事人的给付义务而言,附随义务是为了辅助实现债权人的给付利益。

一般而言,区分从给付义务和附随义务应以能否独立诉请履行作为判断标准,能够独立诉请履行的为从给付义务,不能独立诉请履行的则为附随义务。[①]附随义务并无独立的可诉性,违反附随义务仅能请求损害赔偿。

应注意的是,《九民纪要》"72.〔适当性义务〕"规定了金融机构就金融产品应当履行的适当性义务,该适当性义务即属于附随义务。金融机构违反适当性义务将承担相应的缔约过失责任。

(三)绿色履行原则

绿色原则是《民法典》的重大创新,既契合中国现阶段的基本国情,又具有鲜明的时代特色。合同法作为市场经济的核心交易规则,同样遵循绿色原则,在履行合同的整个过程中,当事人都应当考量自己的行为,避免浪费资源、污染环境和破坏生态。

二、履行抗辩权制度

履行抗辩权作为《民法典》合同履行项下的规范体系,对于督促合同各方严格恪守合同义务、遵守诚信原则具有重要意义。我国民法在履行抗辩权上建构了"三元体系"。

(一)同时履行抗辩权

同时履行抗辩权适用于双务合同中没有规定履行顺序的情况,例如合同中约定"货到付款"。《民法典》第525条规定:"当事人互负债务,没有先后履行顺序的,应当同时履行。一方在对方履行之前有权拒绝其履行请求。一方在对方履行债务不符合约定时,有权拒绝其相应的履行请求。"

(二)后履行抗辩权

《民法典》第526条规定:"当事人互负债务,有先后履行顺序,应当先履行债务一方未履行的,后履行一方有权拒绝其履行请求。先履行一方履行债务不符合约定的,后履行一方有权拒绝其相应的履行请求。"

[①] 张俊浩:《民法学原理》(下册),中国政法大学出版社2000年版,第660页。

后履行抗辩权是我国法律在同时履行抗辩权和不安履行抗辩权之外所新增加的一种抗辩权,也是一项我国法律所独创的抗辩制度。履行是否具有先后顺序,是后履行抗辩权与同时履行抗辩权的根本区别。

认定履行是否具有先后顺序,遵循以下规则:根据当事人的约定;如果当事人没有约定或约定不明的,按当地的交易习惯;如果当地的交易习惯仍不能确定的,推定当事人双方负有同时履行的义务。

(三)不安履行抗辩权

与后履行抗辩权不同,不安抗辩权是为了保护先履行一方。

1. 不安抗辩权的行使条件

关于不安抗辩权的行使条件,《民法典》第 527 条规定:"应当先履行债务的当事人,有确切证据证明对方有下列情形之一的,可以中止履行:(1)经营状况严重恶化;(2)转移财产、抽逃资金,以逃避债务;(3)丧失商业信誉;(4)有丧失或者可能丧失履行债务能力的其他情形。当事人没有确切证据中止履行的,应当承担违约责任。"

2. 不安抗辩权的行使程序

《民法典》第 528 条规定:"当事人依据前条规定中止履行的,应当及时通知对方。对方提供适当担保的,应当恢复履行。中止履行后,对方在合理期限内未恢复履行能力且未提供适当担保的,视为以自己的行为表明不履行主要债务,中止履行的一方可以解除合同并可以请求对方承担违约责任。"

不安抗辩权的行使程序包括:① 中止履行的应当及时通知对方;② 对方提供适当担保的,应当恢复履行;③ 对方在合理期限内未恢复履行能力且未提供适当担保的,不安抗辩权人才可以解除合同并请求相对方承担违约责任。

三、不可抗力制度

(一)不可抗力的构成要件

《民法典》第 180 条规定:"因不可抗力不能履行民事义务的,不承担民事责任。法律另有规定的,依照其规定。不可抗力是不能预见、不能避免且不能克服的客观情况。"

不可抗力包括三个构成要件:①"不可预见"。每个人预见能力是不同的,具体取决于客观环境、当事人获取信息的能力等因素。②"不能避免"。能否避免也存在个体问题,需要具体对待。③"不能克服"。能否克服对不同人来讲更是情况各异。应注意的是,三者必须同时具备才构成不可抗力。

(二) 不可抗力的通知义务

因不可抗力不能履行合同的,应当及时通知对方,以减轻可能给对方造成的损失,并应当在合理期限内提供证明,这是公平原则、诚实信用原则的必然要求。《民法典》第 590 条规定:"当事人一方因不可抗力不能履行合同的,根据不可抗力的影响,部分或者全部免除责任,但是法律另有规定的除外。因不可抗力不能履行合同的,应当及时通知对方,以减轻可能给对方造成的损失,并应当在合理期限内提供证明。当事人迟延履行后发生不可抗力的,不免除其违约责任。"

(三) 不可抗力的法律后果

不可抗力属于法定的免责事由,通常导致行为人在该事由影响范围内免责。如果当事人对损害发生也有过错,则该当事人也应承担相应的责任。

还应注意的是,如果法律有特别规定,即使发生不可抗力也不能免责。例如《民法典》第 1238 条规定:"民用航空器造成他人损害的,民用航空器的经营者应当承担侵权责任;但是,能够证明损害是因受害人故意造成的,不承担责任。"

四、情势变更制度

情势变更制度是指合同有效成立后,因不可归责于双方当事人原因发生了不可预见的情势变更,致使合同的基础动摇或者丧失,若继续履行合同会显失公平,因此,允许变更合同或解除合同。《民法典》第 533 条规定:"合同成立后,合同的基础条件发生了当事人在订立合同时无法预见的、不属于商业风险的重大变化,继续履行合同对于当事人一方明显不公平的,受不利影响的当事人可以与对方重新协商;在合理期限内协商不成的,当事人可以请求人民法院或者仲裁机构变更或者解除合同。人民法院或者仲裁机构应当结合案件的实际情况,根据公平原则变更或者解除合同。"

情势变更制度的立法目的是在合同订立后因客观情势发生重大变化,导致当事人之间权利义务严重失衡的情形下,意在通过变更或者解除合同以实现公平原则,目的在于消除合同因情势变更所产生的不公平后果。

发生情势变更产生两个法律效果:一是产生再交涉义务;二是当事人进行再交涉后不能就变更或者解除合同达成一致意见时,有权请求裁决机构作出变更或解除合同的裁决。应注意的是,因不可抗力致使不能实现合同目的的是"法定解除",而情势变更则属于"裁决解除"。

五、合同的履行适用案例

(一)信托合同纠纷案①

1. 基本案情

才某先后两次向中信信托有限责任公司汇款 777.7 万元购买信托产品,汇款摘要载明购买某信托产品。因证券市场大幅下跌,信托产品被全部平仓清算,才某分得信托财产利益 383 万余元。

才某以《信托合同》及《客户调查问卷》并非其本人签署、信托合同不成立、信托公司违反适当性义务为由诉至法院,要求中信信托赔偿损失。

中信信托主张信托合同成立,并以才某拥有多个证券账户,存在证券买卖、融资融券的投资经验不足为由主张免除适当性义务。

2. 裁判处理

法院认为,双方虽未签订书面合同,但才某已经支付认购信托产品的款项,信托合同成立。才某既往投资金融产品的属性、类型、金额等均与案涉信托产品存在较大差异,其既往投资经验不足以免除中信信托的适当性义务。中信信托所提交证据不足以证明其充分履行了适当性义务,应赔偿才某的投资损失。

3. 典型意义

《信托法》第 8 条规定,设立信托必须采用书面形式。《民法典》第 490 条规定,当事人未采用书面形式但一方已经履行主要义务,对方接受的,该合同成立。本案中,当事人双方虽未签订书面合同,但才某已经通过转账支付购买信托产品

---

① 《北京金融法院发布成立一周年十大典型案例——才某与中信信托有限责任公司合同纠纷案》,https://www.pkulaw.com/pal/a3ecfd5d734f711d570d6c8469e1b6404faa2bf02a84d794bdfb.html,最后访问日期:2023 年 6 月 29 日。

的款项,信托公司亦已经接受,应当认定信托合同成立。作为消费者的才某虽然支付了购买信托产品的款项,但信托合同上的签字并非才某所签,这种不规范行为造成金融机构适当性义务[①]履行的缺失;对于未充分履行适当性义务的行为,金融机构应当承担赔偿责任。

(二) 服务合同纠纷案[②]

1. 基本案情

2019 年 9 月,申请人与被申请人签署了《服务合同》,约定由申请人为被申请人针对涉案项目提供特定服务,服务费 150 万元。申请人于 2021 年 7 月 15 日向被申请人寄出撤场通知,经申请人查询被申请人于次日签收;被申请人称快递到公司前台但没有到业务人员手中,被申请人于申请人 7 月 19 日撤场时才知悉。被申请人支付了服务费 56.25 万元。申请人仲裁要求被申请人支付剩余服务费、违约金 15 万元等。被申请人提起反申请:支付违约金 15 万元。

2. 裁决结果

仲裁庭认为,关于双方均主张对方违约而要求对方支付违约金 15 万元,根据《民法典》,违约金是否应予支持需要看合同中的相关规定。双方合同中的违约条款针对的是申请人违约情形,合同中对于被申请人逾期付款应支付违约金的情形并无明确约定,因此仲裁庭依法对申请人要求被申请人支付违约金的请求不予支持。申请人撤场而并无证据证明其撤场行为的正当性,故仲裁庭裁决其向被申请人支付违约金 15 万元。

3. 典型意义

行使不安抗辩权应当符合法定条件。本案中,仲裁庭认为申请人行使的不安抗辩权存在瑕疵,并未支持申请人的抗辩主张。可见,在行使不安抗辩权时一

---

① 所谓适当性义务,系指金融机构应以适当方式向投资者推荐或销售金融产品,应当判断该产品与投资者的经济状况、风险承受力、投资需求是否相匹配,以减少投资者遭受的损失。金融产品采用了投资者难以了解的定价机制,存在严重的信息不对称,容易将普通投资者置于风险中。为平衡金融机构与投资者之间的关系、促进金融市场健康发展,各国普遍采用"干涉主义"立场,规定金融机构的适当性义务。最高人民法院《全国法院民商事审判工作会议纪要》在"五、关于金融消费者权益保护纠纷案件的审理"中规定了金融机构的适当性义务。

② 《天津仲裁委员会就申请人某科技公司对被申请人某科技发展公司服务合同纠纷进行仲裁案》,https://www.pkulaw.com/atr/fc85474511710eb296fb72081db999f50a9110a69ebdbb35bdfb.html,最后访问日期:2023 年 6 月 29 日。

定要按照法定要求,遵循法定程序,否则将面临抗辩无效的法律后果。

(三) 预售合同纠纷案①

1. 基本案情

2021 年 3 月,买受人与开发商 A 公司签订《某市商品房预售合同》,预售合同约定买受人购买"案涉房屋",总价款 805 万余元。预售合同约定开发商应于 2021 年 5 月 31 日前向买受人交付案涉房屋。同时,约定开发商逾期交付房屋的责任:① 逾期在 90 日之内,自合同约定的交付期限届满之次日起至实际交付之日止,开发商按日向买受人支付已付购房款 3‰的违约金,合同继续履行;② 逾期超过 90 日后,买受人有权解除合同。买受人不解除合同的,自合同约定的交付期限届满之次日起至实际交付之日止,开发商按日向买受人支付已付购房款 5‰的违约金。上述预售合同签订后,买受人已依约履行完毕房屋价款支付义务,开发商逾期交房,买受人诉至法院,要求开发商按照日 3‰承担逾期交付责任。开发商以疫情作为逾期交房免责的抗辩理由。

2. 裁判处理

法院认为,本案中,在双方合同签订前,疫情已经暴发,疫情防控已进入常态化阶段。开发商对上述情况明知且应有预判,故疫情不符合不可预见的不可抗力这一特征。并且,开发商官网等报道充分证明,面对疫情,其已做好充分准备并早已复工复产,疫情并未对开发商造成实质性影响。市政道路、配套建设、拿地手续均是开发商建设周期中应当自行解决的工作与事项,与买受人预售合同无关,开发商不能以此作为逾期交房的抗辩免责事由。案涉小区自 2019—2021 年,多次发生农民工讨薪事件,开发商拒绝或迟延支付农民工工资导致工期延误,是逾期交房的根本原因。

法院判决,开发商应当根据双方约定就延期履约行为承担违约责任;开发商应以已付购房款为基数,按每日 3‰的比例向买受人支付延期交房违约金。

3. 典型意义

本案判决较好描述了开发商逾期交付房屋的不可免责的情形:一是疫情

---

① 《买受人签约购房,开发商为何支付违约金?》,https://www.163.com/dy/article/131HVHK0534UV13. html,最后访问日期:2023 年 6 月 29 日。

常态化下不符合不可预见的不可抗力免责的适用条件;二是市政道路、配套建设、拿地手续属于开发商的常规工作与事项,不符合情势变更减免责任的适用条件。

(四) 经营管理合同纠纷案[①]

1. 基本案情

张某与某景区管理处于 2020 年 3 月签订管理协议,约定在 2020 年 4 月 1 日—11 月 25 日的一个营运周期内,某景区管理处统一管理某景区的游船业务,每年给付每位船舶经营者经营收益 15 万元,最迟付款时间为 2020 年 12 月 10 日。运营周期内由于黑龙江、吉林、北京、大连、青岛等地出现散发性疫情,游船收入减少。截至 2021 年 3 月,某景区管理处已给付每位船舶经营者 76 367.76 元,之后某景区管理处与 80 位船舶经营者就剩余运营收入给付问题进行协商,其中 73 位船舶经营者接受了某景区管理处对每条游船补偿 36 629.5 元的协议。张某不予接受,起诉请求某景区管理处赔偿其 75 000 元。

2. 裁判处理

法院认为,某景区管理处作为非营利法人,为规范景区游船的经营管理秩序,与 80 位船舶经营者签订的管理协议,属于基于管理职责签订的非营利性管理协议。协议履行期间,多地陆续发生疫情,景区游船收入减少,属于管理协议各方当事人在签订协议时不可预见的情形。根据公平原则,裁量某景区管理处承担张某收益减少部分的 50%,判决某景区管理处给付张某 36 816.12 元。

3. 典型意义

情势变更的实质是再协商义务。通常情况下,疫情影响的并非只有一方当事人。若合同当事人在出现情势变更事由时能够充分协商,就合同约定的相关内容进行深入探讨并自行化解纠纷,就可以减少合同双方的损失,促进合同继续顺利履行。合理期限内协商不成而进入诉讼的,法院应按照公平原则进行裁处。

[①]《大连海事法院发布六则涉疫海事审判典型案例》之"案例 4 张某诉某景区管理处船舶经营管理合同纠纷案", https://www. pkulaw. com/pal/a3ecfd5d734f711d7142599169e9289c77adb0590460a99abdfb. html,最后访问日期:2023 年 6 月 29 日。

合 同 的 保 全

合同的保全,是指法律为防止债务人积极地不当行为而减少其财产权益或者增加责任财产负担,或者因其消极地怠于行使权利而危及财产权益,由此影响债权人的债权实现,允许债权人行使代位权或撤销权,以保障债权人债权实现的一项法律制度。合同的保全包括债权人的代位权和撤销权。

一、债权人的代位权

(一) 代位权的性质

《民法典》第 535 条规定:"因债务人怠于行使其债权或者与该债权有关的从权利,影响债权人的到期债权实现的,债权人可以向人民法院请求以自己的名义代位行使债务人对相对人的权利,但是该权利专属于债务人自身的除外。代位权的行使范围以债权人的到期债权为限。债权人行使代位权的必要费用,由债务人负担。相对人对债务人的抗辩,可以向债权人主张。"

代位权突破了单一法律关系下债权相对性的梗阻,直接解决多重法律关系中的权利义务。代位权成立必须具备如下要件:一是债权人对债务人必须存在到期的合法债权,这是行使代位权的首要条件;二是债务人对次债务人存在合法有效的到期债权;三是债务人的怠于行使权利影响债权人债权的实现。

代位权既是一种实体性权利,也是实现权利的程序保障。代位权作为债权人的法定权利,必须通过诉讼程序行使。代位权诉讼中,债权人只需证明债务人对相对人有权利即可,相对人抗辩反驳的,应当提供相应证据;债权人证明债务人未清偿到期债务即可,相对人反对的,应当证明债务人有清偿债务的资力。

(二) 代位权的法律后果

代位权成立的法律后果是整个代位权制度的核心问题。《民法典》第 537 条规定:"人民法院认定代位权成立的,由债务人的相对人向债权人履行义务,债权人接受履行后,债权人与债务人、债务人与相对人之间相应的权利义务终止。债务人对相对人的债权或者与该债权有关的从权利被采取保全、执行措施,或者债务人破产的,依照相关法律的规定处理。"

应注意的是,债权人行使代位权,可获得来自相对人的优先受偿。代位权成立的,除判令相对人向债权人履行相应义务外,还判令"债权人接受履行后,债权人与债务人、债务人与相对人之间相应的权利义务终止"。

二、债权人的撤销权

(一) 撤销权的性质

债权人撤销债务人与第三人的诈害行为系撤销权的权利内容。诈害行为的类型规定在《民法典》第 538、539 条中。

第 538 条规定:"债务人以放弃其债权、放弃债权担保、无偿转让财产等方式无偿处分财产权益,或者恶意延长其到期债权的履行期限,影响债权人的债权实现的,债权人可以请求人民法院撤销债务人的行为。"应注意的是,恶意延长到期债权的履行期限,本质上亦是一种债务人不获益的无偿处分。

第 539 条规定:"债务人以明显不合理的低价转让财产、以明显不合理的高价受让他人财产或者为他人的债务提供担保,影响债权人的债权实现,债务人的相对人知道或者应当知道该情形的,债权人可以请求人民法院撤销债务人的行为。"应注意的是,对于债务人以明显不合理价格转让财产的,债权人还需证明相对人知道或者应当知道该情形,才能行使撤销权。

(二) 撤销权的法律后果

《民法典》第 542 条规定:"债务人影响债权人的债权实现的行为被撤销的,自始没有法律约束力。"

债权人行使撤销权的结果,适用入库规则。所谓入库规则,是指撤销权的行使结果使债务人与第三人之间的诈害行为自始没有法律约束力,债务人诈害处分的财产得以恢复。申言之,在撤销债务人的行为后,某一债权人取回的一定财产或利益,应作为债务人的全体债权人的共同担保,各债权人平等受偿。

(三) 撤销权的行权期间

撤销权成立的事由出现后,债权人应当及时行使;该期间一旦届满,撤销权消灭。《民法典》第 541 条规定："撤销权自债权人知道或者应当知道撤销事由之日起一年内行使。自债务人的行为发生之日起五年内没有行使撤销权的,该撤销权消灭。"应予注意,不管是撤销权的 1 年普通除斥期间还是 5 年最长除斥期间,均为不变期间,无论当事人基于何种理由没有行使撤销权都在所不论。

三、合同保全适用案例

(一) 代位权纠纷案①

1. 基本案情

中潮公司依据生效裁判文书享有对顺长公司的到期债权,且一直未申请强制执行,顺长公司虽主张人民法院向其发送履行到期债务通知书,但人民法院针对其他案件进行的执行行为不能视为中潮公司申请强制执行的行为,故中潮公司应属怠于履行己方权利的行为,且该行为影响了中建公司债权的实现,故中建公司请求以自己的名义在自己享有的到期债权范围内代位行使中潮公司对顺长公司的权利。

2. 裁判结果

法院判决顺长公司支付中建公司 9 400 万元,上述给付义务履行完毕,中建公司与中潮公司相应数额的债权债务关系即告消灭。

3. 典型意义

因债务人怠于行使其债权或者与该债权有关的从权利,影响债权人的到期债权实现的,债权人可以向人民法院请求以自己的名义代位行使债务人对相对人的权利,除非该权利专属于债务人自身的除外。

(二) 撤销权纠纷案②

1. 基本案情

汪某因拖欠孙某 200 万元投资款被诉至法院。法院于 2020 年 4 月作出一审判决,支持了原告孙某的诉请。案件生效后,汪某依然未履行给付义务,孙某

---

① 《北京顺长房地产开发有限公司等与中建二局第一建筑工程有限公司债权人代位权纠纷二审民事判决书》,(2022)京 03 民终 15854 号。

② 安徽省定远县人民法院:《债权人起诉撤销协议中相关约定获安徽定远法院支持》,https://www.pkulaw.com/pal/a3ecfd5d734f711d0a4a024d27b579346e2e487600390bf7bdfb.html,最后访问日期:2023 年 6 月 29 日。

申请强制执行。经查,汪某名下无可供执行财产;法院依法告知孙某后,裁定终结本次执行程序。孙某得知汪某是在案件上诉期内办理了离婚手续。汪某与妻子签订的离婚协议书约定,夫妻共同财产一套房产、一辆轿车归妻子卢某,婚内所有债权债务由汪某承担。

孙某认为,汪某在案件诉讼期间办理离婚手续,选择净身出户,是有意提前转移财产,此举损害了自己的债权实现。孙某将汪某、卢某诉至法院,请求撤销离婚协议书中关于房产、车辆等财产分配条款。

2. 裁判结果

法院认为,汪某在案件审理期间通过签订离婚协议书,将夫妻共同财产无偿转计给卢某,致使孙某的债权难以实现。孙某有权在知道或应当知道撤销事由1年内请求撤销债务人的行为。孙某请求撤销汪某将其享有的房产、车辆份额无偿转让给卢某的行为,合法合理,法院予以支持。法院判决以未受清偿债权范围内撤销离婚协议书中被告汪某将房产、车辆转让给卢某的约定。

3. 典型意义

债务人以放弃其债权、放弃债权担保、无偿转让财产等方式无偿处分财产权益,或者恶意延长其到期债权的履行期限,影响债权人的债权实现的,债权人可以请求人民法院撤销债务人的行为。撤销权成立的事由出现后,债权人应当及时行使;该期间一旦届满,撤销权消灭。

| 第七节 |

债权债务转让

一、债权转让

(一) 合同债权可转让

合同债权在性质上属于财产权,具有可转让性。合同债权的转让是金融发展、资金融通的重要手段。鼓励债权转让并维护转让的正常秩序,对市场经济的发展具有重要作用。《民法典》第545条规定:"债权人可以将债权的全部或者部分转让给第三人,但是有下列情形之一的除外:(1)根据债权性质不得转让；①（2）按照当事人约定不得转让；（3）依照法律规定不得转让。② 当事人约定非金钱债权不得转让的，不得对抗善意第三人。当事人约定金钱债权不得转让的，不得对抗第三人。"

（二）债权人的通知义务

《民法典》第 546 条规定："债权人转让债权，未通知债务人的，该转让对债务人不发生效力。债权转让的通知不得撤销，但是经受让人同意的除外。"

债权人转让权利的行为给债务人的履行造成了一定影响或者负担。债权人转让权利的，应当通知债务人，避免因债务人对债权转让毫不知情而遭受损害。同时，通知并不要求债权让与需要经债务人同意，这尊重了债权人处分其债权的自由。

（三）债权转让的法律后果

合同债权转让之后，对于该转让的债权，受让人作为新债权人而成为合同债权的主体，转让人则脱离原合同关系，由受让人取代其地位，债务人负有向新债权人履行的义务。从债权亦随主权利的转移而转移。

二、债务转移

（一）合同债务转移应当经债权人同意

《民法典》第 551 条规定："债务人将债务的全部或者部分转移给第三人的，应当经债权人同意。债务人或者第三人可以催告债权人在合理期限内予以同意，债权人未作表示的，视为不同意。"

"债权人同意"是债务转移的法定要件。债权人未作表示的，视为不同意。一般说来，债权转让不会给债务人造成损害，但债权转让则可能损害债权人的利益。因为债务人在转让其债务后，新的债务人是否具有履行债务的能力、是否诚实守信的商人等，对债权能否实现影响甚巨，因此需要债权人的明示同意。

（二）债务转移的法律后果

合同债务全部转移的，新债务人将代替原债务人的地位而成为当事人，原债

---

① 例如债权是基于特定当事人的身份关系或者对特定人资质能力等的信赖而产生的。
② 《文物保护法》第 25 条第 1 款规定："非国有不可移动文物不得转让、抵押给外国人。"

务人将不再作为债的一方当事人。如果新债务人不履行或不适当履行债务,债权人只能对新债务人而不能对原债务人请求履行债务或要求其承担责任。

三、债务加入

(一) 第三人加入债务

《民法典》第 552 条规定:"第三人与债务人约定加入债务并通知债权人,或者第三人向债权人表示愿意加入债务,债权人未在合理期限内明确拒绝的,债权人可以请求第三人在其愿意承担的债务范围内和债务人承担连带债务。"

在债务加入情形下,在原债务人不能免除承担债务的情况下,增加一个第三人对债权人履行债务,不仅对债权人没有风险,而且增加了债权实现的安全性。因此,在债务加入的情形下,无需同债务转移一样征得债权人的同意。

(二) 与连带保证的区别

债务加入与连带保证的区别在于:一是法律地位不同。在债务加入中,新加入的债务人处于债务人地位,仅享有债务人的抗辩权;而连带保证人不仅享有债务人的抗辩权,而且享有保证人的抗辩权。二是能否向债务人追偿不同。在债务加入中,除当事人另有约定外,新加入的债务人在对债权人履行债务后,原则上不能向原债务人追偿;而在连带保证中,保证人在承担保证责任后,其可以向债务人追偿。

四、债权债务转让适用案例

(一) 合同纠纷案①——债务转移

1. 基本案情

原告在被告一张某经营、被告二葛某实控的美发店内办理预付式消费服务卡,后店铺被转让给被告三张某某,被告三张某某随即注销店铺,拒绝向原告提供服务。原告将三被告诉至法院,请求其对案涉预付款和利息承担连带清偿责任。

---

① 《中国消费者协会发布 2021—2022 年度全国消费维权十大典型司法案例之九:余某诉张某、葛某、张某某服务合同纠纷案——预付式消费中提供服务者转让债务的责任承担》,https://www.pkulaw.com/pfnl/08df102e7c/0f206ae6e8ca20527a394b847bebb41662757bdfb.html,最后访问日期:2023 年 6 月 29 日。

2. 裁判处理

法院认为,本案为预付式消费充值引起的服务合同纠纷,合同双方应当按照合同约定履行各自的权利与义务。涉案美容店转让后,受让方张某某拒绝向原告提供服务,致使原告服务合同目的无法实现。故判决解除服务合同,被告一原商家张某、被告二葛某退还预付款 36 616 元及相应利息。

3. 典型意义

消费者在选择预付式消费时,要树立风险防范意识,主动要求签订书面合同,保留充值记录,要特别注意收款方名称是否与营业执照上的名称或负责人姓名一致,不一致的应要求经营者作出书面说明并加盖营业主体公章。

(二)债务加入纠纷案①

1. 基本案情

2014 年,贺某与北银消费金融有限公司签订贷款合同,约定贺某向北银消费金融有限公司贷款 20 万元,借期 1 年。北银消费金融有限公司按照约定向贺某发放贷款 20 万元。2015 年,贷款到期后,贺某未按照约定还本付息,此时黄某向北银消费金融有限公司出具《不可撤销的承诺书》,承诺自愿对贷款合同项下的全部债务承担连带偿还责任,债权人有权直接向黄某索偿。2021 年,北银消费金融有限公司将黄某起诉至法院,要求黄某支付贷款本息。黄某提出了诉讼时效抗辩。

2. 裁判处理

生效判决认为,黄某向北银消费金融有限公司出具承诺书系债务加入行为,而非连带责任保证。根据债的同一性原理,黄某的债务履行期与贺某一致,黄某加入债务时履行期已经届满,北银消费金融有限公司对黄某的诉讼时效期间应自债务加入时起算,至起诉时诉讼时效期间已过,故驳回北银消费金融有限公司的诉讼请求。

3. 典型意义

新加入的债务人处于债务人地位,享有债务人的抗辩权。本案通过对民法基础理论的研究,基于债的同一性原理及诉讼时效制度价值,明确了债权人向债

---

① 《债权人对债务加入人履行债务请求权之诉讼时效期间起算点的认定》,https://www.pkulaw.com/pal/a3ecfd5d734f711daa1c5301cc0e52ae0e4c168ff5930b8cbdfb.html,最后访问日期:2023 年 6 月 29 日。

务加入人主张履行债务的期间,界定了债权人对债务加入请求权的诉讼时效期间,兼顾了债权人、债务人和债务加入人合法权益的平等保护,对于营造良好营商环境、鼓励市场交易具有积极意义。

| 第八节 |

合 同 的 解 除

合同解除是指在合同有效成立后,因一方或双方当事人之意思表示,使合同关系终了,未履行部分不再履行,已履行部分依具体情况进行清算的制度。[①] 合同的解除,既要考虑一方当事人在相对方严重违约情况下解除合同的救济,也要严格限制当事人滥用合同解除权破坏合同严守规则。

一、合同的意定解除

(一)协商解除

协商解除,实质是在原合同当事人之间成立一个新合同,该新合同的目的在于解除当事人原先订立的合同关系,使基于原合同发生的债权债务关系归于消灭。

"当事人协商一致,可以解除合同"。当事人有订立合同的自由,在未涉及第三人利益时,也应当享有解除既有合同的自由。合法、有效的合同应当尽可能使之存续,直至当事人履行完毕。然而,合同缔结后于实际履行过程中,难免出现一方当事人出于各种原因违反合同义务,或是出现不可预见的情形,导致合同履行难以为继,协商解除能够使当事人能够从合同的拘束中及时解脱出来,实现市场资源的有效再配置。

(二)约定解除

约定解除权属于事前约定。"当事人可以约定一方解除合同的事由。解除合同的事由发生时,解除权人可以解除合同。"约定解除权赋予守约方在将来发

---

① 韩世远:《合同法总论》,法律出版社 2018 年版,第 644 页。

生一定情形时享有解除权。

当符合合同约定的解除事由发生时,是否都能够导致合同的解除?《九民纪要》第 47 条对此给出否定性回答,以防止合同当事人滥用合同解除权,其规定:"合同约定的解除条件成就时,守约方以此为由请求解除合同的,人民法院应当审查违约方的违约程度是否显著轻微,是否影响守约方合同目的实现,根据诚实信用原则,确定合同应否解除。违约方的违约程度显著轻微,不影响守约方合同目的的实现,守约方请求解除合同的,人民法院不予支持;反之,则依法予以支持。"

应注意的是,即使解除条件成就,也只是导致解除权产生,其本身并不导致合同的解除,只有在当事人实际行使解除权后才导致合同的解除。申言之,解除合同的条件成就时,如果享有解除权的一方不行使该权利,则合同将继续有效。

二、合同的法定解除

《民法典》第 563 条规定:"有下列情形之一的,当事人可以解除合同:(1)因不可抗力致使不能实现合同目的;(2)在履行期限届满前,当事人一方明确表示或者以自己的行为表明不履行主要债务;(3)当事人一方迟延履行主要债务,经催告后在合理期限内仍未履行;(4)当事人一方迟延履行债务或者有其他违约行为致使不能实现合同目的;(5)法律规定的其他情形。以持续履行的债务为内容的不定期合同,当事人可以随时解除合同,但是应当在合理期限之前通知对方。"

法定解除赋予当事人单方消灭合同的权利。只要发生法律规定的具体情形,当事人即可主张解除合同,而无须征得对方当事人的同意。法定解除以"不能实现合同目的"为实质性判断标准,并以"具体列举+概括规定"的立法技术,对法定解除事由进行规定。

三、合同解除权的行使

(一)解除权的行使期限

《民法典》第 564 条规定:"法律规定或者当事人约定解除权行使期限,期限届满当事人不行使的,该权利消灭。法律没有规定或者当事人没有约定解除权行使期限,自解除权人知道或者应当知道解除事由之日起一年内不行使,或者经对方催告后在合理期限内不行使的,该权利消灭。"《民法典》第 564 条第 2 款规定了"自解除权人知道或者应当知道解除事由之日起一年内不行使",该权利消灭,即解除权的一年除斥期间。除斥期间的意义在于督促当事人及时行使权利。

(二) 合同解除权的行使方式

《民法典》第 565 条规定:"当事人一方依法主张解除合同的,应当通知对方。合同自通知到达对方时解除;通知载明债务人在一定期限内不履行债务则合同自动解除,债务人在该期限内未履行债务的,合同自通知载明的期限届满时解除。对方对解除合同有异议的,任何一方当事人均可以请求人民法院或者仲裁机构确认解除行为的效力。当事人一方未通知对方,直接以提起诉讼或者申请仲裁的方式依法主张解除合同,人民法院或者仲裁机构确认该主张的,合同自起诉状副本或者仲裁申请书副本送达对方时解除。"

我国法律并未采自动当然解除的立法模式,符合合同解除的条件只不过是具备合同解除的基本前提,不论法定解除权抑或约定解除权,性质上皆属于形成权,要想达到合同解除之效果,必须在解除权行使期限内通知对方或以法定方式主张解除合同,否则该合同解除权消灭。

解除合同通知,通常以"终止""终结""废除""取消""解消""结束"合同(或合作关系)等用语来表述,以让相对方清楚解除权人有解除合同的意思表示为标准。司法实务中,当事人之一方向他方表示解除合同之意思,即使没有使用法律上之用语,但如果使用了社会交易观念通常认为的含有解除合同意义之表述,也被认定为产生了解除合同的法律效力。①

应注意的是,公告、声明、登报启事等形式一般情况下不应成为通知所采用的方式。解除合同通知应当由解除权人向特定相对人作出,并且要送达该特定相对方,合同自通知到达相对方时解除。如果采用公告等形式发出解除通知,对于公告形式、公告地点、公告时间等现行法没有规定,且采取这种方式时解除权行使的相对人可能未能见到公告,无法认定合同解除通知是否送达,因此也就无

---

① 例如在最高人民法院审理的一个案件中,在约定解除权事由出现后,解除权人甲没有发出解除合同的书面通知,而是电话表示"因乙拖欠货款不再向乙供油",并复函其"完全有权按照合同的约定行使权利,决定是否向其供油",尽管并未出现"解除合同"等字眼,但法院认为此种情形下,甲是通过电话和复函的方式向乙明确表达了解除合同的意思,产生解除合同的法律效力。参见《佛山市顺德区德胜电厂有限公司与广东南华石油有限公司、广东省石油企业集团燃料油有限公司买卖合同纠纷案民事判决书》,最高院(2006)民二终字第 200 号。

法认定合同是否已经解除。当然,若对方当事人下落不明,则可选用公告、声明、登报启事等形式作出解除的通知,此种情形可作为例外。

(三) 解除权行使的法律后果

《民法典》第 566 条规定:"合同解除后,尚未履行的,终止履行;已经履行的,根据履行情况和合同性质,当事人可以请求恢复原状或者采取其他补救措施,并有权请求赔偿损失。合同因违约解除的,解除权人可以请求违约方承担违约责任,但是当事人另有约定的除外。主合同解除后,担保人对债务人应当承担的民事责任仍应当承担担保责任,但是担保合同另有约定的除外。"法律承认合同解除对将来发生效力,即对于尚未履行的发生终止履行的法律后果。

四、合同解除适用案例

(一) 协议解约纠纷案①

1. 基本案情

2021 年 3 月,喜乐公司与魏先生签订《资产管理服务合同》,约定魏先生将其名下位于海淀区某处的房屋交由喜乐公司运营管理,期限为 2021 年 5 月—2024 年 8 月,喜乐公司每月支付魏先生预期收益 7 000 元。合同签订后,喜乐公司依约支付服务质量保证金并装修配置房屋后开始对外出租。2022 年 5 月 8 日,魏先生向其提出解约并要求清空房屋。喜乐公司于当月与租客办理解约,并向租客支付违约金 8 000 元。但魏先生未按约与喜乐公司办理解约手续、支付违约金等,还于 2022 年 5 月底擅自换锁将房屋收回。喜乐公司因此不能继续出租运营该房屋,前期投入成本无法收回并额外向租客支付了违约金,因此诉求魏先生承担相应违约责任。

魏先生辩称,双方签订的合同条款显失公平,喜乐公司备案的房租金额与实际不一致,且未按约更换木地板,故其提出解除合同。双方协商后已口头达成无责解约协议,喜乐公司承诺交付房屋并结清当月产生的房租及物业费用。后喜乐公司未履行承诺,其才通过换锁收回房屋。故请求驳回喜乐公司全部诉讼请求,并反诉要求喜乐公司支付房屋租金等费用。

---

① 《无责解约达成一致后双方应依约而行》,https://www.pkulaw.com/pal/a3ecfd5d734f711ded92ac8ba2fb55791892ecd5a8da1ac6bdfb.html,最后访问日期:2023 年 6 月 29 日。

2. 裁判处理

法院认为,本案的争议焦点为双方是否构成无责解约。根据魏先生提供的录像及证人描述,魏先生于2022年5月8日在喜乐公司处与喜乐公司工作人员经协商后就无责解约达成一致。喜乐公司承诺于5月26日向魏先生交付房屋,该行为系双方真实意思表示,且其内容不违反法律、行政法规的强制性规定,应属合法有效。魏先生于5月27日实际收回房屋,故法院确认喜乐公司与魏先生签订的《资产管理服务合同》于2022年5月27日解除。双方已就无责解约达成一致,因此对于喜乐公司和魏先生分别主张的各项违约金、喜乐公司主张的装修配置折旧费等诉讼请求,法院不予支持。喜乐公司向魏先生支付了服务质量保证金,魏先生对此予以认可,现喜乐公司主张返还该笔保证金,法院予以支持。关于房屋租金,根据房屋租金的计算标准,法院予以确认。关于厨房台面修复费用,魏先生收房时厨房灶台台面虽有损毁,但根据现有证据,不排除系承租人合理使用所产生的正常损耗,故对魏先生的该项诉讼请求法院不予支持。关于门锁更换费用,因喜乐公司未予配合办理房屋交接手续,魏先生自行更换门锁的行为亦属合理,但其所主张费用过高,法院予以酌定。

3. 典型意义

本案典型意义在于双方达成解约协议时,应当留存相应的证据,以免发生纠纷时陷入被动境地。解约时双方应尽量通过签署书面解约协议的形式明确合同解除时间、权利义务等事宜。若一方拒绝签署书面协议的,另一方可以通过录音、录像、拍照、证人作证等方式留存口头无责解约的证据,也可在退还保证金、结清合同费用时在交易附言中写明备注信息,以证明双方达成无责解约的情况。

（二）法定解约纠纷案①

1. 基本案情

2020年4月29日,申请人与被申请人签订了《销售合同》,并约定:申请人从被申请人处购买3台KN95打片机和10台KN95封边机,案涉设备的质量标

---

① 《常州仲裁委员会就申请人某医疗器械公司对被申请人某科技有限公司买卖合同纠纷进行仲裁案》,https://www.pkulaw.com/atr/fc85474511710eb211486a1b83ee456960d33d042ea1a4e3bdfb.html,最后访问日期:2023年6月29日。

准为被申请人的出厂标准。申请人提货时在被申请人现场进行验收,验收合格后出具合格验收单,申请人验收合格后不得向被申请人要求退货退款。在使用过程中,申请人发现上述设备存在质量问题。申请人工作人员与被申请人工作人员进行了多次沟通,但始终未能解决问题。

协商无果后,申请人诉至仲裁委,请求裁决:解除申请人与被申请人于2020年4月29日签订的《销售合同》;被申请人返还申请人货款263万元及利息;本案仲裁费用、保全费用等所有费用均由被申请人承担。

2. 裁决处理

仲裁庭委托鉴定机构对案涉合同约定的案涉设备质量问题及质量问题的原因及原因力大小进行鉴定。该鉴定机构出具质量鉴定报告载明:"现场设备存在以下质量问题:(1)3台KN95打片机链条传动均没有安全防护装置,超声波振子表面无警示标识,废料传送辊没有防护装置和警示标识,电控柜外表面均未张贴警示标识,电控柜没有联接地线,均不符合相关安全标准要求,存在安全隐患,影响设备安全;(2)3台KN95打片机设备生产的口罩片有明显错边现象,对折后口罩片不对称,口罩片边沿宽度存在明显差异,生产口罩片外观质量存在缺陷,主要是设备张力调整装置存在缺陷,影响设备生产的产品;(3)10台KN95封口机设备气缸装置没有安全警示标识,设备的脚踏开关导线端部没有标识,超声波振子上未张贴安全警示标识,均不符合相关安全标准要求,存在安全隐患,影响设备安全;(4)10台KN95封口机设备生产过程中部分设备脚踏开关损坏无法生产,该设备的脚踏开关选型存在缺陷,影响设备持续生产。上述质量问题均为设备本身制造问题,主要影响设备安全和设备生产。"

仲裁庭认为:关于3台KN95打片机,存在传动没有安全防护装置、废料传送辊没有防护装置、设备张力调整装置存在缺陷、超声波模头和辊刀接触热切的结构存在缺陷等质量问题,影响设备安全和设备生产,申请人正常生产的合同目的不能实现,被申请人构成根本违约。申请人要求解除《销售合同》中买卖3台KN95打片机部分于法有据,仲裁庭对此主张予以支持。

关于10台KN95封边机,虽该设备脚踏开关选型存在缺陷和未张贴安全警示标识,但从常识来判断,该缺陷未对申请人的生产经营造成显著影响且具备修复的可能。申请人要求解除《销售合同》中买卖10台KN95封边机的部分缺乏事实和法律依据,仲裁庭不予支持。

3.典型意义

对于买卖合同中未约定合同解除情形的,则应适用法定解除。就本案而言,法定解除的条件应当符合无法实现合同目的。本案的裁判难点在于案涉设备存在的质量问题是否达到解除合同的程度,即是否无法实现合同目的。只有无法实现合同目的的,仲裁庭才支持解除。

| 第九节 |

违 约 责 任

"法律责任是与法律义务相关的概念。一个人在法律上要对一定行为负责,或者他为此承担法律责任,意思就是,他做相反行为时,他应受到制裁。"[①]当债务人不履行债务时,强制其履行、赔偿损失则属于法律责任问题。违约责任属于法律责任,具有财产责任性、严格责任、补偿性等特征。

一、违约责任的性质

《民法典》第 577 条规定:"当事人一方不履行合同义务或者履行合同义务不符合约定的,应当承担继续履行、采取补救措施或者赔偿损失等违约责任。"违约责任具有如下特征。

(一) 财产责任性

违约责任表现为财产责任,这是由合同的基本特性决定的。在现代法上,合同是最常用的财产流转的法律形式,合同关系基本上是财产关系而非人身关系,合同债务通常可以用货币来衡量计算,即使是行为债务通常也可转化为金钱债务。

(二) 采行严格责任原则

严格责任原则是合同法的一般归责原则,与侵权责任法以过错责任为一般

---

① [奥]凯尔森:《法与国家的一般理论》,沈宗灵译,中国大百科全书出版社 1996 年版,第 65 页。

归责原则相对应。《民法典》在认定违约责任时不考虑违约方的过错:非违约方只要举证证明违约方的行为不符合合同的约定,便可以要求其承担责任,而不需要证明违约方主观方面的过错。

(三) 以补偿性为原则

违约责任以填补违约相对方损失为基本原则,除非当事人另有约定。补偿性原则体现在:一是因违约造成财产损失的情况下,应当以实际损失作为确定赔偿范围的标准,"无损失则无赔偿";二是损失赔偿不能超过实际损失。违约责任的制度功能原则上在于救济而不是惩罚。

违约责任的补偿性,意味着违约方的相对方不能因此而获利。但是,存在约定或法定例外:一是约定例外,即当事人约定了违约金。二是法律例外。例如我国《消费者权益保护法》第 55 条①和《食品安全法》第 148 条第 2 款②规定了惩罚性赔偿。

二、损失赔偿责任

《民法典》第 584 条规定:"当事人一方不履行合同义务或者履行合同义务不符合约定,造成对方损失的,损失赔偿额应当相当于因违约所造成的损失,包括合同履行后可以获得的利益;但是,不得超过违约一方订立合同时预见到或者应当预见到的因违约可能造成的损失。"

(一) 完全赔偿原则

赔偿损失的范围可由法律直接规定或由当事人双方约定。在法律没有特殊规定和当事人没有另行约定的情况下,应按完全赔偿原则赔偿全部损失,包括直

---

① 《消费者权益保护法》第 55 条规定:"经营者提供商品或者服务有欺诈行为的,应当按照消费者的要求增加赔偿其受到的损失,增加赔偿的金额为消费者购买商品的价款或者接受服务的费用的三倍;增加赔偿的金额不足五百元的,为五百元。法律另有规定的,依照其规定。经营者明知商品或者服务存在缺陷,仍然向消费者提供,造成消费者或者其他受害人死亡或者健康严重损害的,受害人有权要求经营者依照本法第四十九条、第五十一条等法律规定赔偿损失,并有权要求所受损失二倍以下的惩罚性赔偿。"

② 《食品安全法》第 148 条第 2 款规定:"生产不符合食品安全标准的食品或者经营明知是不符合食品安全标准的食品,消费者除要求赔偿损失外,还可以向生产者或者经营者要求支付价款十倍或者损失三倍的赔偿金;增加赔偿的金额不足一千元的,为一千元。但是,食品的标签、说明书存在不影响食品安全且不会对消费者造成误导的瑕疵的除外。"

接损失和间接损失。直接损失是指财产上的直接减少；间接损失又称所失利益，即"合同履行后可以获得的利益"。

（二）可预见性规则

可得利益的计算，"不得超过违约一方订立合同时预见到或者应当预见到的因违约可能造成的损失"，此为可预见性规则。

关于可预见性的举证责任，《最高人民法院关于当前形势下审理民商事合同纠纷案件若干问题的指导意见》第11条规定："人民法院认定可得利益损失时应当合理分配举证责任。违约方一般应当承担非违约方没有采取合理减损措施而导致损失扩大、非违约方因违约而获得利益以及非违约方办有过失的举证责任；非违约方应当承担其遭受的可得利益损失总额、必要的交易成本的举证责任。对于可预见的损失，既可以由非违约方举证，也可以由人民法院根据具体情况予以裁量。"

三、违约金责任

《民法典》第585条规定："当事人可以约定一方违约时应当根据违约情况向对方支付一定数额的违约金，也可以约定因违约产生的损失赔偿额的计算方法。约定的违约金低于造成的损失的，人民法院或者仲裁机构可以根据当事人的请求予以增加；约定的违约金过分高于造成的损失的，人民法院或者仲裁机构可以根据当事人的请求予以适当减少。当事人就迟延履行约定违约金的，违约方支付违约金后，还应当履行债务。"违约金与损害赔偿的区别在于损害赔偿要以实际损失为前提，而违约金的支付则不需要具体证明实际的损失。

违约金的约定可以调整。《最高人民法院关于当前形势下审理民商事合同纠纷案件若干问题的指导意见》第6条[①]明示我国司法实践中采行"以补偿性为主、以惩罚性为辅"的违约赔偿规则。

认定违约金是否过高，应当结合合同的履行情况、当事人的过错程度以及预

[①]《最高人民法院关于当前形势下审理民商事合同纠纷案件若干问题的指导意见》第6条规定："在当前企业经营状况普遍较为困难的情况下，对于违约金数额过分高于违约造成损失的，应当根据合同法规定的诚信原则、公平原则，坚持以补偿性为主、以惩罚性为辅的违约金性质，合理调整裁量幅度，切实防止以意思自治为由而完全放任当事人约定过高的违约金。"

期利益等综合因素,根据公平原则和诚信原则予以衡量。参照《最高人民法院关于适用〈中华人民共和国合同法〉若干问题的解释》(二)第 29 条规定:"当事人主张约定的违约金过高请求予以适当减少的,人民法院应当以实际损失为基础,兼顾合同的履行情况、当事人的过错程度以及预期利益等综合因素,根据公平原则和诚信原则予以衡量,并作出裁决。当事人约定的违约金超过造成损失的百分之三十的,一般可以认定为合同法第一百一十四条第二款规定的'过分高于造成的损失'。"《商品房买卖合同司法解释》第 16 条规定:"当事人以约定的违约金过高为由请求减少的,应当以违约金超过造成的损失 30% 为标准适当减少。"根据司法解释的规定,超过实际损失的 30% 是认定违约金过高的基本标准。

四、违约责任适用案例

(一)特许经营合同履行违约案①

1. 基本案情

某熟食公司于 2019 年 11 月 13 日成立,拥有某熟食品牌。该品牌在湖南省零售熟食行业中拥有较高名气,该公司与诸多商家签订了特许经营合同,建立加盟关系收取了一定加盟费,截至 2021 年共授权 50 多家加盟店。

2020 年 5 月 6 日,王先生与该公司建立加盟关系,双方合同约定:"公司对王先生合作店铺所在经营地限额开设其他合作店,即以该合作店铺为中心,半径一公里不再开设该品牌其他合作店铺,确保乙方的经营利益等内容,合同期限为2020 年 5 月 6 日—2022 年 5 月 6 日。"合同签订后,王先生于 2020 年 5 月 27 日开设"某牌"佳美紫郡店。

2020 年 7 月 7 日,该公司授权第三人在距离王先生经营的店铺直线距离690 米处开设了"某牌"康桥长郡店。2021 年 3 月,王先生将某熟食公司起诉至法院,诉称 2020 年 5 月 30 日—7 月 6 日期间,其经营的门店营业额达到106 012.4 元(日均 2 865.2 元)。但在 2020 年 7 月 7 日公司授权第三人开设康桥长郡店后,王先生经营的门店 2020 年 7 月 7 日—2021 年 3 月 5 日期间的营业额为 303 410.15 元(日均 1 274.83 元),相比之前日均减少 1 590.37 元营业收入,

---

① 《特许经营之"特"应依法依约框定》,https://www.pkulaw.com/pal/a3ecfd5d734f711dc7c5bf478927
badff4981c6a6ff0bf87bdfb.html,最后访问日期:2023 年 6 月 29 日。

按餐饮行业较低的毛利润率40％计算,王先生每日损失可期待利润636.14元。王先生诉请公司按636.15元每天的标准赔偿其自2020年7月7日起至2021年3月5日止的营业利润损失共计151 402.27元;2021年3月6日起至合同期满或某公司实际停止违约行为之日止的营业利润损失按每天636.15元标准计算。

被告某熟食公司辩称,王先生因没有餐饮经营的相关经验及开业后疏于宣传等多种因素,造成开业后利润未达到预期。王先生投资时应当预计到投资有风险,且王先生的门店至今仍在盈利,但王先生将生活的压力转变为对被告的不满情绪,并将没有赚大钱的原因完全归咎于其公司,甚至要求按照开业时营业额峰值计算损失、主张赔偿实在荒唐。其公司已经按合同约定提供了服务,仅是在后续加盟商选址时未尽到审慎义务,王先生要求被告赔偿巨额损失,有违公平原则,请求驳回王先生的全部诉讼请求。

2. 裁判结果

法院认为,被告授权其他加盟商在距离王先生经营的佳美紫郡店不足一公里处开设康桥长郡店,违反了合同约定,应承担相应的违约责任。王先生有权主张因被告违约而造成的损失,包括合同履行后可获得的利益。被告的违约行为给王先生造成了一定损失,但损失不应按王先生主张的计算方式认定,原因如下:① 王先生经营的佳美紫郡店由于新店优势前期营业额较高,新店优势逐渐弱化后营业额亦减少至2 000余元,即在被告违约之前,已存在营业额下滑的现象,以开业前期日均营业额作为计算可期待利润的基数不具备客观性;② 王先生主张的损失为可期待利润,但王先生并未举证卤制品行业的利润计算依据,且个体经营者在经营过程中经营成本也存在一定差异,将营业额差额的40％认定为可期待利润不合理。法院根据被告违约行为的持续时间、主观恶意程度、已履行合同主要义务、加盟费数额、可能造成的损失等因素综合考量后,酌定被告向王先生赔偿截至本案判决之日止的损失共计4万元。

3. 典型意义

违约损失一方面是为了规制合同当事人信守合约;另一方面,也是为了保护守约方的利益,实质是对有约必守原则的维护、提倡和贯彻,是以司法之力强制推进合同的按约履行。同时,损失计算也应合理。本案中,王先生主张的损失计算标准缺乏证据支撑,缺乏客观性,被告违约行为亦未造成严重后果,法院酌定损失4万元。

（二）房屋买卖合同违约案①

1. 基本案情

杨先生欲购买张先生的一套别墅。该别墅地上三层为一个房产证,地下一层为一个房产证。杨先生与张先生就整栋别墅签署了两份房屋买卖合同。合同签订半个月后,杨先生得知自己并不具备购买涉案房屋的资格,便告知张先生无法继续履行合同,后双方发生纠纷。张先生认为杨先生违约,遂诉至法院,请求法院判决解除合同,并要求杨先生支付违约金411万元。

杨先生认为张先生房屋情况特殊,不具备购房资格不是其过错,提出反诉要求张先生返还其定金20万元。

2. 裁判处理

法院认为,就买房资格问题,买受人应当尽到必要的注意义务。庭审中,各方均认可杨先生在签订合同时已知悉房屋存在两个房产证,房产证上对房屋性质亦有明确记载,杨先生因无购房资格而无法继续履行合同的行为构成违约,应当承担违约赔偿责任。但就赔偿金额,张先生未能举证自己的实际损失与其诉讼请求一致,且在诉讼过程中张先生出售涉案房屋的价款亦比出售给杨先生的价款高,故对于张先生主张的违约金予以酌情减少。法律规定,定金与违约金条款不可同时适用,张先生已选择适用违约金条款,故法院判决解除双方的房屋买卖合同,杨先生支付张先生违约金20万元,张先生返还杨先生房屋定金20万元。

3. 典型意义

对于购房资格问题,由于购房资格关系合同能否履行的基本问题,且购房资格与买受方个人情况密切相关,故对于自身是否具备买房资格,买受方应当事前充分了解,尽到注意义务。中介方作为居间方,对于房屋情况及资质审查应尽到提示义务,为合同双方顺利签订、履行合同提供便利。当事人既约定违约金,又约定定金的,一方违约时,对方可以选择适用违约金或者定金条款。

---

① 《无购房资格者切莫草率签约》,https://www.pkulaw.com/pal/a3ecfd5d734f711d22cc86f8e0b5974a01e1e99919981d5abdfb.html,最后访问日期:2023年6月29日。

第五章

典型合同

典型合同之所以"典型"主要在于：一是在复杂多样的交易形态中，其给付种类或合同类型具有普遍性、代表性；[①]二是在法律适用上，典型合同有直接适用的法律规定。《民法典》规定了 19 种典型合同，包括买卖合同，供用电、水、气、热力合同，赠与合同，借款合同，保证合同，租赁合同，融资租赁合同，保理合同，承揽合同，建设工程合同，运输合同，技术合同，保管合同，仓储合同，委托合同，物业服务合同，行纪合同，中介合同和合伙合同。

| 第一节 |

买 卖 合 同

买卖合同是出卖人转移标的物的所有权于买受人，买受人支付价款的合同。买卖是维系社会经济秩序的核心制度。在立法上，世界各国普遍将买卖合同置于"典型合同之首"。[②] 我国《民法典》亦如此。

一、买卖合同的内容

《民法典》第 596 条规定："买卖合同的内容一般包括标的物的名称、数量、质量、价款、履行期限、履行地点和方式、包装方式、检验标准和方法、结算方式、合同使用的文字及其效力等条款。"此条是关于买卖合同内容的提示性规定。

---

① 朱广新：《民法典之典型合同类型扩增的体系性思考》，《交大法学》2017 年第 1 期。
② 易军：《我国〈民法典〉买卖合同制度的重大更新》，《法学杂志》2022 年第 2 期。

《买卖合同纠纷解释》第 1 条规定："当事人之间没有书面合同,一方以送货单、收货单、结算单、发票等主张存在买卖合同关系的,人民法院应当结合当事人之间的交易方式、交易习惯以及其他相关证据,对买卖合同是否成立作出认定。对账确认函、债权确认书等函件、凭证没有记载债权人名称,买卖合同当事人一方以此证明存在买卖合同关系的,人民法院应予支持,但有相反证据足以推翻的除外。"

就买卖合同而言,买方的标准格式文本被称作订单,卖方的标准格式文本被称作销货确认书。标准格式文本一般包括正面和背面两部分,正面列出货物的名称、数量、规格、价格及交货条件等项目,同时还留出空格,使双方可填入重要的合同细节,例如他们所洽谈的价格、质量、装运日期等;背面则往往以小字印有履约方式、自身产品责任的限制、瑕疵履行的救济方式及司法管辖的适用等条款。

二、出卖人的交付义务

(一) 依约交付义务

1. 主给付义务

《民法典》第 598 条规定:"出卖人应当履行向买受人交付标的物或者交付提取标的物的单证,并转移标的物所有权的义务。"买卖合同的买受人的目的就是取得标的物的所有,所以交付标的物并转移标的物所有权是出卖人最基本的义务,学理上也称为主给付义务。判断出卖人是否适当履行了主给付义务,应当结合《民法典》物权编关于"动产交付"的相关规定加以判断。

2. 从给付义务

《民法典》第 599 条规定:"出卖人应当按照约定或者交易习惯向买受人交付提取标的物单证以外的有关单证和资料。"出卖人交付提单、仓单等提取标的物单证以外的有关单证和资料被称为从给付义务。

《买卖合同纠纷解释》第 4 条规定:"提取标的物单证以外的有关单证和资料";"主要应当包括保险单、保修单、普通发票、增值税专用发票、产品合格证、质量保证书、质量鉴定书、品质检验证书、产品进出口检疫书、原产地证明书、使用说明书、装箱单等。"第 19 条规定:"出卖人没有履行或者不当履行从给付义务,致使买受人不能实现合同目的,买受人主张解除合同的,人民法院应当……予以支持。"

（二）风险负担采交付主义

风险负担的核心问题是确定风险移转的时间,即风险从何时起由出卖人移转至买受人。风险移转时间的确定不仅涉及标的物毁损、灭失的损失由谁承担的问题,而且可能涉及向造成损失的第三方的追偿权以及确定当事人向保险人的索赔权问题。

我国风险负担采取交付主义原则。[①] 交付主义原则的重要依据在于"占有者承担风险",即谁占有标的物谁就应当承担标的物意外毁损灭失的风险。"利益之所在,即危险之所在"。具体包括以下内容:一是标的物毁损、灭失的风险,在标的物交付之前由出卖人承担,交付之后由买受人承担。这是法律对转移风险的原则性规定,除非法律另有规定或者当事人另有约定。二是当事人没有约定交付地点或者约定不明确的,标的物需要运输的,出卖人将标的物交付给第一承运人后,标的物毁损、灭失的风险由买受人承担。三是出卖人出卖交由承运人运输的在途标的物,除当事人另有约定的以外,毁损、灭失的风险自合同成立时起由买受人承担。

三、出卖人的质量保证义务

《民法典》第 615 条规定:"出卖人应当按照约定的质量要求交付标的物。出卖人提供有关标的物质量说明的,交付的标的物应当符合该说明的质量要求。"确定标的物的质量标准,是判决出卖人是否全面履行义务的前提。

如何认定标的物质量的标准? 一般而言,当事人在合同中有约定的从其约定。没有约定或者约定不明确的,依据《民法典》第 616 条,通过以下方式进行确定:① 当事人之间达成补充协议。② 达不成补充协议的,则按照合同相关条款或者交易习惯确定。③ 按照前述方式仍然确定不了的,则按照强制性国家标准履行;没有强制性国家标准的,按照推荐性国家标准履行;没有推荐性国家标准的,按照行业标准履行;没有国家标准、行业标准的,按照通常标准或者符合合同目的的特定标准履行。④ 出卖人提供有关标的物质量说明的,标的物应当符合该说明的质量要求;在产品或者其包装上注明采用的产品标准,应符合该标准。

出卖人违反质量瑕疵担保义务可构成根本违约。《民法典》第 610 条规定:"因标的物不符合质量要求,致使不能实现合同目的的,买受人可以拒绝接受标

[①] 最高人民法院民法典贯彻实施工作领导小组:《中华人民共和国民法典合同编理解与适用》(二),人民法院出版社 2020 年版,第 896 页。

的物或者解除合同。买受人拒绝接受标的物或者解除合同的,标的物毁损、灭失的风险由出卖人承担。""不能实现合同目的"是构成根本违约的法理基础。构成根本违约的属于法定解除事由,买受人可以拒绝接受标的物或者解除合同。

四、买受人的验收义务

(一) 买受人及时验收义务

在买卖合同关系中,及时验收不仅是买受人的权利,而且是其义务,否则视为标的物的数量或者质量符合约定。《民法典》第 620 条规定:"买受人收到标的物时应当在约定的检验期限内检验。没有约定检验期限的,应当及时检验。"

《民法典》第 621 条规定:"当事人约定检验期限的,买受人应当在检验期限内将标的物的数量或者质量不符合约定的情形通知出卖人。买受人怠于通知的,视为标的物的数量或者质量符合约定。当事人没有约定检验期限的,买受人应当在发现或者应当发现标的物的数量或者质量不符合约定的合理期限内通知出卖人。买受人在合理期限内未通知或者自收到标的物之日起二年内未通知出卖人的,视为标的物的数量或者质量符合约定;但是,对标的物有质量保证期的,适用质量保证期,不适用该二年的规定。出卖人知道或者应当知道提供的标的物不符合约定的,买受人不受前两款规定的通知时间的限制。"检验期限、合理期限、两年期限经过后,买受人主张标的物质不符合约定的,法院不予支持。

(二) 检验期限约定的法律后果

质量瑕疵分为外观瑕疵和隐蔽瑕疵。买卖合同约定的检验期限过短或没有约定,过短检验期限或买受人签收仅视为对标的物数量和外观瑕疵提出异议的期限。《民法典》第 622 条规定:"当事人约定的检验期限过短,根据标的物的性质和交易习惯,买受人在检验期限内难以完成全面检验的,该期限仅视为买受人对标的物的外观瑕疵提出异议的期限。约定的检验期限或者质量保证期短于法律、行政法规规定期限的,应当以法律、行政法规规定的期限为准。"第 623 条规定:"当事人对检验期限未作约定,买受人签收的送货单、确认单等载明标的物数量、型号、规格的,推定买受人已经对数量和外观瑕疵进行检验,但是有相关证据足以推翻的除外。"

关于合理期限,《买卖合同纠纷解释》第 12 条规定:"应当综合当事人之间的交易性质、交易目的、交易方式、交易习惯、标的物的种类、数量、性质、安装和使用情况、瑕疵的性质、买受人应尽的合理注意义务、检验方法和难易程度、买受人或者检验人所处的具体环境、自身技能以及其他合理因素，依据诚实信用原则进行判断。"

五、买卖合同适用案例

（一）订购合同纠纷案①

1.基本案情

2020年11月3日，申请人与被申请人签订《工矿产品订购合同》，并约定申请人购买被申请人案涉不锈钢棒（板）等，其中钢棒61根，被申请人发货前应提供某知名品牌材质书。申请人分别于2020年11月6日和25日两次向被申请人支付全部货款共计61余万元。后因申请人收到的货物与合同严重不符：材质成分不对且没有固溶。经协商，双方于2020年12月4日又签订了一份《换货协议书》，对于换货时间和方法约定如下："（1）被申请人须在2020年12月13日前备好更换的棒材。申请人会安排人员到被申请人仓库验货。（2）申请人验货合格之后，安排装运，被申请人承担运费。（3）甲方验货合格之前，退回的棒材保存在无锡某物流仓库。申请人验货合格之后，被申请人再取回退货的棒材。（4）若甲方验货不合格，要求全额退款。"

申请人收到换货之后的61根棒材之后，使用了34根，剩余27根。在加工过程中发现其中有一根存在裂纹瑕疵。经查明，该61根棒材是张家港某制造公司生产的产品，经过固溶并抛光处理。

申请人认为，被申请人提供某知名品牌产品质量证明书上电话均无法接通，属虚假某知名品牌材质书；被申请人提供与合同及货物无关联的张家港某制造公司热处理报告固溶资料，不符合货物说明（约定），其提供的货物有欺诈行为；钢棒材质裂纹，即货物存在严重缺陷，属三无产品。申请人要求将未加工的棒材退货、退款，却被被申请人拒绝，现根据申请人与被申请人之间买卖合同之仲裁条款，请求裁决申请人将未加工的27根涉案棒材退给被申请人，被申请人立即向申请人退还相应款项。

被申请人辩称：《换货协议书》并没有约定所换货棒材必须是某知名品牌的棒材，所以答辩人给申请人换的棒材是否某知名品牌的棒材，不影响《换货协

---

① 《孝感仲裁委员会就申请人对被申请人换货合同纠纷进行仲裁》，https://www.pkulaw.com/atr/fc85474511710eb28fcde019b8b265fb8c57ecbf9d039251bdfb.html，最后访问日期：2023年6月29日。

议书》的效力。答辩人给申请人换货的棒材,是按照《换货协议书》的要求定制加工的,材质成分正确,质量合格,不存在质量瑕疵。在答辩人向申请人交货时,申请人的两个工作人员对每一根棒材进行了认真验货,用光谱仪和强度测试仪反复进行检测,并做了标记,待确认全部合格后,申请人才将答辩人上次交货的棒材退还给答辩人。

2. 裁判处理

仲裁庭认为:《工矿产品订购合同》约定,被申请人发货前需要提交某知名品牌电厂材质书(板材和棒材),尽管此处的未明确写明某知名品牌品牌要求,但应理解为对钢材的品牌有所要求。被申请人认为虽然合同约定需要提供某知名品牌电厂材质书,但并不意味着一定要交付某知名品牌的产品,这种理解在逻辑上存在矛盾,也无法合理解释买家要求提交某知名品牌电厂材质书的目的。2020 年 12 月 4 日,双方签订的《换货协议书》与 2020 年 11 月 3 日双方签订的《工矿产品订购合同》均属于同一个买卖合同法律关系,该换货协议应视为双方在履行订购协议过程中所签订的补充协议,在双方并未明确约定可以更换品牌的情况下,通常应理解为更换同一品牌的产品。根据换货合同中"甲方验货合格之后,乙方再取回退货的棒材"之约定,申请人的一系列行为均表明其已认可更换后的棒材符合要求,并已放弃对品牌的要求。仲裁庭裁定驳回申请人的全部仲裁请求。

3. 典型意义

买卖合同的内容一般包括标的物的名称、数量、质量、价款、履行期限、履行地点和方式、包装方式、检验标准和方法、结算方式、合同使用的文字及其效力等条款。本案中,申请人与本申请人并未在协议中就棒材品牌进行约定而引发争议,这提醒各民事主体不仅要认识到订立合同的重要性,而且要认识到订立补充协议的重要性。

(二) 食品网络买卖合同纠纷案①

1. 基本案情

2019 年 8 月 22 日,马某某从某食品综合商行开设的淘宝店铺中购买了一

① 《北京市第四中级人民法院发布网络消费者权益案件十大典型案例之 2.马某某与某食品综合商行信息网络买卖合同纠纷案》,https://www.pkulaw.com/pal/a3ecfd5d734f711df9fda9a4a045ef78f62dff35cde2269cbdfb.html,最后访问日期:2023 年 6 月 29 日。

盒进口燕窝。马某某主张涉案产品不符合我国食品安全标准,提供的证据显示涉案产品为有透明塑封皮的红色金属盒子,金属盒上印有中泰双语的"泰国纯天然燕窝"字样,此外未见其他标识。销售页面中"产品参数"显示生产日期、厂名、厂址、厂家联系方式等信息。其产地为泰国。某食品综合商行抗辩,认为该产品为海外代购,并提供了购货发票、机票等证据。

2. 裁判处理

判决认为,某食品综合商行提交的案外人的机票及泰国购买记录无法证明与涉案产品相关。根据物流详情可知涉案产品为国内现货销售,马某某与某食品综合商行的交易并不符合代购关系的特征,应认定为对现货进行交易的买卖合同关系。某食品综合商行应对其销售的产品提交进货凭证、检疫审批、《进境动植物检疫许可证》等凭证,但本案中某食品综合商行未能提交相关证据,无法证明其进货渠道合法,属于经营明知是不符合食品安全标准的食品而销售的情形,应当承担惩罚性赔偿责任。法院判决某食品综合商行向马某某支付食品价款的 10 倍赔偿金。

3. 典型意义

食品的合法来源是判断食品安全性的重要标准,销售者进货须通过合法的进货渠道。食品经销者无法提供所售商品的合法来源,属于销售明知不符合食品安全的商品,应当承担 10 倍惩罚性赔偿责任。本案的典型意义在于:一是进货查验义务是《食品安全法》明确规定的经营者义务,对保障食品安全至关重要。作为进口食品的经营者,应当知悉并遵守食品安全标准相关法律规定,对其销售产品的采购途径、检验检疫、外包装、标签、产品成分描述尽到法律规定的注意义务,以确保所售食品符合我国食品安全标准。二是惩罚性赔偿责任的适用不以消费者人身遭受损害为前提,只要是购买的食品不符合食品安全标准,就可以向销售者或生产者主张惩罚性赔偿。

| 第二节 |

借 款 合 同

借款合同,是指借款人向贷款人借款,到期返还借款并支付利息的合同。依据贷款人的不同,借款合同分为金融机构借款和非金融机构借款,后者俗称民间借贷。

一、民间借贷合同的特征

《民法典》第 679 条规定:"自然人之间的借款合同,自贷款人提供借款时成立。"自然人之间的借贷合同属于典型的实践合同。实践合同,是指除当事人意思表示一致以外,还需要交付标的物或者完成现实交付才能成立的合同。

自然人之间借款往往具有互助性质,法律关注的是当事人在借款活动中借款事实能否被证明。《最高人民法院关于审理民间借贷案件适用法律若干问题的规定》第 2 条规定:"出借人向人民法院提起民间借贷诉讼时,应当提供借据、收据、欠条等债权凭证以及其他能够证明借贷法律关系存在的证据。当事人持有的借据、收据、欠条等债权凭证没有载明债权人,持有债权凭证的当事人提起民间借贷诉讼的,人民法院应予受理。被告对原告的债权人资格提出有事实依据的抗辩,人民法院经审查认为原告不具有债权人资格的,裁定驳回起诉。"第 17 条规定:"原告仅依据金融机构的转账凭证提起民间借贷诉讼,被告抗辩转账系偿还双方之前借款或其他债务,被告应当对其主张提供证据证明。被告提供相应证据证明其主张后,原告仍应就借贷关系的成立承担举证证明责任。"

借款合同对支付利息没有约定的,视为没有利息。自然人之间借款的则不一定都要支付利息,当事人可以约定支付利息,也可以约定不支付利息;当事人对利息没有约定的,视为无息借款,借款人可以不向贷款人支付利息。

二、高利贷的规制

《民法典》第 680 条规定:"禁止高利放贷,借款的利率不得违反国家有关规定。借款合同对支付利息没有约定的,视为没有利息。借款合同对支付利息约定不明确,当事人不能达成补充协议的,按照当地或者当事人的交易方式、交易习惯、市场利率等因素确定利息;自然人之间借款的,视为没有利息。"

(一) 关于高利贷的民法规制

目前,贷款市场报价利率已经代替了贷款基准利率。自 2019 年 8 月 20 日,中国人民银行授权全国银行间同业拆借中心于每月 20 日(遇节假日顺延)9 时

30 分公布贷款市场报价利率(LPR),公众可在全国银行间同业拆借中心和中国人民银行网站查询。

关于金融借款的利率,《九民纪要》第 51 条规定:"金融借款合同纠纷中,借款人认为金融机构以服务费、咨询费、顾问费、管理费等为名变相收取利息,金融机构或者由其指定的人收取的相关费用不合理的,人民法院可以根据提供服务的实际情况确定借款人应否支付或者酌减相关费用。"

关于民间借款的利率,《最高人民法院关于审理民间借贷案件适用法律若干问题的规定》第 30 条规定,出借人与借款人既约定了逾期利率,又约定了违约金或者其他费用,出借人可以选择主张逾期利息、违约金或者其他费用,也可以一并主张,但总计超过贷款市场报价利率(LPR)的 4 倍的部分,法院不予支持。

(二)关于高利贷的刑法规制

鉴于高利贷的社会危害性,国家一直在积极探索如何运用包括民事和刑事在内的多种手段来规制民间借贷领域充斥的违法和犯罪问题。2019 年《关于办理非法放贷刑事案件若干问题的意见》规定,将职业放贷行为以非法经营罪定罪处罚,其第 1 条规定:"违反国家规定,未经监管部门批准,或者超越经营范围,以营利为目的,经常性地向社会不特定对象发放贷款,扰乱金融市场秩序,情节严重的……以非法经营罪定罪处罚。"

三、借款合同适用案例

(一)民间借贷合同纠纷案①

1. 基本案情

申请人述称,申请人与被申请人经朋友介绍认识后,2016—2019 年,被申请人多次向申请人借款,因被申请人仍有欠款未还,故双方于 2021 年 1 月 2 日签署协议书,确认被申请人欠款 25 万元并约定仲裁管辖。由于被申请人未按协议书约定还款,申请人遂请求被申请人返还全部借款本金及利息,并申请了财产保全。被申请人辩称,其自 2016 年起陆续向申请人借款,其间均按申请人要求进

---

① 《苏州仲裁委员会就申请人黄某某对被申请人万某某民间借贷合同纠纷进行仲裁案》,https://www.pkulaw.com/atr/fc85474511710eb27e2db6b09692abd62b39a7fd0f869bb8bdfb.html,最后访问日期:2023 年 6 月 29 日。

行了还款。2021年1月2日签署协议书时,被申请人称其稀里糊涂地签了字,当时双方并未实际对账,后其冷静下来自行对账后发现欠付金额远低于协议书确认的金额。现被申请人称不清楚协议书中债务数额的具体构成,只应在实际欠款范围内承担责任。

2. 裁判处理

经仲裁庭审查双方数年间的交易明细、核对其经济全部往来记录,查明在持续4年时间里申请人向被申请人合计出借款项达280万元,被申请人通过银行转账、微信、支付宝、贷款、第三人代为还款等方式已共计支付了284.8万元。申请人称双方对每笔借款的利息没有具体约定、利息收取看心情,庭审中其称收款中有4笔计5万元是利息(被申请人对此认可),另有4万元是协助贷款的好处费、加急费等(未提交证据,仲裁庭不予采纳),其他均系归还的借款本金。

仲裁庭认为,虽然双方重新达成了协议书,但其只是约定借款关系的合意,必须有出借人向借款人提供出借款项且借款人还结欠的充分证据来证明债务的实际存在。根据历年账户交易明细等证据及双方陈述,无法证明重新达成的协议书中的25万元是实际存在的,申请人亦无充分证据印证该25万元的具体构成。仲裁庭根据往来账目的核对,认定被申请人尚结欠申请人借款本金2 000元。仲裁庭裁决被申请人向申请人支付借款本金2 000元及相应的利息。

3. 典型意义

民间借贷是实践合同。本案中,虽然借贷双方重新达成了协议书,但其只是约定借款关系的合意,必须有出借人向借款人提供出借款项,且借款人还结欠的充分证据来证明债务的实际存在。

(二)名为租赁实为借贷纠纷案①

1. 基本案情

2020年1月13日,梁氏夫妇与朱某签订租赁合同,约定将涉案房屋租给朱某使用,房屋建筑面积为135.22平方米,租期7年,租金共8万元。其后,朱某一次性支付了8万元。2021年4月,朱某得知涉案房屋被查封,向法院提起诉讼,请求解除租赁合同,要求"房东"梁氏夫妇退还剩余租金65 720元,按合同约

---

① 广东省佛山市南海市(区)人民法院:《以租赁房屋为名行高利借贷之实》,https://www.pkulaw.com/pal/a3ecfd5d734f711d4bd1261485c32ccce3b595c62026b4dbdfb.html,最后访问日期:2023年6月29日。

定支付违约金 19 716 元,并承担律师费 12 000 元。

梁氏夫妇辩称,双方之间不存在租赁合同关系。2020 年,梁氏夫妇两人因资金问题,向某贷款公司申请贷款。不久后,贷款公司工作人员朱某联系上两人,拟以"租赁贷"的方式向两人出借 8 万元。借款当日,朱某收取了"砍头息",实际仅出借 61 500 元。此后,朱某并未入住或转租,夫妻两人一直居住在涉案房屋中。另外,梁氏夫妇按照朱某的指示,每月代替许某支付 2 500 元"租金"作为还款,目前已还款 24 500 元。

另查明,朱某称其从事二手房转租业务,低价承租高价转租赚取差价,涉案房屋已转租给案外人许某居住使用。

2. 裁判处理

法院认为,租赁合同签订后,朱某称已将房屋转租给许某居住,但其从未到过涉案房屋,也不清楚许某是否在该房屋实际居住,且未向许某收取租金等相关费用,明显不符合日常生活经验惯例。在双方的微信聊天记录中,多次出现"投资公司"等字样,朱某对此亦未能作出合理解释。基于涉案房屋一直由梁氏夫妇居住、每月租金明显低于市场价格等情况,法院认为双方并未达成租赁房屋的合意,涉案租赁合同并非双方真实意思表示,应为无效。判决驳回朱某的所有诉讼请求。

3. 典型意义

部分公司、个人以营利为目的,未依法取得放贷资格,向社会不特定对象提供借款赚取高额利息,属于职业放贷行为,情节严重的,构成犯罪。若双方并无租赁合意,系以租赁之名行借贷之实的,根据《民法典》,该租赁行为应认定为无效。

| 第三节 |

保 证 合 同

保证合同是为保障债权的实现,保证人和债权人约定,当债务人不履行到期债务或者发生当事人约定的情形时,保证人履行债务或者承担责任的合同。保证合同属于人的担保。

一、保证合同的要式性

保证合同必须是书面合同,口头保证不能成立保证合同。《民法典》第685条规定:"保证合同可以是单独订立的书面合同,也可以是主债权债务合同中的保证条款。第三人单方以书面形式向债权人作出保证,债权人接收且未提出异议的,保证合同成立。"与出质人、抵押人仅以其特定财产设定物保不同,保证人以其全部财产参与主债务的履行中,即保证人承担的是"无限责任"。立法上对保证合同要式性予以确立,目的是避免无偿保证人因其轻率作出保证。

应注意的是,保证合同内容的变更亦应采用书面形式。《民法典》第695条规定:"债权人和债务人未经保证人书面同意,协商变更主债权债务合同内容,减轻债务的,保证人仍对变更后的债务承担保证责任;加重债务的,保证人对加重的部分不承担保证责任。债权人和债务人变更主债权债务合同的履行期间,未经保证人书面同意的,保证期间不受影响。"《民法典》第695条第1款规定:"债权人未经保证人书面同意,允许债务人转移全部或者部分债务,保证人对未经其同意转移的债务不再承担保证责任,但是债权人和保证人另有约定的除外。"

二、保证合同的内容

《民法典》第684条规定:"保证合同的内容一般包括被保证的主债权的种类、数额,债务人履行债务的期限,保证的方式、范围和期间等条款。"本条关于保证合同内容的规定主要是提示作用,提示保证合同的双方当事人保证人和债权人对保证合同的内容约定清楚、明确、完整,以免以后发生纠纷。

有了当事人、标的和数量的,一般认定合同成立,保证合同也不例外。除了当事人债权种类、价款或者报酬外,其他内容没有,保证合同也成立。担保的范围不明确的,依据《民法典》第691条,保证的范围包括主债权及其利息、违约金、损害赔偿金和实现债权的费用。保证期间不明确的,依据《民法典》第692条第2—3款,保证期间为主债务履行期限届满之日起6个月。

三、保证的方式

保证的方式包括一般保证和连带责任保证。当事人在保证合同中对保证方式没有约定或者约定不明确的,按照一般保证承担保证责任。

(一) 一般保证责任

《民法典》第 687 条规定:"当事人在保证合同中约定,债务人不能履行债务时,由保证人承担保证责任的,为一般保证。一般保证的保证人在主合同纠纷未经审判或者仲裁,并就债务人财产依法强制执行仍不能履行债务前,有权拒绝向债权人承担保证责任,但是有下列情形之一的除外:(1) 债务人下落不明,且无财产可供执行;(2) 人民法院已经受理债务人破产案件;(3) 债权人有证据证明债务人的财产不足以履行全部债务或者丧失履行债务能力;(4) 保证人书面表示放弃本款规定的权利。"

一般保证中,基于主债务人具有清偿债务可能,保证人仅承担补充责任的预期而提供保证。因此,各国立法通常赋予保证人以先诉利益。我国先诉抗辩权仅存在于一般保证中。在债权人向主债务人主张权利未果时,即债务人"不能履行债务"时,保证人方才承担责任。

《担保制度的解释》第 26 条规定:"一般保证中,债权人以债务人为被告提起诉讼的,人民法院应予受理。债权人未就主合同纠纷提起诉讼或者申请仲裁,仅起诉一般保证人的,人民法院应当驳回起诉。一般保证中,债权人一并起诉债务人和保证人的,人民法院可以受理,但是在作出判决时,除有《民法典》第六百八十七条第二款[①]但书规定的情形外,应当在判决书主文中明确,保证人仅对债务人财产依法强制执行后仍不能履行的部分承担保证责任。"

(二) 连带保证责任

《民法典》第 688 条规定:"当事人在保证合同中约定保证人和债务人对债务承担连带责任的,为连带责任保证。连带责任保证的债务人不履行到期债务或者发生当事人约定的情形时,债权人可以请求债务人履行债务,也可以请求保证人在其保证范围内承担保证责任。"可见,连带责任保证人的地位类似于债务人,

---

[①] 《民法典》第 687 条第 2 款:"一般保证的保证人在主合同纠纷未经审判或者仲裁,并就债务人财产依法强制执行仍不能履行债务前,有权拒绝向债权人承担保证责任,但是有下列情形之一的除外:(1) 债务人下落不明,且无财产可供执行;(2) 人民法院已经受理债务人破产案件;(3) 债权人有证据证明债务人的财产不足以履行全部债务或者丧失履行债务能力;(4) 保证人书面表示放弃本款规定的权利。"

因为债权人在主合同债权到期或者发生当事人约定的情形时,可以直接向连带责任保证人主张债务的履行或者要求其承担责任,而无须先向债务人主张。

四、保证期间

保证人只在保证期间内履行保证义务。保证期间届满,保证责任消灭。《民法典》第 693 条规定:"一般保证的债权人未在保证期间对债务人提起诉讼或者申请仲裁的,保证人不再承担保证责任。连带责任保证的债权人未在保证期间请求保证人承担保证责任的,保证人不再承担保证责任。"

保证期间被称为或有期间,是决定债权人能否取得相应权利的期间。《民法典》第 692 条规定:"保证期间是确定保证人承担保证责任的期间,不发生中止、中断和延长。债权人与保证人可以约定保证期间,但是约定的保证期间早于主债务履行期限或者与主债务履行期限同时届满的,视为没有约定;没有约定或者约定不明确的,保证期间为主债务履行期限届满之日起六个月。债权人与债务人对主债务履行期限没有约定或者约定不明确的,保证期间自债权人请求债务人履行债务的宽限期届满之日起计算。"

还需注意的是,《担保制度的解释》第 32 条规定:"保证合同约定保证人承担保证责任直至主债务本息还清时为止等类似内容的,视为约定不明,保证期间为主债务履行期限届满之日起六个月。"虽然约定"保证人承担保证责任直至主债务本息还清时为止等"从某种程度上说也是明确的,但法律上应当"视为"约定不明。"视为"两字较好彰显了《民法典》关于保证合同的立法精神:债务人才是第一位的义务履行人,是本位义务履行人;而保证人是第二位的义务履行人,是代债务人履行债务,应适当减轻保证人的责任。

五、保证合同适用案例

(一)买卖合同案①

1. 基本案情

原告从事饮料销售工作,被告刘某利向原告购买花生牛奶,当时支付了部分款项,余下货款双方于 2021 年 1 月 8 日结算后,被告刘某利应支付原告货款 7.5

---

① 《王某诉刘某利、崔某飞买卖合同案》,(2021)陕 0825 民初 1558 号民事判决书。

万元,约定由被告刘某利于 2021 年 1 月 8 日前支付 5 万元,于 2021 年 1 月 10 日前支付 2.5 万元,如果被告不按期履行偿还义务,则须承担逾期支付利息 5 000 元。被告崔某飞提供担保,并立有欠据一张。事后该笔货款经原告多次索要未果,故原告诉至法院,请求依法追偿。

2. 裁判处理

法院认为:本案中被告作为买受人向原告购买花生牛奶,欠下原告货款 7.5 万元的事实清楚,证据确实充分,原告索款理由成立,对其诉请依法予以支持;被告逾期后不履行还款义务,应承担偿付之民事责任。关于本案保证责任的问题,被告崔某飞作为担保人,按照《民法典》第 686 条第 2 款"当事人在保证合同中对保证方式没有约定或者约定不明确的,按照一般保证承担保证责任"之规定,本案崔某飞在合同中约定其为担保人,未约定保证方式,故依照上述法律规定,被告崔某飞对该笔债务的保证方式视为一般保证,按照一般保证的责任承担,即保证人在债务人财产依法强制执行后仍不能履行的部分承担保证责任。

法院判决:① 被告刘某利于本判决生效之日起 3 日内支付原告王某货款 7.5 万元及并承担逾期的违约金 5 000 元,共计 8 万元;② 被告崔某飞仅对债务人刘某利财产依法强制执行后仍不能履行的部分承担保证责任;③ 如果未按本判决书指定的期间履行给付金钱义务,应当加倍支付迟延履行期间的债务利息。

3. 典型意义

在一般保证下,债权人可以一并起诉债务人和一般保证人。允许一并起诉债务人和一般保证人,符合诉讼经济原理。当然,一并起诉债务人和一般保证人,在判决主文中应当明确"保证人仅对债务人财产依法强制执行后仍不能履行的部分承担保证责任",这样既可以从实体上保护一般保证人的先诉抗辩权,也可以减少债权人的诉累。

（二）金融借款合同纠纷案[①]

1. 基本案情

2007 年 8 月,滨海农商行与田某、崔某、夏某签订《保证担保借款合同》,约

[①] 《天津高院裁定滨海农商行诉田某等金融借款合同纠纷案——保证期间制度下"提起诉讼"的认定》,https://www.pkulaw.com/pfnl/95b2ca8d4055fce10dc4f2ca888f5c768ed2af29e12cf739bdfb.html,最后访问日期:2023 年 6 月 29 日。

定田某向滨海农商行借款,崔某、夏某对上述债务承担连带保证责任,保证期间为借款到期后两年。后田某未依约还款,滨海农商行于2009年11月将田某、崔某、夏某诉至法院,要求3人连带偿还债务。审理中,崔某、夏某本人未到庭,田某代领了起诉书副本等诉讼文书,并与滨海农商行签订调解协议,原审法院作出民事调解书。后滨海农商行申请强制执行,执行法院于2017年冻结了崔某、夏某银行账户。崔某发现账户被冻结,向天津市滨海新区人民法院提出其不知道滨海农商行起诉一事,也未参加诉讼。

法院裁定再审本案,崔某、夏某在再审中辩称已超过保证期间,应免除保证责任。

2. 裁判处理

生效裁判认为,债权人向保证人主张权利的方式包括"提起诉讼"和"送达清收通知书"等。本案中,崔某、夏某的保证期间至2010年8月20日届满,滨海农商行于2009年11月2日向原审法院提起诉讼,请求判决崔某、夏某对田某的案涉债务承担连带保证责任,应认定滨海农商行在保证期间内向保证人主张了权利。原审法院是否向崔某、夏某送达诉讼文书,不影响滨海农商行向崔某、夏某提起诉讼这一事实的认定。

3. 典型意义

从保证期间制度价值和意义看,保证期间制度属于保证制度中的特有制度,通过设置一定的期间避免保证人一直处于承担债务的不利状态或者长期处于随时可能承担债务的不确定状态。但担保制度的最终目的是担保债权的实现,保证期间制度更重要的意义是促使债权人及时行使权利,保障债权人利益的及时实现。所以,只要债权人向法院提交了诉讼材料,向法院起诉主张权利,就表明债权人在积极行使权利。

第四节

建设工程合同

建设工程合同是承包人进行工程建设,发包人支付价款的合同。承包人的基本义务是按质、按期地完成工程建设任务,包括勘察、设计和施工。发包人的基本义务就是按照合同约定按时支付工程价款,包括工程预付款、进度款和结算款。

一、建设工程合同的特征

建设工程合同是一种特殊的承揽合同。它除具有承揽合同的一般法律特征之外,还具有以下特征。

(一) 承包方须有特殊资质

建设工程合同是指建设工程的发包方为完成工程建设任务,与承包方签订的关于承包方按照发包方的要求完成工作,交付建设工程,并由发包方支付价款的合同。建设工程具有投资大、周期长、质量要求高、技术力量要求全面等特点,对当事方主体资格有限制。发包方一般是经过批准建设工程的法人,承包方只能是具有从事勘察、设计、建筑、安装资格的民事主体。《建设工程质量管理条例》第 7 条第 1 款规定:"建设单位应当将工程发包给具有相应资质等级的单位。"可见,承包方必须持有依法取得的资质证书,且在其资质等级许可的业务范围内承揽工程。自然人不具有承包人的资格,不能签订建设工程合同。

(二) 涉及国家的管理监督

建设工程涉及对土地、能源等自然资源的开发利用,影响自然环境、生态环境。因此,国家通过一系列行政许可制度对建设工程进行干预,包括工程项目的立项、用地规划许可、工程规划许可等。我国《招标投标法》第 3 条规定,对于大型基础设施、公用事业等关系社会公共利益、公众安全的项目,包括项目的勘察、设计、施工、监理以及与工程建设有关的重要设备、材料等的采购,必须通过招标投标的方式选定承包人,订立建设工程合同。

(三) 应当采用书面形式

建设工程合同应当采用书面形式。鉴于建设工程涉及公众安全,为了维护公共利益,同时也为了规范建筑市场秩序,保障建设工程合同当事人合法权益,国家相关部门相继发布了建设工程合同示范文本,向全国建筑行业推荐使用,并根据建筑业的发展变化而不断进行修订,现行的是《建设工程施工合同(示范文本)》(GF‐2017‐0201)。

（四）法定质量保证期

依据《建设工程质量管理条例》第 40 条:"在正常使用条件下,建设工程的最低保修期限为:(1) 基础设施工程、房屋建筑的地基基础工程和主体结构工程,为设计文件规定的该工程的合理使用年限;(2) 屋面防水工程、有防水要求的卫生间、房间和外墙面的防渗漏,为 5 年;(3) 供热与供冷系统,为 2 个采暖期、供冷期;(4) 电气管线、给排水管道、设备安装和装修工程,为 2 年。其他项目的保修期限由发包方与承包方约定。建设工程的保修期,自竣工验收合格之日起计算。"约定的质量保证期短于本条规定期限的,应当以本条规定的期限为准。

二、建设工程合同无效的处理规则

（一）建设工程合同无效的情形

《最高人民法院关于审理建设工程施工合同纠纷案件适用法律问题的解释(一)》(简称《建设工程施工合同纠纷解释》)第 1 条规定:"建设工程施工合同具有下列情形之一的,应当……认定无效:(1) 承包人未取得建筑业企业资质或者超越资质等级的;(2) 没有资质的实际施工人借用有资质的建筑施工企业名义的;(3) 建设工程必须进行招标而未招标或者中标无效的。承包人因转包、违法分包建设工程与他人签订的建设工程施工合同,应当……认定无效。"

建筑工程合同转包无效。《民法典》第 153 条第 1 款规定:"违反法律、行政法规的强制性规定的民事法律行为无效。但是,该强制性规定不导致该民事法律行为无效的除外。"我国《建筑法》第 28 条规定:"禁止承包单位将其承包的全部建筑工程转包给他人,禁止承包单位将其承包的全部建筑工程肢解以后以分包的名义分别转包给他人。"

建筑工程合同非法分包无效。《民法典》第 791 条第 2、3 款规定:"总承包人或者勘察、设计、施工承包人经发包人同意,可以将自己承包的部分工作交由第三人完成。第三人就其完成的工作成果与总承包人或者勘察、设计、施工承包人向发包人承担连带责任。承包人不得将其承包的全部建设工程转包给第三人或者将其承包的全部建设工程支解以后以分包的名义分别转包给第三人。禁止承包人将工程分包给不具备相应资质条件的单位。禁止分包单位将其承包的工程再分包。建设工程主体结构的施工必须由承包人自行完成。"

(二) 建设工程合同无效的处理规则

《民法典》第 793 条规定："建设工程施工合同无效,但是建设工程经验收合格的,可以参照合同关于工程价款的约定折价补偿承包人。建设工程施工合同无效,且建设工程经验收不合格的,按照以下情形处理:(1)修复后的建设工程经验收合格的,发包人可以请求承包人承担修复费用;(2)修复后的建设工程经验收不合格的,承包人无权请求参照合同关于工程价款的约定折价补偿。发包人对因建设工程不合格造成的损失有过错的,应当承担相应的责任。"

建设工程施工合同无效,但是建设工程经验收合格的,承包人或实际施工人可以参照合同关于工程价款的约定要求发包人给付"工程折价款"。此处适用建设工程施工合同无效折价补偿规则,这一规则是对无效合同经质量验收合格后的有限认可,有利于减少合同无效带来的负面影响。

三、建设工程的鉴定

建设工程合同纠纷案件专业性强,其所涉造价、质量、工期争议的认定往往具有专门性的特点,大量案件需要鉴定。在建设工程纠纷案件中,司法鉴定机构的鉴定结论对案件的成败有着举足轻重的影响,而鉴定报告往往被称为案件的"证据之王"。

《建设工程施工合同纠纷解释》第 32 条规定："当事人对工程造价、质量、修复费用等专门性问题有争议,人民法院认为需要鉴定的,应当向负有举证责任的当事人释明。当事人经释明未申请鉴定,虽申请鉴定但未支付鉴定费用或者拒不提供相关材料的,应当承担举证不能的法律后果。"

鉴定意见属于民事诉讼法规定的七种证据类型之一,被认定为法律事实需要经过质证程序。《建设工程施工合同纠纷解释》第 34 条规定："人民法院应当组织当事人对鉴定意见进行质证。鉴定人将当事人有争议且未经质证的材料作为鉴定依据的,人民法院应当组织当事人就该部分材料进行质证。经质证认为不能作为鉴定依据的,根据该材料作出的鉴定意见不得作为认定案件事实的依据。"

四、建设工程合同适用案例

（一）建设工程施工合同纠纷案①

1. 基本案情

2013 年 8 月 19 日，即墨某装饰公司借用即墨某工程公司名义通过招投标与即墨某建设公司签订《建设工程施工合同》，承包即墨某建设公司开发的景观大道及滨河景观工程。后即墨某工程公司与即墨某装饰公司约定，工程款通过即墨某工程公司账户收支，即墨某工程公司收取工程结算值的 3% 作为管理费，其他一切事宜由即墨某装饰公司自行负责。2013 年 11 月 2 日，即墨某装饰公司以即墨某工程公司名义将上述工程转包给即墨某园林公司。即墨某园林公司按约施工后，因工程款的支付产生争议，即墨某园林公司起诉要求即墨某工程公司、即墨某装饰公司承担连带责任支付工程款。

2. 裁判处理

法院认为，虽即墨某工程公司称是即墨某装饰公司借用其资质与即墨某建设公司签订合同承包涉案工程，但在即墨某装饰公司与即墨某园林公司签订的合同中，列明的甲方为即墨某工程公司，落款处甲方加盖的公章为即墨某工程公司项目部章，且在合同履行过程中工程款直接通过即墨某工程公司向即墨某园林公司支付，项目现场标志牌注明的工程承包人亦为即墨某工程公司，故判决合同义务应当由即墨某工程公司承担。

3. 典型意义

《建筑法》第 26 条第 2 款规定："禁止建筑施工企业超越本企业资质等级许可的业务范围或者以任何形式用其他建筑施工企业的名义承揽工程。禁止建筑施工企业以任何形式允许其他单位或者个人使用本企业的资质证书、营业执照，以本企业的名义承揽工程。"法律禁止建筑施工企业出借资质，但实践中屡见企业为收取管理费，随意出借企业资质，允许其他企业以自己名义承揽工程的情形，这对出借资质的企业存在巨大的法律风险。首先，挂靠企业借用资质与发包

---

① 《山东省青岛市中级人民法院发布 10 个建设工程典型案例(2019—2021 年)之案例九即墨某园林公司诉即墨某装饰公司、即墨某工程公司建设工程施工合同纠纷案》，https://www.pkulaw.com/pal/a3ecfd5d734f711d8e0a21a81463bf4e71f61d9cf5c524a3bdfb.html，最后访问日期：2023 年 6 月 29 日。

人签订建设工程施工合同,一般需要以出借资质方的名义进行工程建设,如果施工过程中以出借资质方的名义对外从事法律行为,例如购买工程材料、设备,租赁工程机械,雇用施工人员,相关法律行为就可能被认定为对出借资质方的表见代理,产生的债务需由出借资质方偿还。其次,《建设工程施工合同纠纷解释》第7条规定:"缺乏资质的单位或者个人借用有资质的建筑施工企业名义签订建设工程施工合同,发包人请求出借方与借用方对建设工程质量不合格等因出借资质造成的损失承担连带赔偿责任的,人民法院应予支持。"借用资质人施工的工程质量不合格,出借资质人需要对造成的损失承担连带赔偿责任,在工程质量严重不合格,甚至需要拆除的情况下,出借资质人将承担巨额的赔偿义务。

(二)建设工程施工合同纠纷案①

1. 基本案情

2011 年 7 月 28 日,曙裕公司作为承包方(乙方),凯志特公司作为发包方(甲方),签订《建筑工程施工承包协议》,承包案涉工程施工项目。该施工项目,中冶公司为案涉工程的总承包单位,惠民公司为建设单位。曙裕公司诉至法院,请求判令凯志特公司支付工程款 297 万余元及相应利息,惠民公司对该款项承担连带给付责任。

另查明,案涉工程于 2015 年年底竣工验收,2016 年 5 月交付使用;案涉工程的总工程款为 5.7 亿余元,惠民公司已支付中冶公司 5.1 亿余元。

2. 裁判处理

法院认为,通过曙裕公司与凯志特之间的合同约定以及各方庭审中的陈述可以看出,原告的施工范围已经超出一般合法劳务分包的施工范围。发包方惠民公司亦不知晓其将案涉工程发包给中冶公司后,中冶公司将案涉工程分包给凯志特公司,凯志特公司又将其中的一部分施工分包给曙裕公司,曙裕公司与凯志特公司的合同应属无效合同。因案涉工程已经通过竣工验收并已实际使用,曙裕公司作为实际施工人有权利主张工程款。法院判决:凯志特公司向原告曙裕公司支付工程款及相应利息;惠民公司在欠付中冶公司工程款的范围内承担给付责任。

---

① 《天津市曙裕建筑工程有限公司诉天津市凯志特建筑安装工程有限公司等建设工程施工合同纠纷案》,(2020)津 0110 民初 7220 号。

3. 典型意义

建设工程施工合同无效，但是建设工程经验收合格的，发包人可以参照合同关于工程价款的约定折价补偿承包人。实际施工人以发包人为被告主张权利的，人民法院应当追加转包人或者违法分包人为本案第三人，在查明发包人欠付转包人或者违法分包人建设工程价款的数额后，判决发包人在欠付建设工程价款范围内对实际施工人承担责任。

(三) 建设工程施工合同纠纷案①

1. 基本案情

2011 年 1 月 25 日，西安公司与德荣公司签订《建设工程施工合同》，约定由西安公司包工包料施工德荣公司开发的龙岩"依云水岸"项目建筑工程及水电安装工程。涉案工程于 2014 年 6 月 26 日通过综合竣工验收。

2. 裁判处理

诉讼中，由于双方对西安公司施工的工程造价争议较大，法院根据德荣公司的申请委托福建华夏工程造价咨询有限公司进行工程造价鉴定。2018 年 4 月 28 日，华夏公司出具鉴定意见认为，西安公司已完成的"依云水岸"项目工程可确定部分造价(含土建工程、水电安装)139 131 610 元(其中土建部分 125 537 874 元、安装部分 13 593 736 元)；存在争议部分造价：① 塔吊部分。西安公司主张 3 187 150 元，德荣公司主张 2 455 941 元，差额 731 209 元。② 外墙面砖部分。西安公司主张 5 922 748 元，德荣公司主张 5 017 693 元，差额 905 055 元。③ 玻化微珠保温砂浆配合比部分。西安公司主张 2 778 345 元，德荣公司主张 2 195 666 元，差额 582 679 元。④ 环境保护费(垃圾外运)部分，双方均主张由其施工，涉及造价 209 655 元。德荣公司预支付华夏公司鉴定费 96 万元。

由于鉴定机构未明确具体意见，一审据以作出的判决认定基本事实不清，被二审法院裁定发回重审。

本案一审中，德荣公司向华夏公司预交了鉴定费 96 万元。重审时，当事人因鉴定费用较高均不愿意重新申请鉴定。合议庭研究讨论认为，为减轻当事人

---

① 《福建省高级人民法院发布建设工程施工合同纠纷十大典型案例之案例七西安公司与德荣公司、德兴公司建设工程施工合同纠纷一案》，https://www.pkulaw.com/pal/a3ecfd5d734f711d514f9fca2cd77b628b0e90c385fc6bc7bdfb.html，最后访问日期：2023 年 6 月 29 日。

负担,应当致函鉴定机构华夏公司,责令鉴定机构对本案的工程造价重新进行审核认定,并出具明确的意见,若其拒绝重新审核认定,则鉴定费用予以追回。华夏公司按照法院要求重新出具鉴定意见,对争议部分造价提出了明确的鉴定意见,并降低鉴定费用,实际收取 583 909 元。

3. 典型意义

鉴定意见属于民事诉讼法规定的七种证据类型之一。鉴定意见不明确,不能证明待证事实是否真实的,与待证事实缺乏关联性,不能作为证据使用。案例中鉴定机构第一次出具的鉴定意见针对部分鉴定事项仅简单罗列当事人的主张,未予鉴定,也未明确意见,即属于以上情形。本案鉴定机构没有明确其意见,系鉴定人不履行鉴定职责,并非鉴定人不具备相应资格或鉴定程序严重违法,可以要求鉴定机构明确其意见。如果鉴定人拒不出具明确意见的鉴定结论或不出庭接受当事人质询的,可以责令其退回鉴定费用并进行处罚。

| 第五节 |

合 伙 合 同

合伙合同是两个以上合伙人为了共同的事业目的,订立的共享利益、共担风险的协议。合伙合同是认定合伙法律关系[①]的基础,是调整内部合伙关系的依据,是确定合伙人权利义务关系的准则。

一、合伙合同的特征

(一)目的在于共同事业

《民法典》第 967 条规定:"合伙合同是两个以上合伙人为了共同的事业目的,订立的共享利益、共担风险的协议。"《民法典》并未要求合伙合同应当采用书面形式。

---

① 就合伙法律制度,我国形成了《民法典》总则编、合同编及《合伙企业法》分别调整的立法模式。《民法典》总则编确立了合伙企业的独立民事主体地位,为该类主体广泛从事市场交易活动奠定了基础;合同编调整民事合伙法律关系,侧重合伙的内部关系,是处理合伙法律关系的一般规定。《合伙企业法》全面规定了合伙企业内外部关系规则,属于对商事合伙的特别规定。

共同的事业目的、共享利益、共担风险是合伙合同的典型特征。合伙合同与其他典型合同的显著区别在于"共同的事业目的"。基于共同的事业目的,合伙人共享利益、共担风险。

(二) 识别重在共担风险

实践中,个人合伙往往没有经过工商登记注册,而是以个体工商户、个人独资企业等外在形式进行营业,当内部发生纠纷时,往往一方主张是合伙关系,而另一方辩称是借贷关系、雇佣关系或租赁关系等。

审查双方是否存在合伙关系,应按照实质重于形式的标准。如果没有合伙协议或对协议成立、效力有较大争议的,则要审查双方在实际经营中是否存在利润分配方案、记录、合伙人事务管理记录、会议记录等材料,以及是否合伙经营,共同劳动。如果证据仅能证明一方向合伙组织提供某种财物的使用权,并以此取得固定收入,则认定为租赁关系;一方向合伙组织或合伙人提供资金,并以此收取固定利息,则应认定为借贷关系;一方虽然参加合伙经营、劳动,但不参与合伙组织的盈余分配,不承担合伙经营的风险责任,则应认定为雇佣关系。

二、合伙事务的管理

为实现合伙合同的"共同的事业目的",需要管理合伙事务。

(一) 合伙事务由全体合伙人决定

《民法典》第 970 条规定:"合伙人就合伙事务作出决定的,除合伙合同另有约定外,应当经全体合伙人一致同意。合伙事务由全体合伙人共同执行。按照合伙合同的约定或者全体合伙人的决定,可以委托一个或者数个合伙人执行合伙事务;其他合伙人不再执行合伙事务,但是有权监督执行情况。合伙人分别执行合伙事务的,执行事务合伙人可以对其他合伙人执行的事务提出异议;提出异议后,其他合伙人应当暂停该项事务的执行。"

(二) 合伙人事务由普通合伙人执行

合伙事务的执行不同于合伙事务的决定。在全体合伙人一致同意就合伙事务作出决定后,可以将决定后的合伙事务委托给一名或者数名合伙人执行,其他合伙人不再执行合伙企业事务。被委托执行合伙事务的人被称为普通合伙人（GP），不再执行合伙事务的其他人则被称为有限合伙人（LP）。我国《合伙企业法》第 68 条规定："有限合伙人不执行合伙事务，不得对外代表有限合伙企业。"

（三）合伙事务的执行以无偿为原则

执行合伙事务虽然是为全体合伙人的利益，但也是合伙人按照合伙合同应尽的义务，实践中不乏以劳务的方式出资的合伙人，以无偿为原则最符合合伙的本质。《民法典》第 971 条规定："合伙人不得因执行合伙事务而请求支付报酬，但是合伙合同另有约定的除外。"

三、合伙人的责任

（一）普通合伙人的连带责任

我国对于普通合伙债务的承担规则，立法采取连带主义。《民法典》第 973 条规定："合伙人对合伙债务承担连带责任。清偿合伙债务超过自己应当承担份额的合伙人，有权向其他合伙人追偿。"

普通合伙人对合伙债务承担连带责任，基于以下考虑：一是扩大清偿合伙债务的履行担保，有利于债权实现；二是体现合伙的本质特征，既有利于促进合伙事业发展，也体现了权利义务的一致性；三是有利于督促各合伙人慎重选择合作伙伴，执行合伙事务时加强互助协作、勤勉负责，避免承担连带责任。

（二）有限合伙人的有限责任

权利义务相对等。有限合伙人不执行合伙事务，其对合伙企业的债务亦以认缴出资额为限承担有限责任。《合伙企业法》第 2 条规定："有限合伙企业由普通合伙人和有限合伙人组成，普通合伙人对合伙企业债务承担无限连带责任，有限合伙人以其认缴的出资额为限对合伙企业债务承担责任。"

四、合伙解散终止之困局

通常认为，解散是指引起人格消灭的法律事实，而终止是指资格的消灭。解散是终止之前的一个环节。

（一）合伙解散之困局

《合伙企业法》第 85 条规定："合伙企业有下列情形之一的,应当解散:
(1) 合伙期限届满,合伙人决定不再经营;(2) 合伙协议约定的解散事由出现;
(3) 全体合伙人决定解散;(4) 合伙人已不具备法定人数满三十天;(5) 合伙协
议约定的合伙目的已经实现或者无法实现;(6) 依法被吊销营业执照、责令关闭
或者被撤销;(7) 法律、行政法规规定的其他原因。"

合伙企业经营过程中,当不符合《合伙企业法》第 85 条第(1)(2)(4)(6)项情
形时,仅有部分合伙人想解散,能否解散取决于是否符合第(5)项情形;而"合伙
协议约定的合伙目的已经实现或者无法实现"的认定存在主观性。

（二）合伙终止之困局

《民法典》第 969 条第 2 款规定:"合伙合同终止前,合伙人不得请求分割合伙
财产。"合伙合同没有终止,退伙的合伙人无法主张退还其原始投入合伙事务资金。

除以上合同解散情形外,《民法典》第 580 条还为合伙人诉请合同终止提供
了新的司法救济,即合同僵局下的合同终止,其规定:"当事人一方不履行非金钱
债务或者履行非金钱债务不符合约定的,对方可以请求履行,但是有下列情形之
一的除外:(1) 法律上或者事实上不能履行;(2) 债务的标的不适于强制履行或
者履行费用过高;(3) 债权人在合理期限内未请求履行。有前款规定的除外情
形之一,致使不能实现合同目的的,人民法院或者仲裁机构可以根据当事人的请
求终止合同权利义务关系,但是不影响违约责任的承担。"

五、合伙合同适用案例

（一）合伙合同纠纷案[①]

1. 基本案情

2018 年 9 月 4 日,原告邝某与被告南海某投资公司共同委托案外人邝某景
参与网络司法拍卖,竞买原属于某农场公司的案涉农场使用权。双方签订委托
书,约定原告出资 40%,被告出资 60%。竞买成功且支付余款后,三水法院作出
裁定,确认案涉农场使用权归原告与被告所有。

[①]《民法典施行后三水法院宣判首起合伙合同纠纷案件》, https://www. pkulaw. com/pal/
a3ecfd5d734f711d8dafa6cea697418e865d2fb32d4337fcbdfb.html,最后访问日期:2023 年 6 月 29 日。

其后,原告与被告取得案涉农场并开始经营。2018年10月,原告向案涉农场所在土地的所有人乐平镇某经济社交纳保证金24万元。

2020年11月,原告以与被告经营理念不合,被告经营不善损害了原告的利益,不再适合共同经营案涉农场为由,向法院提起诉讼,要求判令案涉农场使用权全部归被告所有,被告向其支付案涉农场使用权总价值的40%,即折价款871 600元及利息、保证金等。

2. 裁判处理

法院经审理认为,原、被告取得案涉农场使用权后,虽然没有就利益分配、损失分担等达成书面协议,但根据委托书的出资份额约定和共同委托及随后的共同经营行为等事实,足以认定原、被告之间形成了合伙合同关系,故本案应是合伙合同纠纷。

原告与被告共同取得案涉农场使用权,双方就案涉农场使用权形成用益物权共有关系,案涉农场使用权是原告个人与被告个体的共有财产权利。原告与被告将案涉农场使用权投入共同经营,使得案涉农场使用权的财产权属性由个人共有财产权利转化为合伙共同财产权利。原告请求分割案涉农场使用权,实际是请求分割合伙共同财产权利。

《民法典》第969条规定:"合伙人的出资、因合伙事务依法取得的收益和其他财产,属于合伙财产。合伙合同终止前,合伙人不得请求分割合伙财产。"原告与被告之间的合伙合同关系并未终止,原告要求分割作为合伙财产的案涉农场使用权,违反了上述法律规定。故法院判决,对于原告要求分割案涉农场使用权的诉讼请求,法院不予支持,驳回原告起诉。

3. 典型意义

合伙财产具有"因人聚物"之属性,合伙财产属于共同共有。合伙合同终止前,合伙人不得请求分割合伙财产。本案中,原告应诉请终止合伙合同,而不应诉请分割案涉农场使用权。

(二) 合伙合同纠纷案①

1. 基本案情

2012年4月10日,原告作为接转方与流转方西智村委会、西智股份经济合

---

① 《北京华泽投资发展有限公司诉杨蕊等合伙合同纠纷案》,(2021)京0118民初1014号。

作社签订《农村土地承包〈使用权〉流转合同》,约定流转方将案涉土地流转给原告使用,流转期限 30 年。该合同签订后,原告与被告穆某某签订《合作协议书》,约定原告与穆某某共同出资、共同行使西智村农村土地流转使用权,各占上述农用地使用权 50% 的投资份额。2021 年 1 月 13 日,因政策原因,原告与西智村委会、西智股份经济合作社协商解除了上述土地流转合同,原告为此支付经济补偿款 130 万元。现合作项目终止,原告与穆某某签订的《合作协议书》的合同目的已不具备实现基础,该协议应当予以解除,终止原被告之间的合伙关系,并就合伙财产进行分割,由被告承担 50% 的合伙亏损。原被告合伙关系存续期间,原告已经陆续向合作项目出资 805 万元,支付经济补偿款 130 万元,被告至今未进行任何财产投入。同时该合作项目至今未获得任何经营收益,该项目已产生 935 万元亏损。

穆某某不同意原告单方解除土地流转合同,认为土地流转合同的签订日期为 2012 年 4 月 10 日,原告距离合同第二个 10 年流转费给付期限尚有 16 个月之久,单方解除协议,由此造成的后果应由原告承担。

2. 裁判处理

法院认为,《民法典》第 976 条规定,合伙人可以随时解除不定期合伙合同,但是应当在合理期限之前通知其他合伙人;第 565 条第 2 款规定,当事人一方未通知对方,直接以提起诉讼或者申请仲裁的方式依法主张解除合同,人民法院或者仲裁机构确认该主张的,合同自起诉状副本或者仲裁申请书副本送达对方时解除。本案中,原告与穆某某签订的《合作协议书》未就合伙期限进行约定,依照法律规定,原告可以随时解除双方签订的《合作协议书》,但应在合理期限之前通知穆某某。法院对原告要求解除《合作协议书》的诉讼请求予以支持。

《民法典》第 978 条规定,合伙合同终止后,合伙财产在支付因终止而产生的费用以及清偿合伙债务后有剩余的,依据本法第 972 条进行分配。法院认定原告因解除土地流转合同向西智股份经济合作社支付解除合同违约金及地上物拆除、恢复地貌费用 130 万元,属于终止合伙关系而产生的费用。本案中,依据双方提交的现有证据,法院认定现无合伙财产可供分配。鉴于南水北调工程占用合伙经营土地,补偿原告苗木、构筑物等各项损失共计 765 万余元,生效判决确定由原告给付穆某某、杨某共计 382 万余元,上述补偿款现均未发还。法院结合双方签订《合作协议书》约定双方对案涉土地使用权各享有 50% 投资份额的情况，认定原告、穆某某对于原告支付的 130 万元费用各承担 50％的给付责任。

3. 典型意义

合伙合同终止包括两种途径：一是依据《民法典》第 976 条，合伙人可以随时解除不定期合伙合同，但是应当在合理期限之前通知其他合伙人；二是依据《民法典》第 580 条第 2 款，发生不能实现合同目的的情形，裁判机关可以根据合伙人的请求终止合同权利义务关系，但是不影响违约责任的承担。

第六章

人格权法

人格是人之所以为人的前提,是人基本的标志。古罗马哲学家将人格视为理性的个体存在。[①] 1900 年《德国民法典》规定了姓名、身体、健康和自由等具体人格权。随后,各国民法又承认了名誉权、肖像权、隐私权等人格尊严方面的人格权利。随着信息技术的发展,个人信息资料也被纳入人格权的保护范围。

人格权独立成编是《民法典》的最大亮点之一。将人格权独立成编,解决了传统民法"重物轻人"的体系缺陷。《民法典》总则编规定的身份权对应的是婚姻家庭编,物权对应的是物权编,债权对应的是合同编,继承权对应的是继承编,知识产权有单独的知识产权单行法,股权等权利有《公司法》《证券法》等相对应。上述 6 种权利类型都有相应的一编或者单行法律来规定。人格权编放在《民法典》第四编,使总则编对民事权利体系的规定与民法典各编之间构成圆满、完整的逻辑结构。

| 第一节 |

一 般 人 格 权

一、一般人格权及其适用

(一) 一般人格权的确立

《民法典》第 990 条规定:"人格权是民事主体享有的生命权、身体权、健康

---

① 王利明、扬立新、王轶、程啸:《民法学》(第六版),法律出版社 2020 年版,第 881 页。

权、姓名权、名称权、肖像权、名誉权、荣誉权、隐私权等权利。除前款规定的人格权外,自然人享有基于人身自由、人格尊严产生的其他人格权益。"在列举自然人享有的一系列具体人格权基础上,本条兜底规定了自然人享有基于人身自由、人格尊严产生的其他人格权益,即"一般人格权"。

《宪法》关于人身自由和人格尊严的规定是一般人格权的基础。《宪法》规定的人身自由包括自然人的人身自由不受侵犯(第 37 条)、自然人的住宅不受侵犯(第 39 条)、通信自由和通信秘密受法律保护(第 40 条)、享有婚姻自主权利(第 49 条)等;《宪法》规定的人格尊严是指禁止用任何方法对公民进行侮辱、诽谤和诬告陷害(第 38 条)。

(二) 一般人格权的适用

一般人格权入典体现了我国人格权保护的全面性、开放性、包容性,但作为一般人格权,其在内容和范围上又具有不确定性与模糊性。

"一般人格权"概念源自德国民法,其经由德国联邦最高法院判例确立和发展,是一项以保护德国基本法上"人的尊严"和"发展人格"为宗旨、外延具有不确定性、通过个案中的利益权衡而认定的"框架权利"。[1]

作为"框架权利",一般人格权是"有待价值填充的,不确定性的一般条款。被侵犯的人格权益在个案中是否值得保护,必须在个案中顾及所有情况,并通过以比例原则为导引的利益权衡予以确定"。[2] 司法实践中,民事主体往往会提出各种新型"权利"诉求,例如"安葬权""亲吻权""悼念权""祭奠权""生育权""被遗忘权"等,需要司法机关在个案中进行确认。

二、死者的人格权益保护

(一) 英雄烈士的人格权益保护

《民法典》第 185 条规定:"侵害英雄烈士等的姓名、肖像、名誉、荣誉,损害社会公共利益的,应当承担民事责任。""英烈条款"的核心要义是保护英雄烈士的人格利益,维护社会公共利益,弘扬尊崇英烈、扬善抑恶的精神风气。

习近平总书记指出:"实现我们的目标,需要英雄,需要英雄精神。我们要铭

---

[1] 〔德〕迪特尔·梅迪库斯:《德国民法总论》,邵建东译,法律出版社 2013 年版,第 803—811 页。
[2] 黄薇:《中华人民共和国民法典人格权编解读》,中国法制出版社 2020 年版,第 16—17 页。

记一切为中华民族和中国人民做出贡献的英雄们,崇尚英雄,捍卫英雄,学习英雄,关爱英雄。"①我国《英雄烈士保护法》第 3 条规定:"英雄烈士事迹和精神是中华民族的共同历史记忆和社会主义核心价值观的重要体现。国家保护英雄烈士,对英雄烈士予以褒扬、纪念,加强对英雄烈士事迹和精神的宣传、教育,维护英雄烈士尊严和合法权益。全社会都应当崇尚、学习、捍卫英雄烈士。"第 5 条第 1 款规定:"每年 9 月 30 日为烈士纪念日,国家在首都北京天安门广场人民英雄纪念碑前举行纪念仪式,缅怀英雄烈士。"

英雄是重要的荣誉称号,烈士则有明确的评定标准。依据《烈士褒扬条例》第 8 条:"公民牺牲符合下列情形之一的,评定为烈士:(1)在依法查处违法犯罪行为、执行国家安全工作任务、执行反恐怖任务和处置突发事件中牺牲的;(2)抢险救灾或者其他为了抢救、保护国家财产、集体财产、公民生命财产牺牲的;(3)在执行外交任务或者国家派遣的对外援助、维持国际和平任务中牺牲的;(4)在执行武器装备科研试验任务中牺牲的;(5)其他牺牲情节特别突出,堪为楷模的。现役军人牺牲,预备役人员、民兵、民工以及其他人员因参战、参加军事演习和军事训练、执行军事勤务牺牲应当评定烈士的,依照《军人抚恤优待条例》的有关规定评定。"

对英雄烈士侵害人格权益的行为,检察机关有权提起民事公益诉讼。《英雄烈士保护法》第 25 条规定:"对侵害英雄烈士的姓名、肖像、名誉、荣誉的行为,英雄烈士的近亲属可以依法向人民法院提起诉讼。英雄烈士没有近亲属或者近亲属不提起诉讼的,检察机关依法对侵害英雄烈士的姓名、肖像、名誉、荣誉,损害社会公共利益的行为向人民法院提起诉讼。负责英雄烈士保护工作的部门和其他有关部门在履行职责过程中发现第一款规定的行为,需要检察机关提起诉讼的,应当向检察机关报告。英雄烈士近亲属依照第一款规定提起诉讼的,法律援助机构应当依法提供法律援助服务。"

(二) 关于死者的人格权益保护

关于死者的人格权益保护,《民法典》第 994 条规定:"死者的姓名、肖像、名誉、荣誉、隐私、遗体等受到侵害的,其配偶、子女、父母有权依法请求行为人承担

---

① 《实现我们的目标,需要英雄,需要英雄精神》,https://www.sohu.com/a/30513701_119700,最后访问日期:2023 年 6 月 29 日。

民事责任;死者没有配偶、子女且父母已经死亡的,其他近亲属有权依法请求行为人承担民事责任。"

"一个一生无可指责的人,死后也应该受到尊重。他的后代和后继者——不管是他的亲属或不相识的人都有资格去维护他的好名声,好像维护自己的权利一样。"[1]尽管自然人的权利能力始于出生终于死亡,但是人在死亡后其人格权益仍在一定的范围内继续存在,特别是死者非财产上的人格利益,其姓名、肖像、名誉、荣誉、隐私、遗体等人格利益具有多重价值,应当予以保护;否则,社会秩序将出现混乱,道德观念将受到损害。

当行为人侮辱、诽谤死者名誉权的程度超出一般民事惩戒的程度,达到情节严重时,还将面临相应的刑事责任。我国《刑法》第 246 条规定,以暴力或者其他方法公然侮辱他人或者捏造事实诽谤他人,情节严重的,构成侮辱罪和诽谤罪。死者享有名誉权,侮辱罪、诽谤罪侵犯的客体也包括死者的名誉权。

三、一般人格权适用案例

(一) 楼甲与楼乙人格权纠纷案[2]

1. 基本案情

楼甲与楼乙系兄弟关系,两人的父母长期随楼乙定居国外。后父母相继因病在国外去世,但楼甲未获知父母去世的消息。楼甲认为,楼乙未及时告知父母患病、去世的有关事实,导致楼甲未能见到父母最后一面,使其精神受到损害,因此诉至法院,请求判令楼乙书面赔礼道歉,并支付精神损害抚慰金 50 000 元。

2. 裁判结果

法院认为,我国法律虽未明确规定祭奠权,但对逝世亲人进行祭奠是我国一项悠久的传统习俗,符合民法的公序良俗原则。祭奠权的实质是基于传统习俗而产生的自然人为逝世亲人祭奠的权利。权利人通过祭奠行为表达对逝世亲人的哀思及怀念,也纾缓因亲人去世而产生的精神痛苦,其权能表现为举行追悼、葬礼、遗体处理、办理丧葬事宜等。如果权利人未按照传统习俗对逝世亲人进行

---

[1] ［德］康德:《法的形而上学原理》,沈书平译,商务印书馆 1997 年版,第 120 页。
[2] 《祭奠权涉及一般人格权益,应纳入人格利益范畴加以保护——楼甲与楼乙人格权纠纷上诉案》,https://www.pkulaw.com/pal/a3ecfd5d734f711dac3df1fbeef30fa2716d6d95e41fc658bdfb.html,最后访问日期:2023 年 6 月 29 日。

祭奠,则可能导致社会及他人对其产生负面评价,因此祭奠权属于人格利益范畴。法院判决楼乙向楼甲赔礼道歉,并支付精神赔偿抚慰金 3 000 元。

3. 典型意义

自然人享有基于人身自由、人格尊严产生的其他人格权益,应受到法律的保护。祭奠权正是基于该精神利益而产生的民事权利。逝者子女享有平等的祭奠权,应当相互尊重对方的祭奠权,不得恶意阻止其他子女对逝者进行祭奠,否则,权利人有权要求行为人承担相应的民事责任。

(二)"黑户"有了合法身份①

1. 基本案情

2010 年 10 月,徐君(化名)未婚生下阳阳后,并没有给他办理《出生医学证明》和户籍。2011 年,徐君把 8 个月大的阳阳寄养在老郑家代为照顾,约定由徐君负担照顾费用。之后,徐君没有如期支付抚养费,阳阳一直在老郑家生活。

阳阳在老郑夫妇的悉心照顾下逐渐长大。2019 年,徐君申请做亲子鉴定,司法鉴定结果显示,阳阳与何明(化名)之间存在亲生血缘关系。

阳阳自出生一直没能入户。依据《浙江省常住户口登记管理规定》,婴儿出生后一个月以内,由婴儿的监护人或者户主,持《出生医学证明》向婴儿父亲或者母亲常住户口所在地的公安派出所申报出生登记;无民事行为能力或者限制民事行为能力的公民,应当由其监护人代为申报户口登记。阳阳入户,需要由阳阳亲生父母为其启动补办《出生医学证明》和申报户口程序。

阳阳亲生父母一直怠于为阳阳办理户籍。徐君认为自己生活条件较差、居无定所,不适合让阳阳落户;何明则表示自己现在已另有家庭,且有 3 个孩子,不想影响现在的家庭。阳阳以人格权受到侵害为由向法院提起诉讼,要求两被告何明、徐君履行为其办理《出生医学证明》及户籍的义务。

2. 裁判处理

法院了解到,阳阳希望落户在生父何明处,然后再将户口迁移到老郑名下。老郑表示全家都愿意让阳阳和自己一家人一起生活。

法院认为,阳阳作为两被告的非婚生子,享有与婚生子女同等的权利,两被

---

① 浙江省常山县人民法院:《"黑户"男孩有了合法"身份"》,https://www.pkulaw.com/pal/a3ecfd5d734 f711da172c9405a3a662285d8f0feec82383fbdfb.html,最后访问日期:2023 年 6 月 29 日。

告应当积极履行义务,充分保障原告的合法权益。两被告自阳阳出生至今已逾9年仍未为原告办理《出生医学证明》,亦未给原告办理落户手续,导致阳阳的入学、参赛、就医等遇到极大的困难,已经严重侵犯了阳阳的合法权利。关于原告的户口落户在何处,因两被告未能达成一致意见,法院认为应该尊重原告本人的真实意愿,其明确表示希望落户在被告何明处,法院从保护未成年人身心健康的角度出发,对原告的该诉请予以支持。

法院判决被告何明、徐君为原告阳阳办理《出生医学证明》及户籍,并将阳阳户口落户在被告何明处。

3. 典型意义

"一般人格权"为未入户子女办理《出生医学证明》、入户登记提供了法律依据。父母对未成年子女负有抚养、教育和保护的义务。该义务涉及子女身心健康,既包括提供子女所必需的一切生活、教育费用,即物质保障,也包括让子女顺利参与社会活动而办理《出生医学证明》等各项法律文书。如果父母不履行该项义务,子女则可以侵害一般人格权为由寻求法律救济。

(三) 英雄烈士保护民事公益诉讼案[①]

1. 基本案情

2020年6月15日,戍边烈士肖思远在边境冲突中誓死捍卫祖国领土,突围后又义无反顾地返回营救战友,遭敌围攻,壮烈牺牲,于2021年2月被中央军委追记一等功。2021年2月—4月,陈某在《人民日报》《央视新闻》《头条新闻》等微博账号发布的纪念、缅怀肖思远烈士的文章下,发表针对肖思远烈士的不当评论共计20条,诋毁烈士的形象和荣誉。公益诉讼起诉人认为,陈某的行为侵害戍边烈士肖思远的名誉和荣誉,损害社会公共利益,故向人民法院提起民事公益诉讼,请求判令陈某在全国性的新闻媒体上公开赔礼道歉、消除影响。

2. 裁判结果

法院认为,英雄烈士是中华民族最优秀群体的代表,英雄烈士和他们所体现的爱国主义、英雄主义精神是我们党魂、国魂、军魂、民族魂的不竭源泉和重要支

---

① 《最高人民法院发布第二批16起人民法院贯彻实施民法典典型案例之三:杭州市临平区人民检察院诉陈某英雄烈士保护民事公益诉讼案》,https://www.pkulaw.com/pal/a3ecfd5d734f711d70d882159da533a999df14a465549c7bbdfb.html,最后访问日期:2023年6月29日。

撑,是中华民族精神的集中反映。英雄烈士的事迹和精神是中华民族的共同记忆,是社会主义核心价值观的重要体现。抹黑英雄烈士既是对社会主义核心价值观的否定和瓦解,也会对人民群众的价值观念造成恶劣影响。陈某在互联网空间多次公开发表针对肖思远烈士名誉、荣誉的严重侮辱、诋毁、贬损、亵渎言论,伤害了国民的共同情感和民族精神,污染了社会风气,不利于民族共同记忆的赓续、传承,更是对社会主义核心价值观的严重背离,已构成对社会公共利益的侵害。法院判决陈某在全国性的新闻媒体上向社会公众公开赔礼道歉、消除影响。

3. 典型意义

习近平总书记指出,一切民族英雄都是中华民族的脊梁,他们的事迹和精神都是激励我们前行的强大力量。英烈不容诋毁,法律不容挑衅。[1] 本案鲜明表达了我国严厉打击和制裁抹黑英雄烈士形象行为的坚定立场,向全社会传递了热爱英雄、崇尚英雄、捍卫英雄的态度。

| 第二节 |

生命权、身体权和健康权

一、物质性人格权及其救助

(一) 物质性人格权

自然人的生命权、身体权和健康权在学理上统称为物质性人格权。物质性人格权是人格的载体,是其他人格权的基础,是根本的人格权。

生命权是自然人维持其生命存在,以保证其生命安全利益为基本内容的具体人格权,在人格权中的地位至高无上。[2] 身体权是指自然人保持其身体组织完整并支配其头颅、肢体、器官和其他身体组织的权利。作为生命的载体,人体各组成部分完整地运转,是维持生命和安全的前提。健康权的客体包括生理健康和心理健康。《民法典》第 1004 条规定:"自然人的身心健康受法律保护。"

---

① 《习近平向抗战老兵颁发纪念章:一切民族英雄都是中华民族的脊梁》,https://m.guancha.cn/military-affairs/2015_09_03_332864.shtml,最后访问日期:2023 年 6 月 29 日。
② 杨立新、扈艳:《〈人格权法〉建议稿及立法理由书》,《财经法学》2016 年第 4 期。

（二）法定救助义务

《民法典》第 1005 条规定："自然人的生命权、身体权、健康权受到侵害或者处于其他危难情形的，负有法定救助义务的组织或者个人应当及时施救。"

负有法定救助义务的组织包括但不限于以下主体：① 消防人员。《消防法》第 44 条第 4 款规定："消防队接到火警，必须立即赶赴火灾现场，救助遇险人员，排除险情，扑灭火灾。"② 医师。《执业医师法》第 3 条规定：医师应具备良好的职业道德和医疗职业水平，发扬人道主义精神，履行防病治病、救死扶伤、保护人民健康的神圣职责。第 24 条规定：对急危患者，医师应当采取紧急措施进行诊治，不得拒绝急救处置。③ 肇事司机和交通警察。《道路交通安全法》第 70 条规定：发生交通事故的车辆驾驶人对受伤人员负有立即抢救义务；第 72 条规定：交通警察对交通事故受伤人员负有先行组织抢救义务；第 75 条规定：医疗机关对事故受伤人员负有及时抢救义务。④ 承运人。《民法典》第 822 条规定：在运输过程中，承运人对患有急病、分娩、遇险的旅客负有尽力救助的义务。《民用航空法》第 48 条规定：民用航空器遇险时，机长有权采取一切必要措施并指挥机组人员和航空器上其他人员采取抢救措施。⑤ 安全保障义务人。《民法典》第 1198 条第 1 款规定：宾馆、商场、银行、车站、机场、体育场馆、娱乐场所等经营场所、公共场所的经营者、管理者或者群众性活动的组织者，未尽到安全保障义务造成他人损害的，应当承担侵权责任。

基于特定关系，特定个人亦具有的法定救助义务：一是家庭成员之间负有法定的救助义务；二是基于先行行为引起的承担救助义务；三是基于特定关系产生的法定救助义务，在存在引入侵害危险或者危险状态持续的情形下，引入侵害危险、维持危险状态的人负有采取必要合理措施进行救助的义务。

二、人体捐献规则

我国器官资源严重短缺，每年仅有不到 1% 的患者能够获得器官移植的机会。自 2015 年 1 月 1 日，我国全面停止使用死囚器官作为移植供体来源，使得器官捐献变得更加紧绌。[①]

立法提倡并鼓励器官捐献。人体捐献须为无偿捐献，并应以书面形式或者

---

① 沈峰、程汉鹏：《鼓励器官捐献应完善立法设计》，《人民法院报》2016 年 5 月 30 日，第 2 版。

遗嘱形式作出。《民法典》第 1006 条规定："完全民事行为能力人有权依法自主决定无偿捐献其人体细胞、人体组织、人体器官、遗体。任何组织或者个人不得强迫、欺骗、利诱其捐献。完全民事行为能力人依据前款规定同意捐献的，应当采用书面形式，也可以订立遗嘱。自然人生前未表示不同意捐献的，该自然人死亡后，其配偶、成年子女、父母可以共同决定捐献，决定捐献应当采用书面形式。"

器官买卖为立法所禁止及制裁。人的身体是无价的，不能用金钱来衡量。将人体器官视为可以被等价交换的物，这是对人类整体尊严的违背。《民法典》第 1007 条第 1 款规定："禁止以任何形式买卖人体细胞、人体组织、人体器官、遗体。"《刑法修正案（八）》第 37 规定，器官买卖可涉嫌三种犯罪：组织出卖人体器官罪（《刑法》第 234 条之一）；故意伤害罪（《刑法》第 234 条）或故意杀人罪（《刑法》第 232 条）；盗窃、侮辱、故意毁坏尸体、尸骨、骨灰罪（《刑法》第 302 条）。

三、人体医学科研活动规则

《民法典》第 1009 条规定："从事与人体基因、人体胚胎等有关的医学和科研活动，应当遵守法律、行政法规和国家有关规定，不得危害人体健康，不得违背伦理道德，不得损害公共利益。"

如何用科技发展促进人类各项基本权利最大限度的实现，同时防范科技滥用，是各国生命伦理和法治建设的重大课题。1997 年，联合国教科文组织通过的《世界人类基因组与人权宣言》第 10 条指出："任何有关人类基因组及其应用方面的研究尤其是生物学、遗传学和医学方面的研究，都必须以尊重个人的或在某种情况下尊重有关群体的人权、基本自由和人的尊严为前提。"[①]

还应注意的是，《刑法修正案（十一）》增设"非法植入基因编辑、克隆胚胎罪"，以刑事立法规制科技滥用。其第 336 条之一规定："将基因编辑、克隆的人类胚胎植入人体或者动物体内，或者将基因编辑、克隆的动物胚胎植入人体内，情节严重的，处三年以下有期徒刑或者拘役，并处罚金；情节特别严重的，处三年以上七年以下有期徒刑，并处罚金。"

---

① 联合国教育、科学及文化组织：《世界人类基因组与人权宣言》，《科技与法律》2000 年第 3 期。

四、性骚扰的职场保护

"性骚扰"概念最早由美国女权主义法学家凯瑟琳·麦金农于 1974 年提出。[①] 我国 2005 年修正《妇女权益保障法》,这是我国第一部对性骚扰作出规定的法律。其第 40 条规定:"禁止对妇女实施性骚扰。受害妇女有权向单位和有关机关投诉。"遗憾的是,该法没有明确性骚扰行为的法律责任。

《民法典》第 1010 条第 2 款规定:"机关、企业、学校等单位应当采取合理的预防、受理投诉、调查处置等措施,防止和制止利用职权、从属关系等实施性骚扰。"《民法典》除了采行权利保护主义[②]之外,还采行职场保护主义来规制性骚扰行为。

《妇女权益保障法》第 25 条对单位防范性骚扰的义务进行了细化规定:"用人单位应当采取下列措施预防和制止对妇女的性骚扰:(1)制定禁止性骚扰的规章制度;(2)明确负责机构或者人员;(3)开展预防和制止性骚扰的教育培训活动;(4)采取必要的安全保卫措施;(5)设置投诉电话、信箱等,畅通投诉渠道;(6)建立和完善调查处置程序,及时处置纠纷并保护当事人隐私和个人信息;(7)支持、协助受害妇女依法维权,必要时为受害妇女提供心理疏导;(8)其他合理的预防和制止性骚扰措施。"

五、生命权、身体权、健康权适用案例

(一)刘某某与江某某生命权纠纷案[③]

1. 基本案情

江某系江某某的独生女儿,生前系日本法政大学留学生,2016 年 11 月 3 日在日本东京遇害。2015 年,江某在就读日本语言学校时与刘某某相识,两人系同乡,逐渐成为好友。2016 年 4 月,刘某某在日本大东文化大学读书期间,与同在该校学习的中国留学生陈某某相识并确定恋爱关系。2016 年 6 月,刘某某搬入陈某某租住的公寓一同居住。2016 年 7 月,刘某某与陈某某多次因琐事发生

[①] 张新宝、高燕竹:《性骚扰法律规制的主要问题》,《法学家》2006 年第 4 期。

[②] 所谓权利保护主义,是指通过追究性骚扰行为人的民事责任方式来保护性自主权人的权利。《民法典》第 1010 条第 1 款规定:"违背他人意愿,以言语、文字、图像、肢体行为等方式对他人实施性骚扰的,受害人有权依法请求行为人承担民事责任。"

[③] 《刘暖曦与江某某 1 生命权纠纷上诉案民事判决书》,(2022)鲁 02 民终 1497 号。

争执,陈某某曾在夜间将刘某某赶出住所;刘某某向江某求助,江某让刘某某在其租住的公寓内暂住。后刘某某与陈某某和好并回到陈某某的住所同住。2016年8月25日晚—26日凌晨,刘某某与陈某某再次发生激烈争执,刘某某提出分手,陈某某拒绝并以自杀相威胁,还拿走刘某某的手机,意图对其进行控制。随后刘某某再次向江某求助,江某同意她到自己的住所同住。2016年9月2日,刘某某搬进江某的住所。2016年9月15日,陈某某对刘某某进行跟踪,寻求复合遭到拒绝。2016年10月12日,陈某某再次跟踪刘某某进入电车并纠缠,刘某某予以拒绝。2016年11月2日15时许,陈某某找到刘某某与江某同住的公寓,上门纠缠滋扰。刘某某未打开房门,通过微信向已外出的江某求助。江某提议报警,刘某某以合住公寓违反当地法律、不想把事情闹大为由加以劝阻,并请求江某回来帮助解围。当日16时许,江某返回公寓将陈某某劝离,三人相继离开公寓,江某返回学校上课,刘某某去餐馆打工,陈某某仍继续尾随刘某某,并向刘某某发送恐吓信息,称要将刘某某个人不雅照片和视频发给其父母。刘某某到达打工的餐馆后,为摆脱纠缠求助同事充当其男友,再次向陈某某明确表示拒绝复合,陈某某愤而离开,随后又向刘某某发送多条纠缠信息,并两次声称:"我会不顾一切"。其间,刘某某未将陈某某纠缠恐吓的相关情况告知江某。

　　2016年11月2日19时—21时,陈某某返回住处,携带长约9.3厘米的水果刀,准备了用于替换的衣服,到附近超市购买了一瓶威士忌酒,随后赶到江某租住的公寓楼,在二楼与三楼的楼梯转角处饮酒并等候。11月2日23时,江某通过微信联系刘某某,询问陈某某是否仍在跟踪。刘某某回复称,没看见陈某某,但感觉害怕,要求江某在附近的地铁站出口等她,陪她返回公寓。11月3日0点,两人在地铁站出口汇合后一同步行返回公寓。两人前后进入公寓二楼过道,事先埋伏在楼上的陈某某携刀冲至二楼,与走在后面的江某遭遇并发生争执。走在前面的刘某某用钥匙打开房门,先行入室并将门锁闭。陈某某在公寓门外,手持水果刀捅刺江某颈部10余刀,随后逃离现场。刘某某在屋内两次拨打报警电话。第一次报警录音记录显示,刘某某向门外喊:"把门锁了,你(注:指陈某某)不要闹了",随后录音中出现了女性(注:指江某)的惨叫声,刘某某称"姐姐(注:指江某)倒下了,快点"。第二次报警录音记录显示,刘某某向警方称"姐姐危险"。警方到达现场后,安排救护车将江某送往医院救治。江某因左颈总动脉损伤失血过多,经抢救无效死亡。此后,江某某与刘某某因江某死亡原因等产生争议,刘某某在节日期间有意向江某某发送"阖家团圆""新年快乐"等信息,并通过网络方式发表刺激性言语,双方关系恶化,引发了广泛的社会关注。江母以生命权纠纷将刘某某诉至法院。

2. 裁判处理

法院认为,刘某某与江某双方形成一定的救助关系。刘某某与江某为同在日本留学的好友,刘某某与陈某某发生感情纠葛后遭到陈某某的滋扰,身陷困境而向江某寻求帮助,江某热心给予帮助,接纳刘某某与自己同住长达两个月,为其提供了安全的居所,并实施了劝解、救助和保护行为,双方在友情基础上形成了一定的救助关系,作为危险引入者和被救助者,刘某某负有必要的注意及安全保障义务。并且,刘某某对侵害危险具有更为清晰的认知。刘某某与陈某某本系恋爱关系,刘某某对男友的性格行为特点应有所了解,对其滋扰行为的危险性应有所认知和预判。陈某某持续实施跟踪、纠缠、恐吓行为,行为危险性逐步升级,以致事发当晚,刘某某向江某发送信息称感到害怕,要求江某在地铁出口等候并陪她返回公寓,说明刘某某在此时已经意识到自身安全受到严重威胁,但刘某某并未充分尽到注意及安全保障义务。本案中,刘某某在已经感知到侵害危险的情况下,没有将事态的严重性和危险性告知江某,而是阻止江某报警,并要求江某在深夜陪同其返回公寓,将江某引入因其个人感情纠葛引发的现实危险之中。案发时,刘某某先行一步进入公寓,并在面临陈某某实施不法侵害现实危险的情况下,出于保障自身安全的考虑,置他人伤亡于不顾,将房门关上并锁闭,致使江某被阻挡在自己居所的门外,完全暴露在不法侵害之下,处于孤立无援的境地之中,受到严重伤害而丧失生命。综上分析,法院认为刘某某作为江某的好友和被救助者,对于由其引入的安全危险,没有如实向江某进行告知和提醒,在面临其男友陈某某不法侵害的紧迫危险之时,为求自保而置他人的生命安全于不顾,将江某阻挡在自家门外而被杀害,具有明显过错,应当承担相应的民事赔偿责任。

法院认为,江某某含辛茹苦独自将女儿抚养长大,供女儿出国留学,江某在救助刘某某的过程中遇害,江某某失去爱女,因此遭受了巨大伤痛,后续又为赴国外处理后事而奔波劳碌,心力交瘁,令人同情,应予抚慰。而刘某某在事发后发表刺激性言论,进一步伤害了江某某的情感,依法应承担精神损害赔偿责任。法院根据行为情节、损害程度、社会影响,酌情判令刘某某赔偿江某某精神损害抚慰金 20 万元。

法院还认为,江某作为一名在异国求学的女学生,对于身陷困境的同胞施以援手,给予了真诚的关心和帮助,并因此受到不法侵害而丧失生命,其无私帮助他人的行为体现了中华民族传统美德,与社会主义核心价值观和公序良俗相契合,应予褒扬,其受到侵害的权利亦应得到法律保护和有效救济。刘某某作为江某的好友和被救助者,在事发之后,不但没有心怀感恩并对逝者亲属给予体恤和安慰,反而以不当言语相激,进一步加重了他人的伤痛,其行为有违常理人情,应予谴责,必须承担民事赔偿责任并负担全部诉讼费用。法院判决案件受理费23 365 元由刘某某全部负担。

3. 典型意义

扶危济困是中华民族的传统美德,诚信友善是社会主义核心价值观的重要内容。在社会交往中,引入侵害危险、维持危险状态的人负有采取必要合理措施以防止他人受到损害的安全保障义务;在形成救助关系的情况下,施救者对被救助者具有合理的信赖,被救助者对于施救者负有诚实告知和善意提醒的更高注意义务。本案中,作为被救助者和侵害危险引入者的刘某某,对施救者江某并未充分尽到注意和安全保障义务,具有明显过错,理应承担相应的法律责任。

(二)贺某某等非法行医案[1]

1. 基本案情

科研人员贺某某等 3 人从 2016 年 6 月开始,利用 CRISPR/Cas9 技术[2]进行

---

[1] 广东省深圳市南山区人民法院:《贺建奎等非法行医案——人类胚胎基因编辑行为的刑法学规制》,https://www.pkulaw.com/pfnl/c05aeed05a57db0a244785e4924d788166e81606176f3ee7bdfb. html,最后访问日期:2023 年 6 月 29 日。

[2] 2012 年,美国生物学家 J.A. 杜德纳(J.A. Doudna)和法国科学家 E. 卡彭蒂耶(E. Charpentier)在《科学》上发表报告称,她们可以使用 CRISPR/Cas9 系统作为任何基因组切割工具。2020 年,她们因这一发现而荣获诺贝尔化学奖。2018 年 11 月 26 日,由贺某某团队实施的全球首例免疫艾滋病基因(组)编辑双胞胎在中国广东诞生,全球科学共同体对此作出强烈反应。2018 年 12 月在中国香港地区举办的第二届"国际人类基因组编辑峰会"中声明,以及其后的《会议纪要》中指出,贺某某的行为"违背了相关国际(伦理)准则",其中的缺陷包括"不充分的医学指标、糟糕的研究方案设计、不符合保护受试者福利的伦理准则,以及在临床程序的一系列发展和审查过程中缺乏透明度"。该试验也缺乏必要性。根据世界卫生组织 2014 年的指南,父母感染一方可以通过服用 HIV 母婴阻断药物,接近 100%地阻断生产时的母婴传播现象,客观上使得该基因组编辑行为缺乏必要性。2020 年披露的贺某某等人的研究手稿则被国际权威学者们认为证实其基因编辑试验并未成功。贾平:《人类可遗传基因组编辑的伦理和法律治理》,《经贸法律评论》2022 年第 1 期。

人体基因编辑,2017 年 3 月—2018 年 11 月,通过伪造伦理审查书,招募 8 对夫妇(男方患有艾滋病,女方未患病)作为志愿者孕育胚胎,在人类胚胎上进行基因编辑并植入母体,最终有两名志愿者怀孕,一名已经生下双胞胎女婴"露露"和"娜娜"。

2. 裁判处理

法院认为,3 名被告人未取得医生执业资格,追名逐利,故意违反国家有关科研和医疗管理规定,逾越科研和医学伦理道德底线,贸然将基因编辑技术应用于人类辅助生殖医疗,扰乱医疗管理秩序,情节严重,其行为已构成非法行医罪。根据 3 名被告人的犯罪事实、性质、情节和对社会的危害程度,依法判处被告人贺某某有期徒刑 3 年,并处罚金人民币 300 万元;判处张某某有期徒刑 2 年,并处罚金人民币 100 万元;判处覃某某有期徒刑 1 年 6 个月,缓刑 2 年,并处罚金人民币 50 万元。

3. 典型意义

贺某某等基因编辑婴儿案发时,我国刑法只能以"非法行医罪"论处。2020 年 12 月《刑法修正案(十一)》的正式颁布,填补了非法植入基因编辑、克隆胚胎罪的空白。同时,《民法典》第 1009 条新增关于人体基因和人体胚胎等的医学和科研活动规定,明确从事与人体基因、人体胚胎等有关的医学和科研活动,应当遵守法律、行政法规和国家有关规定,不得危害人体健康,不得违背伦理道德,不得损害公共利益。

(三) 劳动合同纠纷案①

1. 基本案情

郑某于 2012 年 7 月入职霍尼韦尔自动化控制(中国)有限公司担任渠道销售经理。霍尼韦尔公司建立有工作场所性骚扰防范培训机制,郑某接受过相关培训。霍尼韦尔公司《商业行为准则》规定经理和主管"应确保下属能畅所欲言且无须担心遭到报复,所有担忧或问题都能专业并及时地得以解决",不允许任何报复行为。2017 年版《员工手册》规定:对他人实施性骚扰、违反公司《商业行为准则》、在公司内部调查中做虚假陈述的行为均属于会导致立即辞退的违纪行

---

① 《指导案例 181 号:郑某诉霍尼韦尔自动化控制(中国)有限公司劳动合同纠纷案》,https://www.pkulaw.com/gac/f4b18d978bc0d1c7f1a0f58f4a81c7cb6b96629e7ae8822cbdfb.html,最后访问日期:2023 年 6 月 29 日。

为。上述规章制度在实施前经过该公司工会沟通会议讨论。

郑某与霍尼韦尔公司签订的劳动合同约定郑某确认并同意公司现有的《员工手册》及《商业行为准则》等规章制度作为本合同的组成部分。《员工手册》修改后,郑某再次签署确认书,表示已阅读、明白并愿意接受 2017 年版《员工手册》内容,愿以恪守公司政策作为在霍尼韦尔公司工作的前提条件。

2018 年 8 月 30 日,郑某因认为下属女职工任某与郑某上级邓某(已婚)之间的关系有点僵,为"疏解"两人关系而找任某谈话。郑某提到昨天观察到邓某与任某说了一句话,而任某没有回答,其还专门跑到任某处帮忙打圆场。任某提及其在刚入职时曾向郑某出示过间接上级邓某发送的性骚扰微信记录截屏,郑某当时对此答复"我就是不想掺和这个事""我往后不想再回答你后面的事情""我是觉得有点怪,我也不敢问"。谈话中,任某强调邓某是在对其进行性骚扰,邓某要求与其发展男女关系,并在其拒绝后继续不停骚扰,郑某不应责怪其不搭理邓某,也不要替邓某来对其进行敲打。郑某则表示"你如果这样干工作的话,让我很难过""你越端着,他越觉得我要把你怎么样""他这么直接,要是我的话,先靠近你,摸摸看,然后聊聊天。"

2018 年 11 月,郑某以任某不合群等为由向霍尼韦尔公司人事部提出与任某解除劳动合同,但未能说明解除任某劳动合同的合理依据。人事部为此找任某了解情况。任某告知人事部其被间接上级邓某骚扰,郑某有意无意撮合其和邓某,其因拒绝骚扰行为而受到打击报复。霍尼韦尔公司为此展开调查。

2019 年 1 月 15 日,霍尼韦尔公司对郑某进行调查,并制作了调查笔录。郑某未在调查笔录上签字,但对笔录记载的其对公司询问所做答复做了诸多修改。对于调查笔录中有无女员工向郑某反映邓某跟其说过一些不合适的话、对其进行性骚扰的提问所记录的"没有"的答复,郑某未做修改。

2019 年 1 月 31 日,霍尼韦尔公司出具《单方面解除函》,以郑某未尽经理职责,在下属反映遭受间接上级骚扰后没有采取任何措施帮助下属不再继续遭受骚扰,反而对下属进行打击报复,在调查过程中就上述事实做虚假陈述为由,与郑某解除劳动合同。

2019 年 7 月 22 日,郑某向上海市劳动争议仲裁委员会申请仲裁,要求霍尼韦尔公司支付违法解除劳动合同赔偿金 36 万余元。该请求未得到仲裁裁决支持。郑某不服,以相同请求诉至法院。

2. 裁判处理

法院认为,霍尼韦尔公司的《员工手册》《商业行为准则》对郑某具有约束力。郑某存在足以解除劳动合同的严重违纪行为:一是霍尼韦尔公司建立有工作场所性骚扰防范培训机制,郑某亦接受过相关培训;二是霍尼韦尔公司 2017 年版《员工手册》明确规定在公司内部调查中做虚假陈述的行为属于会导致立即辞退的严重违纪行为。霍尼韦尔公司主张郑某存在严重违纪行为依据充分,不构成违法解除劳动合同。法院判决驳回郑某要求霍尼韦尔公司支付违法解除劳动合同赔偿金的请求。

3. 典型意义

本案中,霍尼韦尔公司具有完善的"事前预防、事中制止和事后处置"等相应监督预防机制,能够做到事实调查清楚、证据收集全面、处置程序合法合规,既履行了用人单位防范性骚扰的法定义务,又避免了单方解除严重违纪员工的劳动合同而带来的法律风险。本案典型意义在于为企业人力资源管理和合规调查提供了思路:单位防范性骚扰措施应包括用工章程公示、事后调查及保全证据。

| 第三节 |

姓名权和名称权

一、姓名权保护

《民法典》第 1012 条规定:"自然人享有姓名权,有权依法决定、使用、变更或者许可他人使用自己的姓名,但是不得违背公序良俗。"

(一) 姓名权制度的发展

《摩奴法典》已出现保护姓名的规范,该法典第 8 章第 271 条规定:"如果一个人在称呼别人名字和姓的时候出言不逊,他就应该被烧红的十指铁钉刺进嘴里。"[①]

17 世纪初,一些国家在公法领域出现关于姓名的规定,例如姓名不得任意

---

① 蒋忠新:《摩奴法论》,中国社会科学出版社 1986 年版,第 161 页。

更改,更改须得官府许可,以及盗用他人姓名应受处罚等。这些规定有助于行政管理,但在私法领域尚未承认姓名权作为一种权利。

1804年的《法国民法典》没有对姓名权进行规定,但法官通过扩张解释来创立保护姓名权的判例,以弥补立法的不足。

1900年的《德国民法典》首次对姓名权进行规定,但是没有规定侵害姓名权的责任。20世纪50年代后,德国通过司法判例拓展姓名权适用范围,当侵权姓名权时,德国法官会通过所谓的一般人格权理论来判令侵权人承担侵权责任。

(二) 姓名的选取与变更

姓名是用以确定和代表个体自然人的文字符号和标记。公民的姓名不仅体现了血缘关系、亲属关系,而且承载着丰富的文化传统、伦理观念、人文情怀。"姓",即姓氏,源于承袭,系先祖所传,体现着血缘传承、伦理秩序和文化传统;"名"则源于主观创造,为父母所授,承载了个人喜好、人格特征、长辈愿望等。为此,法律对于姓名的选取与变更进行了规制。

关于姓名的选取,《民法典》第1015条规定:"自然人应当随父姓或者母姓,但是有下列情形之一的,可以在父姓和母姓之外选取姓氏:(1) 选取其他直系长辈血亲的姓氏;(2) 因由法定扶养人以外的人扶养而选取扶养人姓氏;(3) 有不违背公序良俗的其他正当理由。少数民族自然人的姓氏可以遵从本民族的文化传统和风俗习惯。"我国《居民身份证法》第4条规定:"居民身份证使用规范汉字①和符合国家标准的数字符号填写。民族自治地方的自治机关根据本地区的实际情况,对居民身份证用汉字登记的内容,可以决定同时使用实行区域自治的民族的文字或者选用一种当地通用的文字。"

关于姓名的变更,《民法典》第1016条第1款规定:"自然人决定、变更姓名,或者法人、非法人组织决定、变更、转让名称的,应当依法向有关机关办理登记手续,但是法律另有规定的除外。"

(三) 侵害姓名权的情形

《民法典》第1014条规定:"任何组织或者个人不得以干涉、盗用、假冒等方

---

① 2006年的"赵C案"被称为"全国首例公民捍卫姓名权案",其基本争点在于是否允许在姓名中使用非汉字。参见《江西省鹰潭市中级人民法院(2008)鹰行终字第5号行政裁定书》。

式侵害他人的姓名权或者名称权。"侵害姓名权的常见情形包括干涉、盗用、假冒等。

还应注意的是,根据《最高人民法院关于审理商标授权确权行政案件若干问题的规定》第 20 条:"当事人主张诉争商标损害其姓名权,如果相关公众认为该商标标志指代了该自然人,容易认为标记有该商标的商品系经过该自然人许可或者与该自然人存在特定联系的,人民法院应当认定该商标损害了该自然人的姓名权。当事人以其笔名、艺名、译名等特定名称主张姓名权,该特定名称具有一定的知名度,与该自然人建立了稳定的对应关系,相关公众以其指代该自然人的,人民法院予以支持。"

二、名称权保护

《民法典》第 1013 条规定:"法人、非法人组织享有名称权,有权依法决定、使用、变更、转让或者许可他人使用自己的名称。"

(一) 企业名称权受法律保护

名称权是用以确定和代表法人或非法人组织的文字符号和标记。企业名称由以下部分依次组成:字号、行业或者经营特点、组织形式。企业名称通常冠以企业所在地省或者县行政区域名称。企业名称是企业极为重要的无形资产,具有标识价值、广告价值和商誉价值。

(二) 侵害企业名称权的情形

侵害企业名称权的情形主要是仿冒行为:两个同行业企业的名称中商号在字音、字形及字义方面非常接近或完全相同,仿冒者意图利用被仿冒者的商誉,推销自己的产品。

《反不正当竞争法》第 6 条规定了 4 种仿冒类型:"经营者不得实施下列混淆行为,引人误认为是他人商品或者与他人存在特定联系:(1)擅自使用与他人有一定影响的商品名称、包装、装潢等相同或者近似的标识;(2)擅自使用他人有一定影响的企业名称(包括简称、字号等)、社会组织名称(包括简称等)、姓名(包括笔名、艺名、译名等);(3)擅自使用他人有一定影响的域名主体部分、网站名称、网页等;(4)其他足以引人误认为是他人商品或者与他人存在特定联系的混涌行为。"

(三)侵害企业名称权的法律责任

《反不正当竞争法》第17条第2、3款规定:"因不正当竞争行为受到损害的经营者的赔偿数额,按照其因被侵权所受到的实际损失确定;实际损失难以计算的,按照侵权人因侵权所获得的利益确定。经营者恶意实施侵犯商业秘密行为,情节严重的,可以在按照上述方法确定数额的一倍以上五倍以下确定赔偿数额;赔偿数额还应当包括经营者为制止侵权行为所支付的合理开支;权利人因被侵权所受到的实际损失、侵权人因侵权所获得的利益难以确定的,由人民法院根据侵权行为的情节判决给予权利人五百万元以下的赔偿。"

三、姓名权和名称权适用案例

(一)"北雁云依"行政登记纠纷案①

1.基本案情

"北雁云依"出生于2009年1月25日,父亲名为吕某某,母亲名为张某某。因酷爱诗词歌赋和中国传统文化,吕某某、张某某夫妇二人决定给爱女起名为"北雁云依","北雁"是姓,"云依"是名,并以"北雁云依"为名办理了新生儿出生证明和计划生育服务手册新生儿落户备查登记。2009年2月,吕某某前往燕山派出所为女儿申请办理户口登记,被民警告知拟被登记人员的姓氏应当随父姓或者母姓,即姓"吕"或者"张",否则不符合办理出生登记条件。因燕山派出所作出拒绝办理户口登记的具体行政行为。"北雁云依"将派出所诉至法院。

2.裁判处理

法院认为,在父姓和母姓之外选取姓氏的行为主要存在于实际抚养关系发生变动、有利于未成年人身心健康、维护个人人格尊严等情形。原告"北雁云依"的父母自创"北雁"为姓氏,选取"北雁云依"为姓名给女儿办理户口登记的理由是"我女儿姓名'北雁云依'四字,取自四首著名的中国古典诗词,寓意父母对女儿的美好祝愿"。此理由仅凭个人喜好愿望并创设姓氏,具有明显的随意性,违

---

① 山东省济南市历下区人民法院:《"北雁云依"诉济南市公安局历下区分局燕山派出所公安行政登记案》,https://www.pkulaw.com/gac/f4b18d978bc0d1c7c54e81f599a4514f1f192a4627b19ee3bdfb.html,最后访问日期:2023年6月29日。

背公序良俗。法院判决驳回起诉。

3. 典型意义

从社会管理和发展的角度,子女承袭父母姓氏有利于提高社会管理效率,便于管理机关和其他社会成员对姓氏使用人的主要社会关系进行初步判断。若允许随意选取姓氏甚至恣意创造姓氏,则会增加社会管理成本,不利于维护社会秩序和实现社会的良性管控,而且极易使社会管理出现混乱,增加社会管理的风险性和不确定性。

(二) 乔丹姓名权纠纷案[①]

1. 基本案情

美国前职业篮球运动员迈克尔·乔丹(Michael Jordan)认为,乔丹体育公司未经其许可,擅自在其商号、产品和商业推广活动中使用自己的姓名"乔丹",对广大消费者造成误导,构成了对自己姓名权的侵害。百仞贸易公司销售乔丹体育公司的侵权产品,构成了共同侵权。

乔丹体育公司辩称:一是"Jordan"只是英美国家的一个普通姓氏。迈克尔·乔丹不可能对一个英美普通姓氏的惯常翻译享有中国法律意义上的姓名权;二是乔丹体育公司注册并使用"乔丹"商标已有数十年,对"乔丹"商标依法享有商标权;三是迈克尔·乔丹早就知道被告使用"乔丹"商标和商号,却不及时主张权利,早已过了诉讼时效。

百仞贸易公司辩称,销售的产品均通过合法渠道进货,故已尽到了合理的注意义务,不构成共同侵权。

2. 裁判结果

法院认为,乔丹体育公司是在明知迈克尔·乔丹具有较高知名度的情况下,仍然擅自选择"乔丹"两字进行商标注册,并登记了"乔丹"商号。除此以外,乔丹体育公司还将迈克尔·乔丹曾经的球衣号码"23"和他两位儿子的中文译名马库斯·乔丹和杰弗里·乔丹均注册为商标,其指向性非常明显,足以认定其具有导致或放任公众产生混淆的故意,故乔丹体育公司构成对原告姓名权的侵害。

销售商百仞贸易公司不具备共同的侵权故意,但今后不得再销售侵权产品。

[①] 梁宗:《上海二中院对迈克尔·乔丹姓名权纠纷案一审宣判》,《人民法院报》2021年1月8日,第3版。

由于乔丹体育公司注册的部分"乔丹"商标早已超过了《商标法》上的 5 年争议期,成为不可撤销的商标,故对该部分商标应采取合理方式以阻断社会公众对原、被告之间关联性的联想,这样既达到了停止对原告姓名权侵害的目的,也兼顾了《商标法》关于 5 年争议期的立法目的。由于原告在本案中明确表示不主张经济损失,故法院仅就原告主张的精神损害抚慰金及诉讼中的合理支出进行裁判。

法院判决乔丹体育公司公开在报纸和网络上向原告赔礼道歉,并澄清两者关系;停止使用其企业名称中的"乔丹"商号;停止使用涉及"乔丹"的商标,但对于超过 5 年争议期的涉及"乔丹"的商标,应采用包括区别性标识等在内的合理方式,注明其与美国前篮球运动员迈克尔·乔丹(Michael Jordan)不存在任何关联;应赔偿原告精神损害抚慰金人民币 30 万元;赔偿原告因本案诉讼所支出的合理费用人民币 5 万元。

3. 典型意义

对于具有一定知名度的外国人,虽然其本人或者利害关系人可能并未在我国境内主动使用其姓名,但随着互联网的普及、新闻资讯的传播,以及国际经济、文化、人文交流的不断深入,该外国人可能在我国相关公众中亦具有一定的知名度;或者其本人、利害关系人在我国境内主动使用了特定的中文译名,且在相关公众中具有较高的知名度,可以依法获得姓名权保护。

(三)利用竞争对手名称设置搜索关键词侵害名称权案[①]

1. 基本案情

某虎公司系某搜索引擎运营商,旗下拥有搜索广告业务。甲公司为宣传企业购买了上述服务,并在 3 年内间断使用同行业"乙公司"的名称为关键词对甲公司进行商业推广。通过案涉搜索引擎搜索乙公司关键词,结果页面前两条词条均指向甲公司,而乙公司的官网词条却相对靠后。乙公司认为甲公司在网络推广时,擅自使用乙公司名称进行客户引流,侵犯其名称权,某虎公司明知上述

---

① 《广东省广州市中级人民法院发布涉平台经济消费者权益保护十大典型案例之案例三利用竞争对手名称设置搜索关键词进行商业推广构成侵害名称权——网络竞价排名侵害名称权案》,https://www.pkulaw.com/pal/a3ecfd5d734f711d2e47352a71b8c5ccacffc3477f94a940bdfb.html,最后访问日期:2023 年 6 月 29 日。

行为构成侵权仍施以帮助,故诉至法院,要求甲公司、某虎公司停止侵权,赔礼道歉,消除影响并连带赔偿损失 30 万元。

2. 裁判结果

法院认为,法人、非法人组织享有名称权,任何组织或者个人不得以干涉、盗用、假冒等方式侵害其名称权。乙公司作为具有一定知名度的企业,其名称具有一定的经济价值。甲公司擅自使用乙公司名称进行营销,必然会对其造成经济损失,已侵犯其名称权。某虎公司作为案涉搜索引擎运营商,对外开展付费广告业务,其对甲公司关键词设置的审查义务应高于普通网络服务提供者。因某虎公司未正确履行审查义务,客观上对案涉侵权行为提供了帮助,构成共同侵权。遂判决甲公司、某虎公司书面赔礼道歉、澄清事实、消除影响并连带赔偿损失。

3. 典型意义

名称权是企业从事商事活动的重要标识性权利,已逐渐成为企业的核心资产。本案立足于数字经济发展新赛道,通过揭示竞价排名广告的商业逻辑,明确他人合法注册的企业名称受到保护,任何人不得通过"蹭热点""傍名牌"等方式侵害他人企业名称权。同时,本案还对网络服务提供者的审查义务进行了厘定,敦促其利用技术优势实质性审查"竞价排名"关键词的权属情况等,对制约商标侵权和不正当竞争行为、规范行业竞争秩序、构筑健康的品牌经济具有积极作用。

| 第四节 |

肖　像　权

一、肖像权保护

(一) 肖像及其要素

肖像是通过影像、雕塑、绘画等方式在一定载体上所反映的特定自然人可以被识别的外部形象。肖像不仅是特定自然人的外部形象,而且必须是可以被识别的外部形象。

肖像包括三个要素:一是外部形象。肖像是自然人有关形象的人格标识,反映的是自然人的外貌属性。二是载体。肖像通过影像、雕塑、绘画等方式在一定载体上。三是可识别性。肖像是一个自然人形象的标志,除面部特征外,还包括任何足以反映或者可以识别特定自然人的外部形象。[①]

（二）肖像权的保护

肖像权,是自然人以在自己的肖像上所体现的利益为内容的具体人格权。肖像权是自然人独有的权利。自然人的肖像权是人格尊严的基本内容。肖像作为特定自然人外部形象最明显的标志,反映特定自然人的外部形象特征,与人格尊严密切相关,并且关系自然人的社会评价。

任何组织或者个人不得以丑化、污损,或者利用信息技术手段伪造等方式侵害他人的肖像权。未经肖像权人同意,不得制作、使用、公开肖像权人的肖像,但是法律另有规定的除外。未经肖像权人同意,肖像作品权利人不得以发表、复制、发行、出租、展览等方式使用或者公开肖像权人的肖像。

二、肖像的合理利用

《民法典》第 1020 条规定:"合理实施下列行为的,可以不经肖像权人同意:（1）为个人学习、艺术欣赏、课堂教学或者科学研究,在必要范围内使用肖像权人已经公开的肖像;（2）为实施新闻报道,不可避免地制作、使用、公开肖像权人的肖像;（3）为依法履行职责,国家机关在必要范围内制作、使用、公开肖像权人的肖像;（4）为展示特定公共环境,不可避免地制作、使用、公开肖像权人的肖像;（5）为维护公共利益或者肖像权人合法权益,制作、使用、公开肖像权人的肖像的其他行为。"

任何权利都是有边界的,肖像权也不例外。肖像权作为自然人的个体权利,不可避免地会与社会公共利益或者他人的利益发生冲突,在特定的情况下,合理使用肖像可以不经肖像权人同意。

为维护公共利益制作、使用、公开肖像权人的肖像的情况比较常见,这被称为肖像的公益性使用。日本在维护公共利益作为侵害肖像权的阻却事由方有着比较成熟的司法实践经验。2005 年,日本最高法院确立了"六要素"标准:被拍

[①] 美国篮球明星迈克尔·乔丹诉乔丹体育商标争议行政纠纷案,被诉侵害乔丹肖像权的商标是一名正在打篮球的自然人的剪影。我国最高人民法院认为,涉案商标没有明确体现乔丹的个人特征,不具备可识别性,因此不构成侵害肖像权。参见《最高人民法院（2018）最高法行再 32 号行政判决书》。

摄者的社会地位、被拍摄者活动的内容、摄影的场所、摄影的目的、摄影的方式以及摄影的必要性。[①]

三、肖像权适用案例

（一）某公司与莫某侵犯姓名权、肖像权纠纷案[②]

1. 基本案情

原告莫某系我国获得诺贝尔文学奖的著名作家，被告深圳市玉瓷科技有限公司为从事陶瓷锅生产与销售的公司。原告因其所住小区收发室工作人员顾某牵线请托，为被告控股股东董某某题字一幅，题名为《咏景德镇兀然亭》。数日后，董某某来原告家中拜访，原告与董某某合影留念，并在董某某准备的书上签名，该签名最后落款题字为："赠与董某某战友。"

2017 年 6 月 17 日，被告未经授权使用原告姓名及照片制作企业宣传视频，并上传至网络，用于产品销售和业务推广。该视频播放第 7 分 20 秒时的旁白为：中国首位诺贝尔文学奖获得者莫某在使用玉瓷科技养生锅后给予了很高的评价，并邀请创始人董某某到家做客，以战友相称，聊文学、聊陶瓷，最后莫老师说：用了玉瓷科技养生锅，炒菜味道就是不一样，健康养生，其他的金属致癌锅再用不回去了，希望你们把它卖到全世界，为全人类的健康造福。截至 2018 年 10 月 23 日，该视频点击量为 7 073 人次。

2017 年 6 月 22 日，被告未经授权使用原告姓名及照片制作企业宣传广告，并上传至网络，用于产品销售和业务推广。该网页标题是《财富增长之道震撼开讲!!》，网页多处显著位置提到莫某以战友相称的企业家导师董某某，并且配图董某某与原告的合影。被告的经营方式亦存在特殊性，即以发展运营商或代理商的方式推广销售产品，其推广成员的提成采取层级提成制的经营模式。

原告以被告侵犯姓名权、肖像权将被告诉至法院，请求判令：① 被告立即停止对原告姓名权、肖像权的侵权行为，删除涉案相关侵权信息；② 被告在《光明日报》上刊登致歉信，赔礼道歉、消除影响。致歉内容以法院判决为准，致歉版面面积不小于¼版；③ 被告赔偿原告经济损失 600 万元、精神损害赔偿金 10 万

---

① 参见日本最高裁平成 17 年 11 月 10 日判决判书 1203 号。转引自张红：《肖像权保护中的利益平衡》，《中国法学》2014 年第 1 期。
② 《深圳市玉瓷科技有限公司与莫言一般人格权纠纷上诉案》，(2019)粤 03 民终 20874 号。

元等。

2. 裁判处理

法院认为：被告未经原告许可使用其姓名与形象进行商业宣传，制造原告为被告产品进行代言的广告形象，侵犯了原告的姓名权和肖像权，应承担相应的法律责任。原告诉请判令被告立即停止对原告姓名权、肖像权的侵权行为，删除涉案相关侵权信息，符合法律规定，法院予以支持。

原告诉请判令被告在《光明日报》上刊登致歉信，赔礼道歉、消除影响，致歉版面面积不小于¼版，考虑到原告在文学领域的影响力，法院准许原告要求被告在《光明日报》上刊登致歉信的诉请，致歉内容应先经法院审核同意，致歉版面应根据需要确定。

本案争议焦点在于赔偿数额。原告提出的赔偿数额包括经济损失 600 万元、精神损失 10 万元，其依据：一是曾有公司找原告代言出价 1 200 万元；二是其他明星的代言费可作为参考。但原告未在举证期限内提交证据证明存在上述依据。被告对原告的诉请不予认可，其理由：一是原告未举证证明其实际损失；二是被告仅是制作案涉视频，未上传至网络上，且视频点击率不高，案涉网页亦非其制作。对此，法院认为，关于财产损失，因双方当事人未能举证证明原告损失的金额及被告因侵权获利的金额，故应由法院根据案件的实际情况酌定赔偿数额。

本案中，在酌定赔偿数额时需要考虑以下因素：一是原告代言的市场价值。原告作为具有重要社会影响力的作家，其代言的市场价值是毋庸置疑的。在原告未曾进行商业代言的情况下，可以参考其他名人代言的市场价格。公开的网络上可以查到一些明星的代言费用，但真实性难以确定。同时，法院也注意到，影视明星的代言和文学家的代言具有差异性。二是被告的过错程度。本案并非简单的侵犯姓名权、肖像权的问题，被告在产品宣传中虚构了完全不存在的事实，并且在视频中以画外音的形式将原告没有说过的话强加于原告，具有明显恶意。三是原告形象的受损程度。名人代言通常会选择具有较佳品质、声誉，与其形象适配的产品。法院注意到，原告享有较高声誉且在商业代言方面非常谨慎，而被告的产品是养生锅，虽获得多项专利，但市场影响力不高，被告也未提交证据证明其产品有较高品质，被告的经营模式在社会生活中也常受到质疑。在被告制作的视频中，原告呈现出来的形象与有良好声誉的作家形象相距甚远，被告编造原告所说的话即使从普通人角度看也缺乏起码的公允性、判断力,给社会公众造成一种"代言无底线"的形象,对原告的社会形象造成较大损害。四是侵权范围。案涉侵权方式主要有三种,即视频、网页以及展示现场播放有侵权内容的视频、放置有侵权内容的宣传海报。截至 2018 年 10 月 23 日,视频点击量为7 073 人次,总体来看,侵权范围一般。《最高人民法院关于审理利用信息网络侵害人身权益民事纠纷案件适用法律若干问题的规定》第 18 条规定:"被侵权人因人身权益受侵害造成的财产损失或者侵权人因此获得的利益无法确定的,人民法院可以根据具体案情在 50 万元以下的范围内确定赔偿数额。"该规定中"在50 万元以下确定赔偿额"指的是一般性的赔偿标准。根据本案的具体情况,在该标准下确定赔偿数额显然不能填补原告的损失,对被告的侵权行为也无法起到惩戒作用,且本案的侵权范围也不仅限于信息网络侵权,故在确定赔偿数额时可对上述标准可予以调整。根据案件具体情况,法院以审慎的态度酌定被告赔偿原告财产损失 200 万元(不含维权损失)。关于精神损害抚慰金,考虑被告的过错程度、侵权方式、侵权范围以及原告所受到的精神损害程度等因素,对原告提出的 10 万元的赔偿请求,法院予以支持。

3. 典型意义

本案中,莫言获赔 210 万,是目前我国肖像权案中最高的赔偿金额。实践中,明星肖像权案的被告多种多样,从个人、合伙企业到上市公司均可能成为侵权人,体现出经营者在商业宣传方面法律意识的淡薄。

(二)葛某肖像权纠纷案①

1. 基本案情

原告葛某为我国知名演员,其曾在电视剧《我爱我家》中扮演纪春生"二混子",角色特点为懒惰耍赖、骗吃骗喝。该角色在剧中将身体完全瘫在沙发上的放松形象被称为"葛某躺",成为 2016 年网络热词。2016 年 7 月 25 日,被告艺龙网信息技术(北京)有限公司在其新浪微博号"艺龙旅行网"中发布了使用原告葛某肖像的配图微博,未经许可使用了原告的肖像,整篇微博以图片配台词的形

① 《黑龙江案例法学研究会与北京市知识产权会等联合发布 2018 年度十大侵权损害赔偿案例之一:葛优与艺龙网信息技术(北京)有限公司肖像权纠纷案》,https://www.pkulaw.com/pfnl/a6bdb3332ec0adc45c5022ddcf47624947228b85c97ad996bdfb.html,最后访问日期:2023 年 6 月 29 日。

式,通过介绍"葛某躺",代入与被告业务相关的酒店预订。被告擅自加工和使用原告的肖像图片具有明显的商业属性,旨在宣传其旅游项目及酒店预订,极易使众多浏览者及消费者误认为原告系被告代言人,或与被告存在某种合作关系,使原告蒙受外界诸多误解。

2. 裁判处理

法院判决:被告在其运营的"艺龙旅行网"微博账号,针对未经许可使用原告葛某剧照及照片的行为公开发布致歉声明,置顶 72 小时,30 日内不得删除;被告赔偿原告葛某经济损失 7 万元,支付其维权合理支出 5 000 元。

3. 典型意义

本案的典型意义在于使用明星们的表情包用于私下玩梗不会产生侵权责任,但如果用于商业用途则面临侵权责任。明星本身是有商业价值的,企业随便使用对方的名字或肖像用于商业推广,不仅会损害明星利益,而且会误导消费者。"葛某躺"系列案件中,不少商家及新媒体账号蹭此热度营销,随意使用"葛某躺"表情包,其中包括挖掘机公司、汽车品牌、中医按摩店、航空公司等,导致承担侵权责任。

| 第五节 |

名　誉　权

一、名誉权保护

《民法典》第 1024 条规定:"民事主体享有名誉权。任何组织或者个人不得以侮辱、诽谤等方式侵害他人的名誉权。名誉是对民事主体的品德、声望、才能、信用等的社会评价。"

名誉是一种社会评价。对自然人来说,其社会评价主要围绕其个人素质,例如品德、才能等因素与精神性利益联系更密切;对组织来说,其社会评价主要围绕其信用、生产经营能力、经营状况等因素,与财产性利益联系更密切。

名誉权是保障民事主体的社会评价不受恶意贬损的权利。法律禁止任何组织和个人以侮辱、诽谤等方式侵害名誉权。侮辱是指故意以暴力或其他方式贬损他人人格,毁损他人名誉。实践中常见的侮辱方式有暴力侮辱、语言侮辱和文字侮辱。诽谤通常指捏造虚假事实丑化他人人格,损害他人名誉。诽谤分为口头诽谤和文字诽谤。

应注意的是,对诽谤行为成立的认定应以合理第三人的标准判断,同时整体性地参考表达内容的背景、时代性等因素。合理第三人的标准要求是按一个有理性的、普通的、一般人的理解认为某种表达是否属于诽谤;整体性要求注意受害人的年龄层次、职业,考虑行为人行为时的具体环境。

正如莎士比亚所说:"把名誉从我身上拿走,我的生命也就完了。"[①]自然人名誉权受到的损害通常表现为精神损害,有时也存在财产损害,例如名誉权受到损害后,自然人劳动报酬的减少甚至丧失。法人或非法人组织的名誉权受到损害,仅表现为财产损失,不包含精神损害。

二、新闻报道与名誉侵权

《民法典》对新闻报道失实侵犯名誉权的行为做了系统规定,其第 999 条规定:"为公共利益实施新闻报道、舆论监督等行为的,可以合理使用民事主体的姓名、名称、肖像、个人信息等;使用不合理侵害民事主体人格权的,应当依法承担民事责任。"

媒体进行不实报道,或未尽合理核实义务导致不实报道的,可以构成对民事主体名誉权的侵害。《民法典》第 1025 条规定:"行为人为公共利益实施新闻报道、舆论监督等行为,影响他人名誉的,不承担民事责任,但是有下列情形之一的除外:(1) 捏造、歪曲事实;(2) 对他人提供的严重失实内容未尽到合理核实义务;(3) 使用侮辱性言辞等贬损他人名誉。"第 1026 条规定:"认定行为人是否尽到前条第二项规定的合理核实义务,应当考虑下列因素:(1) 内容来源的可信度;(2) 对明显可能引发争议的内容是否进行了必要的调查;(3) 内容的时限性;(4) 内容与公序良俗的关联性;(5) 受害人名誉受贬损的可能性;(6) 核实能力和核实成本。"对于是否尽到合理核实义务,应由侵权人承担举证责任。

媒体不作为同样构成侵害名誉权。《民法典》第 1028 条规定:"民事主体有证据证明报刊、网络等媒体报道的内容失实,侵害其名誉权的,有权请求该媒体

① 石宏:《〈民法典〉视角下的名誉权保护制度》,《上海政法学院学报》2021 年第 1 期。

及时采取更正或者删除等必要措施。"

三、名誉权适用案例

(一) 谭某侮辱、诽谤案[①]

1. 基本案情

2016 年 11 月 3 日,江某在日本留学期间遭其室友刘某的前男友陈某某杀害。2017 年 12 月 20 日,陈某某被日本东京地方裁判所判处有期徒刑 20 年。该案引起了网民的广泛关注和评论。网民谭某通过其新浪微博账号"Posh - Bin",发布系列与江某案有关的文章及漫画。江某认为上述漫画和文章对江某及其本人构成侮辱、诽谤,遂以谭某犯侮辱罪、诽谤罪向法院提起刑事自诉。

2. 裁判结果

生效裁判认为,谭某得知江某在日本被杀事件后,非但不表同情,而且从 2018 年起通过网络对原本素不相识的江某及江某之母江某某进行侮辱、诽谤。其中,谭某发布他人创作的《甜心宝贝 miss 奖@b。tch》系列漫画,该漫画将江某某描画得面目狰狞、形象丑陋、衣着暴露;谭某在发布的《江某某自己克死女儿江某,不能怨任何人》《江某某七百多天了还不安生,你想念你家鸽子就去买瓶敌敌畏就 ok 啦》两篇博文首部附上江某遗照,并在江某遗照上添加文字"婊子、臭货""活该死你,江某某作恶克死你",在文中以"贱妇""可怜人有可恨处"等语言对江某某进行侮辱、谩骂;谭某在发布的 17 篇微博短文中连续辱骂江某某,语言恶毒;发布标题为《深度解析江某某的谎言与诡计,正义必然不属于你》的博文,捏造江某是陈某某情敌而遭其杀害的事实。谭某发布的上述漫画和博文浏览数总计达 42 万余次。2019 年 1 月,经山东省青岛市精神卫生中心初步诊断,江某某患有创伤后抑郁。

谭某作为成年人,应当具备明辨是非的判断能力,应当对自己的言行负责。因此,谭某关于其系受他人影响,跟风参与网络骂战的辩解不能成为对其从轻处罚的理由。且谭某在一审法院审理期间还发布相关微博,侮辱江某某。谭某的上述网络暴力行为不仅损害、破坏了江某、江某某的名誉权和人格权,严重伤害了江某某,而且混淆了公众视听。法院对谭某以侮辱罪判处有期徒刑 1 年,以诽

[①]《江某、谭某侮辱二审刑事裁定书》,(2020)沪 02 刑终 672 号。

谤罪判处有期徒刑 9 个月,决定执行有期徒刑 1 年 6 个月。

3. 典型意义

随着自媒体的普及,每个人都拥有自己发声的渠道,信息的发布门槛大幅度降低。但是网络不是法外之地,每位网民都应当尊重权利应有的法律界限,不能侵犯他人的合法权益。假如言行不当,构成违法犯罪的,将面临相应的法律责任。

（二）企业名誉权纠纷案①

1. 基本案情

原告某医疗科技公司与被告某健康科技公司均生产防护口罩。2021 年 7 月,被告向省商务厅投诉称,某医疗科技公司盗取其公司防护口罩的产品图片等宣传资料,并冒用其公司名义在国际电商平台上公开销售产品。随后,原告收到安徽省商务厅的约谈通知。与此同时,原告不断接到客户电话反映称,被告在公司官网、微信公众号上发布指责其盗用防护口罩名称、包装的文章,被各大网络平台转载。经查,涉案国际电商平台设立在东南亚某国,原告从未在该平台上注册企业用户信息,也不是该平台的卖家商户,虽然平台上确有被告防护口罩的产品信息,但网页配图中原告的厂房和车间图片系被盗用和嫁接。为了维护自身合法权益,原告诉至法院,请求判令被告立即停止侵犯名誉权行为并赔礼道歉。被告提起反诉,要求原告立即停止在国际电商平台销售和宣传侵权产品,并赔礼道歉。

2. 裁判结果

生效裁判认为,涉案国际电商平台上涉及两家公司的商品信息均为网站用户在其个人终端上自主上传,原告没有在该平台上注册过企业用户信息,不具备在该电商平台上销售产品的前提条件,网页配图系被他人盗用。被告发现平台用户存在侵权行为后,应当在第一时间内向该电商平台要求采取删除、屏蔽、断开链接等必要措施,并查清实际侵权人。但被告未核实信息来源,仅凭配发的原告图片即向有关部门投诉。在投诉尚无结论时,被告即在公司官网及微信公众

---

① 《最高人民法院发布第二批 16 起人民法院贯彻实施民法典典型案例之八：安徽某医疗科技公司诉安徽某健康科技公司名誉权纠纷案》,https://www.pkulaw.com/pal/a3ecfd5d734f711d70d882159da533a999df14a465549c7bbdfb.html,最后访问日期：2023 年 6 月 29 日。

号发布不实言论,主观认定原告假冒、仿冒其公司产品,文章和声明被各大网络平台大量转载和传播,足以引导阅读者对原告产生误解,致使公司的商业信誉降低,社会评价下降。被告的行为严重侵犯原告的企业名誉,构成侵权,应当承担相应的民事责任。据此,依法判决被告停止侵害、删除发布在网站上的不实信息并登报赔礼道歉,驳回被告的反诉。

3. 典型意义

企业名誉是企业赖以生存和发展的重要基础,依法保护企业名誉权是构建法治化营商环境的应有之义。本案中,某健康科技公司未经核实,采取投诉、公开发布指责声明的方式,侵犯同行业某医疗科技公司名誉,致使其商业信誉降低,构成侵犯企业名誉权。人民法院依法判决某健康科技公司停止侵害、删除发布在网站上的不实信息并登报赔礼道歉,既保护了被侵权企业的合法权益,也有利于维护市场竞争秩序,促进行业在良性竞争中发展。

| 第六节 |

隐私权和个人信息保护

一、隐私权保护

隐私权的出现是近百年来的事情。1890 年,美国学者沃伦和布兰代斯在《论隐私权》中首次提出"隐私权"概念,并将其定义为生活不受干涉的权利。[①]

(一) 隐私权的内容

传统隐私逻辑奉行"隐私止于屋门之前",强调不受非法打扰和侵入的私密状态。大数据时代,信息性隐私亦成为重要的私密信息类型。

《民法典》从正反两个方面对隐私权保护进行了规定,其第 1032 条规定:"自然人享有隐私权。任何组织或者个人不得以刺探、侵扰、泄露、公开等方式侵害他人的隐私权。隐私是自然人的私人生活安宁和不愿为他人知晓的私密空间、

---

① Samuel D. Warren & amp, Louis D. Brandeis. The Right to Privacy. *Harv. L. Rev.*, Vol.4, 1890, p.193.

私密活动、私密信息。"第 1033 条规定："除法律另有规定或者权利人明确同意外,任何组织或者个人不得实施下列行为:(1) 以电话、短信、即时通讯工具、电子邮件、传单等方式侵扰他人的私人生活安宁;(2) 进入、拍摄、窥视他人的住宅、宾馆房间等私密空间;(3) 拍摄、窥视、窃听、公开他人的私密活动;(4) 拍摄、窥视他人身体的私密部位;(5) 处理他人的私密信息;(6) 以其他方式侵害他人的隐私权。"

何为私密?密尔通过对"涉己"(self-regarding)和"涉他"(other-regarding)行为进行区分来界定,那些"仅关涉自身"且"对信息不进行特定处理无损公共利益"的则属于私密。[1]

"私密空间、私密活动、私密信息"的立法表述是否违背了"如无必要,勿增实体"的概念简洁性要求?对此,笔者赞同彭錞的"实操上有用"观点:"明文举出私密空间和活动,能提示执法者、司法者关注这些信息载体,围绕其划出法律红线。"[2]

(二) 公众人物隐私权的限制

公众人物可以分为公共官员和公众人士,对前者隐私权的限制主要因为公共利益,对后者隐私权的限制主要因为公共兴趣。[3]

我国《民法典》未使用"公众人物"概念,但该概念曾在司法实践中使用。2002 年,上海市静安区人民法院在"范某某诉《东方体育日报》侵犯名誉权"一案的判决中,首次使用了"公众人物"这个概念,提出了"公众人物的隐私权应该受到一定程度的限制,公众人物应该容忍一定限度的轻微侵害"的观点,并得到了社会各界的赞赏。

二、个人信息保护

(一) 个人信息的范围

《民法典》第 1034 条规定:"自然人的个人信息受法律保护。个人信息是以电子或者其他方式记录的能够单独或者与其他信息结合识别特定自然人的各种

---

[1] John Stuart Mill. *On Liberty*. Yale University Press,2003,pp.80 - 81, 139, 143.
[2] 彭錞:《再论中国法上的隐私权及其与个人信息权益之关系》,《中国法律评论》2023 年第 1 期。
[3] 王利明:《公众人物人格权的限制和保护》,《中州学刊》2005 年第 2 期。

信息,包括自然人的姓名、出生日期、身份证件号码、生物识别信息、住址、电话号码、电子邮箱、健康信息、行踪信息等。个人信息中的私密信息,适用有关隐私权的规定;没有规定的,适用有关个人信息保护的规定。"

2021 年 11 月施行的《个人信息保护法》对个人信息保护进行了更加细化和系统的规定:一是明确了"个人信息"的具体含义,将与个人有关且以电子或其他形式存在的具有识别功能和识别可能性的信息都纳入"个人信息"的保护范围,并将匿名化处理的信息排除在外(第 3 条);二是区分一般个人信息与敏感信息,明确了敏感信息的定义和特殊处理规则。根据造成的损害程度不同,将生物识别信息、基因信息、诊疗信息、未成年的有关信息等纳入敏感信息的范畴,给予更高程度的保护(第 28—32 条)。

(二) 个人信息处理的规则

个人信息处理应遵循"合法、正当、必要原则,不得过度处理"原则。《民法典》第 1035 条规定:"处理个人信息的,应当遵循合法、正当、必要原则,不得过度处理,并符合下列条件:(1) 征得该自然人或者其监护人同意,但是法律、行政法规另有规定的除外;(2) 公开处理信息的规则;(3) 明示处理信息的目的、方式和范围;(4) 不违反法律、行政法规的规定和双方的约定。个人信息的处理包括个人信息的收集、存储、使用、加工、传输、提供、公开等。"

信息处理者应当承担信息保密义务。《民法典》第 1038 条规定:"信息处理者不得泄露或者篡改其收集、存储的个人信息;未经自然人同意,不得向他人非法提供其个人信息,但是经过加工无法识别特定个人且不能复原的除外。信息处理者应当采取技术措施和其他必要措施,确保其收集、存储的个人信息安全,防止信息泄露、篡改、丢失;发生或者可能发生个人信息泄露、篡改、丢失的,应当及时采取补救措施,按照规定告知自然人并向有关主管部门报告。"第 1039 条规定:"国家机关、承担行政职能的法定机构及其工作人员对于履行职责过程中知悉的自然人的隐私和个人信息,应当予以保密,不得泄露或者向他人非法提供。"

个人信息的跨境提供,应符合法定条件。《个人信息保护法》第 38 条第 1 款规定:"个人信息处理者因业务等需要,确需向中华人民共和国境外提供个人信息的,应当具备下列条件之一:(1) 依照本法第四十条的规定通过国家网信部门组织的安全评估；(2) 按照国家网信部门的规定经专业机构进行个人信息保护认证；(3) 按照国家网信部门制定的标准合同与境外接收方订立合同，约定双方的权利和义务；(4) 法律、行政法规或者国家网信部门规定的其他条件。"

侵害众多个人权益的，可提起公益诉讼。《个人信息保护法》第 70 条规定："个人信息处理者违反本法规定处理个人信息，侵害众多个人的权益的，人民检察院、法律规定的消费者组织和由国家网信部门确定的组织可以依法向人民法院提起诉讼。"

三、隐私权和个人信息保护适用案例

(一) 电话推销侵犯隐私权案①

1. 基本案情

孙某在某通信公司办理了电话卡，后来，孙某持续收到营销人员以公司工作人员名义拨打的推销电话。孙某向公司方进行投诉，公司方表示会将孙某的手机号加入"营销免打扰"。后孙某又持续接到推销电话，遂通过某政务平台进行申诉，政务平台回复"在处理过程中，双方未能达成一致意见，建议依照国家有关法律规定就申诉事项向仲裁机构申请仲裁或者向人民法院提起诉讼"。孙某遂向人民法院提起诉讼，请求公司方停止推销，并承担侵权责任。

2. 裁判处理

法院认为，孙某与公司方的电信服务合同依法成立并生效。孙某提交的证据能够证明公司方擅自多次向孙某进行电话推销，侵扰了孙某的私人生活安宁，构成了对孙某隐私权的侵犯。故法院判决公司方未经孙某同意不得向其拨打营销电话，并赔偿孙某交通费用 782 元、精神损害抚慰金 3 000 元。

3. 典型意义

本案裁判结果不仅维护了当事人的隐私权，而且对当前群众反映强烈的问题做出了回应。本案中，公司方在孙某多次明确表示不接受电话推销业务后，仍继续向孙某进行电话推销，其行为超出了必要限度，违反了平等、自愿原则，构成对孙某隐私权的侵犯。

---

① 《擅自向用户电话推销侵犯隐私需担责赔偿》，https://www.pkulaw.com/pal/a3ecfd5d734f711d6ccbf4d20033dbe4c06eff64ea6ef3a6bdfb.html，最后访问日期：2023 年 6 月 29 日。

（二）非法买卖个人信息民事公益诉讼案[①]

1. 基本案情

2019 年 2 月，被告孙某以 3.4 万元的价格，将自己从网络购买、互换得到的 4 万余条含姓名、电话号码、电子邮箱等的个人信息，通过微信、QQ 等方式贩卖给案外人刘某。案外人刘某在获取相关信息后用于虚假的外汇业务推广。公益诉讼起诉人认为，被告孙某未经他人许可，在互联网上公然非法买卖、提供个人信息，造成 4 万余条个人信息被非法买卖、使用，严重侵害社会众多不特定主体的个人信息权益，致使社会公共利益受到侵害，据此提起民事公益诉讼。

2. 裁判处理

法院认为，任何组织或者个人需要获取他人个人信息的，应当依法取得并确保信息安全，不得非法收集、使用、加工、传输他人个人信息，不得非法买卖、提供或者公开他人个人信息。被告孙某在未取得众多不特定自然人同意的情况下，非法获取不特定主体个人信息，又非法出售牟利，侵害了承载在不特定社会主体个人信息之上的公共信息安全利益。法院判决孙某按照侵权行为所获利益支付公共利益损害赔偿款 3.4 万元，并向社会公众赔礼道歉。

3. 典型意义

自然人的个人信息受法律保护。本案中，孙某的行为属于非法收集、买卖个人信息的大规模侵权行为，侵害了承载在不特定社会主体个人信息之上的公共信息安全这一公共利益，构成对公共信息安全领域的社会公共利益侵害。

---

① 《杭州市上城区人民检察院诉孙某非法买卖个人信息民事公益诉讼案》，(2020)浙 0192 民初 10605 号。

第七章

婚姻法

　　中国颁布的第一部法律是 1950 年《中华人民共和国婚姻法》（简称《婚姻法》）。该法的颁行，彻底废除了自周以降的尊长婚姻决定权，将婚姻自主权赋予结婚的男女；同时规定了婚姻的成立必须履行法定登记程序，国家法律取代礼俗，获得了婚姻领域的管辖权。

　　中华人民共和国的《婚姻法》一直以结婚自由、"一夫一妻"、男女平等、保护妇女儿童老人的合法权益为基本原则，这既是中华人民共和国的立法成果，也是我们社会主义制度优越性的体现。

| 第一节 |

结 婚 自 由

一、中国旧制"聘娶婚"

（一）"聘娶婚"及其特征

　　在古代中国，不是所有的男女结合就一定会形成婚姻，只有符合礼法的规定，举行了男娶女嫁的礼仪，结为夫妇，才能称为婚姻。[1] 自周始，"聘娶婚"便得到确立。

---

[1] 金眉：《婚姻家庭立法的同一性原理——以婚姻家庭理念、形态与财产法律结构为中心》，《法学研究》2017 年第 4 期。

"聘娶婚"的目的在于传宗接代,"合二姓之好,上以事宗庙,而下以继后世"。① "父母之命,媒妁之言"是"聘娶婚"的成立要件。《诗·齐风·南山篇》所言:"取妻如之何? 必告父母……取妻如之何? 匪媒不得。"

"六礼"是聘娶婚的程序安排,可分为"定婚"和"成婚"两大部分。"定婚"是男女主婚人(通常为男女当事人之父母)在媒妁的说合之下,通过纳采、问名、纳吉、纳征程序所做的具有法律效力的成婚约定或准备活动;"成婚"是男女双方通过"请期、亲迎"等程序和仪式履行婚约、获得夫妇身份的过程。在民间,"六礼"程序通常简化,但必须有纳征、亲迎程序。

(二)"聘娶婚"的消极影响

"聘娶婚"在中国存续数千年,对当下社会还存在着一定的消极影响。

1. 父母"包办"婚姻

时下中国,父母包办婚姻的情形已经鲜见,但父母干涉婚姻自由的情形仍然存在。《民法典》第 1052 条从反面作出禁止性规定:"因胁迫结婚的,受胁迫的一方可以向人民法院请求撤销婚姻。"《最高人民法院关于适用〈中华人民共和国民法典〉婚姻家庭编的解释(一)》[简称《婚姻家庭编的解释》(一)]第 18 条规定:"行为人以给另一方当事人或者其近亲属的生命、身体、健康、名誉、财产等方面造成损害为要挟,迫使另一方当事人违背真实意愿结婚的,可以认定为……'胁迫'。因受胁迫而请求撤销婚姻的,只能是受胁迫一方的婚姻关系当事人本人。"

2. 民间"彩礼"问题

"聘娶婚"纳征的旧俗,在一定程度上影响着中国的乡土社会。《民法典》第 1042 条规定:"禁止借婚姻索取财物。"《婚姻家庭编的解释(一)》第 5 条规定:"当事人请求返还按照习俗给付的彩礼的,如果查明属于以下情形,人民法院应当予以支持:(1) 双方未办理结婚登记手续;(2) 双方办理结婚登记手续但确未共同生活;(3) 婚前给付并导致给付人生活困难。适用前款第二项、第三项的规定,应当以双方离婚为条件。"

3. 事实婚姻问题

"聘娶婚"以亲迎为生效要件,导致 1950 年《婚姻法》规定的婚姻登记制度在

---

① 陈戌国点校:《四书五经》(上册),岳麓书社 2003 年版,第 665 页。

农村并未得到有效实施。为此,1994 年 2 月 1 日《婚姻登记管理条例》公布实施。该条例公布实施以前,未办理结婚登记而以夫妻名义共同生活,群众也认为是夫妻关系的,同居时双方均符合结婚实质条件的夫妻关系,即事实婚姻中的夫妻关系。也就是说,该条例以 1994 年 2 月 1 日为分界点进行区分对待:① 从中华人民共和国成立后到 1994 年 2 月 1 日,符合结婚实质要件的认定其为事实婚姻,不符合结婚实质要件的属于同居关系;② 1994 年 2 月 1 日以后未办理结婚登记而以夫妻名义共同生活的,一律认定为同居关系。法律承认事实婚姻是具有法律效力的婚姻关系,与合法婚姻一样受到保护。

二、我国的结婚自由

(一) 1950 年《婚姻法》及其贯彻

1950 年《婚姻法》确认了结婚自由是中华人民共和国婚姻法的四大原则之一和结婚登记制度。其第 1 条规定:"废除包办强迫、男尊女卑、漠视子女利益的封建主义婚姻制度。实行男女婚姻自由、[①]一夫一妻、男女权利平等、保护妇女和子女合法利益的新民主主义婚姻制度。"第 6 条规定:"结婚应男女双方亲到所在地(区、乡)人民政府登记。凡合于本法规定的结婚,所在地人民政府应即发给结婚证。凡不合于本法规定的结婚,不予登记。"

1950 年《婚姻法》打破了中国几千年的封建包办婚姻制度,但破除包办婚姻制度与男尊女卑思想并非旦夕之功。在实施初期,一些地方,特别是在农村,包办、强迫与买卖婚姻仍然存在,干涉婚姻自由与侵害妇女权益行为时有发生。

1953 年 2 月,中央人民政府政务院发布《关于贯彻婚姻法的指示》,明确 1953 年 3 月为宣传贯彻婚姻法的运动月。在这个月内,展开了声势浩大的宣传贯彻婚姻法的运动。普法宣传活动多样,评剧《刘巧儿》讲述了农村姑娘刘巧儿爱上了劳动模范赵振华,在妇女主任和马专员的帮助下,打破父母包办婚姻,奋起抗争,终于获得自主自由、美满幸福婚姻的故事。剧中"我的爹在区上已经把

---

① 1950 年《婚姻法》亦明确结婚自由须遵循法律规定的条件,例如法定婚龄的条件。我国封建社会时期有早婚习俗,唐朝男 15 岁、女 13 岁婚嫁;宋明时期男 16 岁、女 14 岁可以嫁娶。1950 年《婚姻法》规定法定结婚年龄为男 20 周岁、女 18 周岁。1980 年《婚姻法》将法定结婚年龄调整为男 22 周岁、女 20 周岁。对于法定婚龄,我国一些民族自治地方的立法机关作了变通规定,例如西藏、内蒙古的地方立法规定男方结婚年龄不得早于 20 周岁,女方不得早于 18 周岁。

亲退,这一回我可要自己找婆家"等唱段家喻户晓。

据统计,全国 70% 以上的地区都开展了婚姻法的宣传贯彻运动,受到教育的成年人口达 1.4 亿人,占全国成年人口的 42.2%。[①] 通过运动月的宣传,群众对婚姻法有了比较全面的理解,婚姻自由、结婚登记逐渐被群众接受。

(二) 1980 年《婚姻法》及 2001 年修正案

1980 年的《婚姻法》在传承四大基本原则基础上,根据中国国情和社会发展需要,对结构和内容进行了适当修改。1980 年的《婚姻法》包括总则、结婚、家庭关系、离婚以及附则,共五章 37 条,将保护妇女、儿童的合法权益增加为保护妇女、儿童和老人的合法权益,将计划生育基本国策明确为婚姻法的基本原则,将"夫妻感情确已破裂"作为判决准予离婚的法定条件。

《婚姻法(2001 年修正案)》在坚持 1980 年《婚姻法》基本原则的基础上,更加注重婚姻法的伦理性,明确规定禁止家庭暴力,禁止有配偶者与他人同居,并增加了"夫妻应当互相忠实,互相尊重;家庭成员应当敬老爱幼"的规定。

三、《民法典》对结婚自由的完善

(一) 放宽结婚条件

放宽结婚条件主要体现在:一是婚姻家庭编尊重当事人的结婚意愿与离婚意愿,放宽结婚的条件,如果患有医学上认为不应当结婚的疾病已不再是婚姻无效的事由,在结婚方面赋予当事人更多的意思自治;二是婚姻家庭编强化了对老年人再婚意愿的保护,《民法典》第 1069 条规定了子女对父母婚姻自由的尊重。

(二) 增加可撤销婚姻的情形

在强迫婚姻可撤销的基础上,《民法典》新增被隐瞒重疾的婚姻亦可撤销的情形。其第 1053 条规定:"一方患有重大疾病的,应当在结婚登记前如实告知另一方;不如实告知的,另一方可以向人民法院请求撤销婚姻。请求撤销婚姻的,

---

① 《〈中华人民共和国婚姻法〉——揭开中国婚姻法治的新篇章》,http://www.npc.gov.cn/npc/c30834/202107/a83356048c4b45f6a7371d8aa9b91f16.shtml,最后访问日期:2023 年 6 月 29 日。

应当自知道或者应当知道撤销事由之日起一年内提出。"

实务中,以《母婴保健法》第 8 条规定的婚前医学检查疾病的范围来认定是否"重大疾病",即"婚前医学检查包括下列疾病:(1)严重遗传性疾病;(2)指定传染病;(3)有关精神病。"

(三) 增加对无过错当事人的权利救济

"有损害即有救济",这是基本的侵权观念与正义理念。《民法典》增加了对无过错当事人的权益救济。其第 1054 条第 2 款规定:"婚姻无效或者被撤销的,无过错方有权请求损害赔偿。"无效婚姻和可撤销婚姻给无过错的当事人带来极大伤害,仅规定根据照顾无过错方的原则来分配财产显然不够。受到伤害就有权请求赔偿,伤害他人就得承担赔偿责任。

四、结婚自由适用案例

(一) 封某甲包办婚姻纠纷案①

1. 基本案情

封某甲之女封某乙幼时与张某甲次子张某订婚。随后,封某甲为多索聘礼,暗中又将封某乙许给张某乙之子为妻。封某乙与张某偶然相遇,一见钟情,双方表示自愿结为夫妻。不久,封某甲为收取高额聘礼,再次把封某乙许给朱某某为妻。张某甲获悉后,遂带人持械闯进封家,抢人回家成亲。封某甲告至县上。

2. 裁判处理

县司法处认为聚众抢亲是违法的,遂一审判决张某甲有期徒刑 6 个月,张某、封某乙婚姻无效。封、张两家不满。

马锡五受理上诉后,多方了解案情,并亲自征求封某乙和张某的意见,知道封某乙不愿意与朱某某结婚。马锡五撤销华池县原判,改判封某乙、张某符合婚姻自主原则,准予结婚,但应履行登记手续;张某甲聚众抢亲,扰乱社会秩序,依法判处徒刑;封某甲把女儿当财物多次高价出卖,违反婚姻法令,科处劳役。对此判决,当事人服判。

---

① 《最高人民法院发布十大经典红色司法案例之八:封彦贵与张金才儿女婚姻纠纷案——妇女解放、马锡五审判方式》,https://www.pkulaw.com/pfnl/c05aeed05a57db0af6880014c47e47b89f3ef14e8794c939bcdfb.html,最后访问日期:2023 年 6 月 29 日。

3. 典型意义

边区政权废除包办婚姻、强迫婚姻、男尊女卑、家长专制、漠视子女权利的旧制度,实行婚姻自由、一夫一妻、男女平等、保护妇女和子女合法权益的新制度,为我国的婚姻法积累了实践经验。

(二) 婚前隐瞒重疾婚姻被撤销案①

1. 基本案情

王某与李某于 2021 年 1 月经人介绍相识。两人准备结婚时,李某母亲隐晦地告知王某,李某曾在上学期间"受过刺激"。同年 2 月,王某与李某登记结婚;3 月某日,李某在家突发疾病,李某母亲让王某将其送往江津区某精神病医院。经医院诊断,李某患有"双相情感障碍"。据该院医务科相关负责人介绍,该病为国家重点管理的六种严重精神障碍之一。王某这才得知李某早在 2012 年起就患有严重的精神疾病。2021 年 4 月,王某向法院提起诉讼,请求撤销其与李某的婚姻关系。

2. 裁判处理

法院认为,被告李某所患"双相情感障碍"足以影响原告王某决定结婚的自由以及双方婚后的正常生活,可以认定为《民法典》规定的"重大疾病"的范畴。虽然被告李某在与原告王某登记结婚前告知过其曾"受过刺激",但并不代表被告已经将其患重大疾病的事实如实告知原告,导致原告在不知情的情况下与被告办理了结婚登记。法院判决撤销王某与李某的婚姻关系。

3. 典型意义

夫妻一方负有"重大疾病婚前告知义务",未如实告知的,婚姻不必然无效,而是另一方当事人有权以此事由请求撤销婚姻。这一规定,既尊重了当事人的婚姻自主权,又保障了另一方当事人的知情权,还可抑制骗婚等道德风险的存在。当然,被隐瞒重大疾病的一方当事人自知道或者应当知道撤销事由之日起算一年行使撤销权,否则撤销权因一年届满而归于消灭。撤销权期满消灭后,当事人只能通过办理离婚手续来解除婚姻关系。

---

① 闫洋:《妻子婚前隐瞒重大精神疾病 丈夫请求法院判决撤销婚姻获支持》,《人民法院报》2021 年 7 月 3 日,第 3 版。

| 第二节 |

"一夫一妻"

一、"一夫一妻"规范体系

在我国古代,有一夫一妻多妾制的传统,这是我国古代父权社会和男尊女卑的体现。直至1950年《婚姻法》第1条明确"一夫一妻";第2条明确"禁止重婚、纳妾","一夫一妻"制度才得以揭开中华人民共和国婚姻法的新篇章。[①]

(一)夫妻应当互相忠实

当男女因互相爱慕而走向婚姻,表明他们不仅享有婚姻自由的权利,而且也愿意受到"一夫一妻"婚姻制度的规制。从婚姻的本质来讲,爱情具有排他性和专一性,第三人的介入往往会带来家庭内部的纷争,一夫一妻制的安排既符合婚姻道德的要求,也有利于未成年子女的健康成长。

《民法典》第1043条规定:"夫妻应当互相忠实。""夫妻应当互相忠实"为宣示性条款。宣示性条款不具有可诉性,仅以立法的形式明确告诉人们,国家提倡什么样的婚姻关系。《婚姻家庭编的解释(一)》第4条规定:"当事人仅以民法典第一千零四十三条为依据提起诉讼的,人民法院不予受理;已经受理的,裁定驳回起诉。"

(二)有配偶者与他人同居的法律后果

不论有配偶者与他人是否以夫妻名义同居生活,都属于《民法典》婚姻家庭编禁止的行为。《民法典》第1042条规定:"禁止有配偶者与他人同居。"第1079条规定:"重婚或者与他人同居调解无效的,人民法院应当准予离婚。"第1091条规定,与他人同居导致离婚的,无过错方有权请求损害赔偿。

[①] 囿于历史原因,纳妾现象于中华人民共和国成立后在香港和澳门地区存续了较长时间。参见范忠信:《一国两法与中国的完全统一》,香港文教出版企业有限公司1998年版,第104—105页。

《婚姻家庭编的解释(一)》第 2 条规定:"与他人同居"的情形是指"有配偶者与婚外异性,不以夫妻名义,持续、稳定地共同居住"。偶尔的通奸、卖淫嫖娼等行为不属于法律上的"与他人同居"的情形。

(三) 重婚的法律后果

重婚行为严重违反一夫一妻原则,对婚姻秩序与善良风俗造成严重伤害,重婚性质的婚姻登记被认定为无效。《民法典》第 1051 条①规定,重婚是三种婚姻无效情形之一。

重婚行为还具有刑事违法性。我国《刑法》规定了重婚罪以保护一夫一妻的婚姻制度和家庭关系。我国《刑法》第 258 条规定:"有配偶而重婚的,或者明知他人有配偶而与之结婚的,处二年以下有期徒刑或者拘役。"重婚包括双方均有配偶的重婚和一方无配偶与已有配偶者的重婚。应注意的是,有配偶者而重婚,或者明知他人有配偶而与之结婚的,应追究其刑事责任;不知对方已有配偶而与之结婚的,不是重婚罪的犯罪主体。

二、"夫妻忠诚协议"的效力

夫妻忠诚协议是指夫妻双方在结婚前后,为保证双方在婚姻关系存续期间不违反夫妻忠诚义务而以书面形式约定违约责任的协议。违约责任既可以是财产赔偿,也可以是具有人身特征的不利后果,例如剥夺(限制)孩子的抚养权、探望权或者涉及离婚自由等。

"夫妻忠诚协议"是否有效? 通说认为: ① 夫妻忠诚协议乃自然之债,当事人本着诚信原则自觉、自愿履行,法律并不禁止夫妻之间签订此类协议,但也不赋予此类协议强制执行力。② 如果夫妻一方违反其他法定条款,对另一方实施家庭暴力,或有虐待、遗弃等行为,或与他人同居的,另一方可以依据其他法定条款和《民法典》第 1043 条第 2 款②合并提起诉讼。

《民法典》第 464 条第 2 款规定:"婚姻、收养、监护等有关身份关系的协议,

---

① 《民法典》第 1051 条规定:"有下列情形之一的,婚姻无效:(1) 重婚;(2) 有禁止结婚的亲属关系;(3) 未到法定婚龄。"
② 《民法典》第 1043 条第 2 款规定:夫妻应当互相忠实,互相尊重,互相关爱;家庭成员应当敬老爱幼,互相帮助,维护平等、和睦、文明的婚姻家庭关系。

适用有关该身份关系的法律规定;没有规定的,可以根据其性质参照适用本编规定。"笔者认为,该条款为夫妻忠诚协议效力问题提供了新的解决思路:一是夫妻相互忠实是婚姻关系的本质要求,忠诚协议是对法定忠实义务的重述和细化,其原则上有效。二是关于违约责任的约定,如果与强制性法律规定冲突(例如放弃子女抚养权)或违反公序良俗(例如要求对方净身出户),则该条款则无效。三是关于违约金的约定,如果约定过高,违约方可请求法院予以酌减。[1]

三、"一夫一妻"适用案例

(一) 重婚罪案[2]

1. 基本案情

自诉人张某与被告人田某于 1980 年登记结婚,生育两女,1997 年协议离婚,2000 年复婚。田某在与张某于 1997 年办理离婚手续后,与被告人苏某以夫妻名义同居生活,于 1998 年生育一女,于 2002 年生育一子。自诉人张某起诉指控被告人田某、苏某犯重婚罪。

2. 裁判处理

法院认为,《刑法》第 258 条规定:"有配偶而重婚的,或者明知他人有配偶而与之结婚的,处二年以下有期徒刑或者拘役";《刑法》第 13 条规定:"情节显著轻微危害不大的,不认为是犯罪。"重婚从情节是否严重来区分罪与非罪的界限。有重婚行为,不一定就构成重婚罪。只有情节较为严重,危害较大的重婚行为,才构成犯罪。

田某与张某在 1997 年离婚,并有解除婚姻关系证明,苏某供述是看过田某的离婚证明才和田某共同生活,田某始终对苏某表示其已和张某离婚,张某所举证据达不到《刑事诉讼法》第 55 条要求的证据确实、充分,法院难以认定苏某明知田某有法定配偶。苏某不符合《刑法》第 258 条"明知他人有配偶而与之结婚的"的法定构成要件,不构成重婚罪。

法院判决苏某无罪,判决田某犯重婚罪,免予刑事处罚。

3. 典型意义

重婚行为严重违反一夫一妻原则,对婚姻秩序与善良风俗造成严重伤害,我

---

[1] 李姗萍:《民法典时代背景下的忠诚协议》,《交大法学》2022 年第 5 期。
[2] 《张某某、田庆喜重婚二审刑事判决书》,(2019)黔 23 刑终 345 号。

国《刑法》设定重婚罪以保护一夫一妻的婚姻制度和家庭关系。应注意的是,有配偶者而重婚,或者明知他人有配偶而与之结婚的,应追究其刑事责任;不知对方已有配偶而与之结婚的,不是重婚罪的犯罪主体。

(二)离婚纠纷案①

1. 基本案情

李某(男)与马某(女)于 2012 年登记结婚并生有一女。婚后李某与异性罗某存在不正当关系,导致罗某两次怀孕。2017 年 1 月,李某与马某签订婚内协议一份,约定今后双方互相忠诚,如果因一方过错行为(婚外情等)造成离婚,女儿由无过错方抚养,过错方放弃夫妻名下所有财产,并补偿无过错方人民币 20 万元。协议签订后,李某仍与罗某保持交往,罗某于 2017 年 7 月产下一子。李某诉至法院要求离婚,马某同意离婚并主张按照婚内协议约定,处理子女抚养和夫妻共同财产分割。

2. 裁判处理

法院认为,李某与马某夫妻感情确已破裂,应准予离婚。上述协议中,关于子女的抚养约定因涉及身份关系,应属无效;关于财产分割及经济补偿的约定,系忠诚协议,马某主张按照婚内协议处理财产分割无法律依据,但考虑到李某在婚姻中的明显过错等因素,应对无过错的马某酌情予以照顾。综合考虑孩子的成长经历、双方收入水平、家庭财产来源等情况,判决女儿随马某共同生活,并由马某分得夫妻共同财产的 70%。

3. 典型意义

现代社会,随着公民权益保护意识的提升,不少男女在结婚前后会采用书面方式签订"忠诚协议",约定在一方违反婚姻忠实义务的情况下承担一定的赔偿责任。司法实践中,法院只有在极少数情况下直接依据"忠诚协议"中的约定要求出轨一方承担相应的赔偿责任,多数情况下在认可"忠诚协议"的同时,会对其中约定的赔偿标准做出合理调整,避免"天价"赔偿造成一方当事人生活困难。

---

① 《江苏省淮安市清江浦区人民法院发布 8 起妇女权益保护典型案例之四:李某与马某离婚纠纷案——忠诚协议虽不受保护 无过错妇女应该照顾》,https://www.pkulaw.com/pfnl/95b2ca8d4055fce177c80c5445be09d8aaaf5be42753354abdfb.html,最后访问日期:2023 年 6 月 29 日。

| 第三节 |

夫 妻 平 等

一、夫妻人身权益平等

关于夫妻的人身权利平等，《民法典》规定了以下方面：① 夫妻双方享有平等的姓名权（第 1056 条）。② 夫妻双方都有参加生产、工作、学习和社会活动的自由，一方不得对另一方加以限制或者干涉（第 1057 条）。③ 夫妻双方平等享有对未成年子女抚养、教育和保护的权利，共同承担对未成年子女抚养、教育和保护的义务（第 1058 条）。④ 夫妻双方平等地享有生育权。《婚姻家庭编的解释（一）》第 23 条规定："夫以妻擅自中止妊娠侵犯其生育权为由请求损害赔偿的，人民法院不予支持；夫妻双方因是否生育发生纠纷，致使感情确已破裂，一方请求离婚的，人民法院经调解无效，应依照民法典第一千零七十九条第三款第五项[①]的规定处理。"⑤ 夫妻有相互扶养的义务（第 1059 条）。

《妇女权益保障法》进一步完善了妇女权益的保障措施，其第 29 条规定："禁止以恋爱、交友为由或者在终止恋爱关系、离婚之后，纠缠、骚扰妇女，泄露、传播妇女隐私和个人信息。妇女遭受上述侵害或者面临上述侵害现实危险的，可以向人民法院申请人身安全保护令。"

二、夫妻财产权益平等

《民法典》第 1062 条第 2 款规定："夫妻对共同财产，有平等的处理权。"最高人民法院民法典贯彻实施工作领导小组将夫妻共同财产平等处理权理解为"共同处分权"，并用日常家事代理和表见代理证成共同处分权的例外。[②]

"共同处分权"的基础在于夫妻对共同财产形成共同共有，而非按份共有。

---

① 《民法典》第 1079 条第 3 款规定："有下列情形之一，调解无效的，应当准予离婚：……（5）其他导致夫妻感情破裂的情形。"

② 最高人民法院民法典贯彻实施工作领导小组：《中华人民共和国民法典婚姻家庭编继承编理解与适用》，人民法院出版社 2020 年版，第 152 页。

根据共同共有的一般原理,在婚姻关系存续期间,夫妻共同财产应作为一个不可分割的整体,夫妻对全部共同财产不分份额地共同享有所有权,夫妻双方无法对共同财产划分个人份额,在没有重大理由时也无权于共有期间请求分割共同财产。

应注意的是,夫妻对共同财产享有平等的处理权,并不意味着夫妻各自对共同财产享有一半的处分权。只有在共同共有关系终止时,才可对共同财产进行分割,确定各自份额。因此,有配偶者擅自将夫妻共同财产赠与婚外同居者,显然超出了日常生活需要的范围,侵犯了另一方的财产权利,该赠与行为无效,且赠与行为全部无效,而非部分无效。

三、日常家事代理制度

《民法典》第 1060 条规定:"夫妻一方因家庭日常生活需要而实施的民事法律行为,对夫妻双方发生效力,但是夫妻一方与相对人另有约定的除外。夫妻之间对一方可以实施的民事法律行为范围的限制,不得对抗善意相对人。"

日常家事代理是夫妻基于配偶身份依法产生的相互代理。其基本内涵:① 夫妻在日常家庭事务范围内,与第三人发生民事交往时依法享有相互代理的权利;② 夫妻一方在日常家事范围内与第三人为法律行为时,不必明示其代理权,可直接以自己名义、双方名义或以对方名义为之;③ 夫妻一方实施此类行为的后果,由夫妻双方共同承担,由此产生的债务是夫妻共同债务,由夫妻双方承担连带清偿责任。日常家事代理制度扩张了夫妻双方的意思自治,使得夫妻双方在日常家务的处理中无须事必躬亲,从而突破了夫妻各自在时间、精力上的局限性,满足了夫妻双方处理日趋复杂化、多样化的社会事务和家庭事务的需求。

四、夫妻平等适用案例

(一) 赠与婚外情人房产被原配请求返还案[1]

1. 基本案情

2011 年,郎某某与缪某某已交往两年多,郎某某为对方在上海静安区购买了一套房产,为缪父在上海市松江区购买了一套房产。后郎某某作为原告,要求

---

[1] 史燕君:《郎咸平赠出去的房子为什么可以收回》,《国际金融报》2016 年 8 月 26 日,第 8 版。

被告缪某某及其父亲返还两套房产的购房款。廖家以当初自愿赠与为由进行抗辩,郎某某败诉。①

为了要回房款,郎某某前妻起诉郎某某在婚姻存续期间非法处置夫妻婚内财产,要求缪某某和其父亲返还购房款。

2. 裁判处理

法院认为,最高人民法院《婚姻法司法解释一》第 17 条规定：夫或妻非因日常生活需要对夫妻共同财产做出重要处理决定,夫妻双方应当平等协商,取得一致意见。夫妻一方将共有财产赠与他人属于对共有财产的处分,因未经配偶同意,故处分行为无效,赠与人的配偶向人民法院主张返还的,应予支持。法院支持了郎某某前妻的诉求。

3. 典型意义

郎某某赠与缪某某和其父亲的两处房产,均发生在郎某某婚姻存续期间,且没有任何证据证明郎某某在这段婚姻中约定了夫妻财产分别制,那么,郎某某处分的大笔资金就不是其个人的,他的合法配偶可以要求第三方返还所有赠与的财产。我国法律明文保护一夫一妻制度,所以,违反公序良俗的行为不能受到法律保护。当然,本案中,郎某某的婚外情行为应该受到道德谴责。

(二)日常家事代理案②

1. 基本案情

阿强与阿美系朋友关系。2016 年 4 月,阿美先后三次通过其丈夫的银行账户向阿强的妻子阿燕的银行账户转入 30 万元。2016 年 10 月,阿美向阿强追款,阿强承诺分期还款,并就剩余未偿还的 20 万元向阿美出具借条。后阿强未按借条的约定按期足额还款,阿美将阿强、阿燕诉至法院。

2. 裁判处理

法院认为,阿美的丈夫阿平向被告阿燕转账的行为以及由被告阿强向原告阿美出具借条确认已收款,均是夫妻对外一致性的具体体现,故认定两被告作为

---

① 根据法律规定,赠与这一行为只有在"严重侵害赠与人或者赠与人的近亲属""对赠与人有扶养义务而不履行""不履行赠与合同约定的义务"的情况下才能够撤销。法院认为郎某某在自愿的情况下为缪某某买房属于赠与行为,且郎某某没有对于赠予没有其他附加约定,因此不能主张被告返还房款。
② 《这个案件告诉你什么是"夫妻间的家事代理权"》,https://m.sohu.com/a/317128508_120026229,最后访问日期：2023 年 6 月 29 日。

夫妻已收到借款款项。法院判决：阿强偿还给原告阿美借款本金及逾期利息；阿燕对涉案借款本息承担共同清偿责任。

3. 典型意义

婚姻是夫妻生活之共同体，夫妻从结婚之日起，在没有作出财产独立约定的情况下，对内所获财产是婚内共同财产；而对外则均具有同等的处理事务的代理权。在处理日常家庭事务范围内，夫妻互为代理人，这是婚姻的当然效力。为保护债权人利益，夫妻因日常家事与第三人交往所为的法律行为，视为夫妻共同的意思表示，并由夫妻另一方承担连带责任。

| 第四节 |

离 婚 自 由

配偶关系始于结婚，终于离婚。恩格斯认为："如果说只有以爱情为基础的婚姻才是合乎道德的，那么也只有继续保持爱情的婚姻才合乎道德。"[1]在夫妻双方感情确实已经破裂的情况下，解除一段痛苦的婚姻不仅具有道德伦理上的正当性，而且具有法律上的社会价值，和睦的婚姻家庭关系可以促进社会的和谐稳定。

一、我国的离婚自由

(一) 1950 年的《婚姻法》及第一次离婚高潮

1950 年的《婚姻法》第 17 条规定："男女双方自愿离婚的，准予离婚。男女一方坚决要求离婚的，经区人民政府和司法机关调解无效时，亦准予离婚。"在离婚问题上，1950 年的《婚姻法》采取离婚自由主义。

随着 1950 年的《婚姻法》逐步深入的推广与落实，广大妇女获得了前所未有的解放与自由。1953 年宣传《婚姻法》运动月过后，我国出现了第一次离婚高潮，1953 年，法院受理的离婚案件高达 117 万件。

---

① ［德］恩格斯：《家庭、私有制和国家的起源》，中共中央马克思、恩格斯、列宁、斯大林著作编译局编译，人民出版社 2018 年版，第 89 页。

（二）1980 年的《婚姻法》及"感情确已破裂"标准

1980 年的《婚姻法》第 25 条规定："男女一方要求离婚的,可由有关部门进行调解或直接向人民法院提出离婚诉讼。人民法院审理离婚案件,应当进行调解;如感情确已破裂,调解无效,应准予离婚。"

增加"感情确已破裂,调解无效,应准予离婚"这一判决离婚的审查标准,可以矫正轻率离婚问题。但是,由于"感情破裂"标准模糊而难以把握,使司法机关及其工作人员对于感情是否破裂要以自身的经验判断,易导致主观恣意,出现不当限制离婚自由的问题。

（三）2001 年的《婚姻法》及"应准予离婚"标准

2001 年的《婚姻法》第 32 条规定："男女一方要求离婚的,可由有关部门进行调解或直接向人民法院提出离婚诉讼。人民法院审理离婚案件,应当进行调解;如感情确已破裂,调解无效,应准予离婚。有下列情形之一,调解无效的,应准予离婚:（1）重婚或有配偶者与他人同居的;（2）实施家庭暴力或虐待、遗弃家庭成员的;（3）有赌博、吸毒等恶习屡教不改的;（4）因感情不和分居满二年的;（5）其他导致夫妻感情破裂的情形。一方被宣告失踪,另一方提出离婚诉讼的,应准予离婚。"2001 年的《婚姻法》在以"夫妻感情破裂"为离婚的一般标准下,采用例示的方式列举了 5 项应准予离婚的法定理由,弥补了 1980 年的《婚姻法》对于 1950 年的《婚姻法》的矫枉过正问题。

（四）《民法典》对离婚自由的完善

《民法典》第 1079 条在继承 2001 年的《婚姻法》离婚标准的基础上,总结司法实践经验,增加了两项准予离婚的情形:一是夫妻一方下落不明满 2 年被人民法院宣告失踪,另一方提起离婚诉讼的,应当准予离婚;二是经人民法院判决不准离婚后,双方又分居满一年,一方再次提起离婚诉讼的,应当准予离婚。

二、离婚中的主要争议

妥善处理离婚纠纷,不激化矛盾,不影响子女健康成长,实现"一别两宽,各生欢喜"的和谐离婚是理想状态。但是,离婚不仅要处理双方的感情问题,而且需要处理夫妻财产债务问题及子女的抚养问题。笔者通过检索"中国裁判文书网"发现,截至 2023 年 3 月 10 日,我国离婚纠纷 693 万余件,子女抚养纠纷 64 万余件,离婚后的财产纠纷 28 万余件。[①]

(一) 夫妻感情是否破裂问题

关于夫妻感情是否破裂问题,《民法典》第 1079 条规定:"人民法院审理离婚案件,应当进行调解;如果感情确已破裂,调解无效的,应当准予离婚。有下列情形之一,调解无效的,应当准予离婚:(1) 重婚或者与他人同居;(2) 实施家庭暴力或者虐待、遗弃家庭成员;(3) 有赌博、吸毒等恶习屡教不改;(4) 因感情不和分居满二年;(5) 其他导致夫妻感情破裂的情形。一方被宣告失踪,另一方提起离婚诉讼的,应当准予离婚。经人民法院判决不准离婚后,双方又分居满一年,一方再次提起离婚诉讼的,应当准予离婚。"

(二) 子女的抚养问题

未成年子女的抚养问题主要是妥当安排未成年子女和不具备独立生活能力子女的问题,包括但不限于子女由哪一方直接抚养、子女的抚养费用和教育费用如何负担、未直接抚养子女一方对子女探视权的行使等。

父母离婚后,我国按照"最有利于未成年子女""尊重其(未成年子女)真实意愿"等原则确定直接抚养方。《民法典》第 1084 条第 3 款规定:"离婚后,不满两周岁的子女,以由母亲直接抚养为原则。已满两周岁的子女,父母双方对抚养问题协议不成的,由人民法院根据双方的具体情况,按照最有利于未成年子女的原则判决。子女已满八周岁的,应当尊重其真实意愿。"

(三) 夫妻财产债务分割问题

财产债务问题的处理主要指双方对夫妻共同财产及共同债务进行合理分割,并就一方是否对有生活困难的一方给予经济帮助或对因抚养子女、照顾老人等家庭事务付出较多的一方给予一定的补偿、隐匿财产如何处理等内容作出安排。

《民法典》第 1062 条关于夫妻共同财产的规定、第 1063 条关于夫妻个人财

[①] 此外,还有同居关系纠纷 22 万余件、赡养纠纷 19 万余件、婚约财产纠纷 18 万余件、分家析产纠纷 10 万余件,https://wenshu.court.gov.cn/website/wenshu/181217BMTKHNT2W0/index.html,最后访问日期:2023 年 6 月 29 日。

产的规定建构了我国的夫妻财产制度,即夫妻在婚姻关系存续期间所得的财产原则上为共同财产,但一方的婚前财产、一方因受到人身损害获得的赔偿或者补偿、遗嘱或者赠与合同中确定只归一方的财产以及一方专用的生活用品等为一方的个人财产。

《民法典》第 1064 条规定建构了我国的夫妻债务制度基础:"夫妻双方共同签名或者夫妻一方事后追认等共同意思表示所负的债务,以及夫妻一方在婚姻关系存续期间以个人名义为家庭日常生活需要所负的债务,属于夫妻共同债务。夫妻一方在婚姻关系存续期间以个人名义超出家庭日常生活需要所负的债务,不属于夫妻共同债务;但是,债权人能够证明该债务用于夫妻共同生活、共同生产经营或者基于夫妻双方共同意思表示的除外。"

对于夫妻共同债务的认定,《婚姻家庭编的解释(一)》第 33 条规定:"债权人就一方婚前所负个人债务向债务人的配偶主张权利的,人民法院不予支持。但债权人能够证明所负债务用于婚后家庭共同生活的除外。"第 34 条第 2 款规定:"夫妻一方在从事赌博、吸毒等违法犯罪活动中所负债务,第三人主张该债务为夫妻共同债务的,人民法院不予支持。"

三、离婚冷静期制度

在我国,夫妻双方可以通过行政程序登记离婚或者诉讼程序判决(调解)离婚来解除婚姻关系。登记离婚既可以减少诉讼成本,也可以节约司法资源,是离婚实践中当事人的优先选择。

通常认为,当事人对自己的行为能够做出理性的判断。有外国学者认为,人们可以正确地预测他们的未来效用,不论是离婚或是维持婚姻,并且人们能够做出理性的选择。[①]

但是,当事人并非完全理性。当事人容易忽略以下现实问题: ① 离婚成本可能远比当事人预想的高,这种成本不仅是金钱上的,而且包括心理和精神上的;② 离婚并不代表与过去生活的全面切割,还可能涉及对财产分配、子女抚养等诸多问题的解决;③ 离婚对未成年子女的影响是无法回避的问题。中国司法大数据研究院 2017 年发布的《司法大数据专题报告之未成年人犯罪》和 2018 年

---

① Becker Gary S. *A treatise on the family*. Harvard University Press,1991.

发布的《从司法大数据看我国未成年人权益司法保护和未成年人犯罪特点及其预防》显示,在未成年人犯罪案件中,留守家庭、离异家庭、流动式家庭、单亲家庭和再婚家庭是未成年人犯罪排名前五位的因素。

虽然我国婚姻法规定了离婚自由,但反对轻率离婚。《民法典》第1077条规定:"婚姻登记机关收到离婚登记申请之日起三十日内,任何一方不愿意离婚的,可以向婚姻登记机关撤回离婚登记申请。前款规定期限届满后三十日内,双方应当亲自到婚姻登记机关申请发给离婚证;未申请的,视为撤回离婚登记申请。"设置登记离婚的30日冷静期,既避免冷静期时间太长损害当事人的离婚自由,又避免冷静期时间太短无法达到"冷静"效果,当事人轻率离婚。

四、离婚救济制度

离婚过错赔偿制度、离婚经济补偿制度及离婚经济帮助制度被称为我国离婚救济三大制度。

(一) 离婚过错赔偿制度

《民法典》第1091条规定:"有下列情形之一,导致离婚的,无过错方有权请求损害赔偿:(1)重婚;(2)与他人同居;(3)实施家庭暴力;(4)虐待、遗弃家庭成员;(5)有其他重大过错。"

确定离婚过错赔偿制度是婚姻义务的必然要求。婚姻关系成立后,夫妻间既产生了相互扶助,抚养子女,共同生活,彼此尊重人格平等、独立和尊严的积极义务,也产生了不得重婚、配偶者不得与他人同居等消极义务。当一方从根本上破坏了这些义务而使婚姻走向破裂时,对不法行为人予以制裁不仅有利于对受害人所遭受的损害予以补偿,而且有利于保障男女双方自觉履行相互忠诚、相互扶助等义务。

(二) 离婚经济补偿制度

《民法典》第1088条规定:"夫妻一方因抚育子女、照料老年人、协助另一方工作等负担较多义务的,离婚时有权向另一方请求补偿,另一方应当给予补偿。具体办法由双方协议;协议不成的,由人民法院判决。"

在婚姻关系存续期间,夫妻一方为家庭牺牲教育和职业能力而帮助另一方获得了文凭、资格,导致夫妻之间经济上的不平衡,在离婚时基于公平原则,后者应对前者进行补偿。参考的因素包括婚姻关系存续期间,家务劳动的时间、强度以及技能,补偿方的经济收入以及人力资本的预期经济收益等。①

(三)离婚经济帮助制度

《民法典》第 1090 条规定:"离婚时,如果一方生活困难,有负担能力的另一方应当给予适当帮助。具体办法由双方协议;协议不成的,由人民法院判决。"

离婚经济帮助制度是我国独具特色的离婚救济制度,是为帮助夫妻一方离婚后生活的自立而给予的经济救助措施。离婚经济帮助的适用条件为"一方生活困难,另一方有负担能力"。

五、离婚自由适用案例

(一)离婚纠纷案②

1. 基本案情

原告、被告于上学期间相识,后领取结婚证,并生一子黄某乙,婚后初期夫妻感情尚可,后来因生活琐事、经济问题,双方产生矛盾,原告来法院要求离婚。

2. 裁判处理

法院认为,婚姻关系的存续是以夫妻感情为基础的。原、被告从同学至夫妻是一段美的历程:众里寻他千百度,蓦然回首,那人却在灯火阑珊处,令人欣赏和感动。若没有各自性格的差异,怎能擦出如此美妙的火花? 然而生活平淡,相辅相成,享受婚姻的快乐与承受生活的苦痛是人人必修的功课。当婚姻出现裂痕,陷于危机的时刻,男女双方均应该努力挽救,而不是轻言放弃,本院极不情愿目睹劳燕分飞之哀景,遂给出一段时间,望恶化的夫妻关系随时间流逝得以缓和,双方静下心来,考虑对方的付出与艰辛,互相理解与支持,用积极的态度交流和沟通,用智慧和真爱去化解矛盾,用理智和情感去解决问题,不能以自我为中心,更不能轻言放弃婚姻和家庭,珍惜身边人,彼此尊重与信任,重归于好。法院判决不准予原告与被告离婚。

3. 典型意义

离婚判决书涉及家事,不能只是干巴巴地说理,而应当是情理法相结合。一

---

① 王歌雅:《离婚财产清算的制度选择与价值追求》,《法学论坛》2014 年第 4 期。
② 《黄某甲与王某离婚纠纷案》,(2016)苏 1283 民初 3912 号。

份好的家事判决书应当是在符合法律的前提下,以理服人,以情感人。

(二)离婚诉讼中的"冷静期"①

1. 基本案情

"90 后"小宇和雯雯因即将年满 30 岁,双方父母频频催婚。两人在相亲角认识后,不到 3 个月就登记结婚了。婚后,小宇无意中发现雯雯不是大学本科学历,与相亲时介绍的情况不相符,当场变脸,要求查看雯雯的学历证明。雯雯一口拒绝,双方开始争执,随后争吵内容扩大至房贷与家庭开支的承担等问题。两人闹翻后第一时间分别向各自父母倾诉并寻求帮助。双方父母电话沟通后爆发了更激烈的矛盾,双方家庭的 6 个人吵成一团。小宇向法院起诉离婚,此时两人结婚还不满 6 个月,婚纱照仍在影楼尚未取回。

2. 裁判处理

法院审理中查明小宇夫妇确未建立感情,双方对于婚姻关系的认识比较幼稚。因双方父母的介入,两人对立情绪严重,都认为自己"亏大了"。承办法官在征得双方的同意后,实施了为期 2 个月的冷静期。同时安排心理咨询师介入,引导小宇夫妇思考:缔结婚姻的目的是什么? 夫妻间的权利和义务是什么? 小家庭和大家庭相处的边界在哪里。冷静期结束,小宇和雯雯都同意解除婚姻,对婚姻关系的认识也变得成熟,商定"好合好散"。

3. 典型意义

夫妻双方步入婚姻后应互相理解,共同进步,齐心协力建设良好的家风。在处理家庭矛盾时,需要冷静对待,减少对立冲突,多换位思考。行政程序登记离婚需要适用冷静期规则,"举轻以明重",离婚诉讼更应适用冷静期规则。

(三)离婚损害赔偿案②

1. 基本案情

黄某与梁某(女)于 2013 年 1 月登记结婚。黄某称,婚后双方常因琐事争吵不休,自己曾于 2019 年提出离婚,虽未能获得支持,但此后夫妻感情仍未能修

---

① 周常焱:《离婚诉讼中的"冷静期"》,《人民法院报》2021 年 2 月 23 日,第 6 版。
② 《离婚损害赔偿制度 违背忠诚义务者的"戒尺"》,https://www.pkulaw.com/pal/a3ecfd5d734f711dec4f5040d311900ca009685b4837a84cbdfb.html,最后访问日期:2023 年 6 月 29 日。

复,现二次起诉离婚,并请求分割夫妻共同财产。梁某到庭后表示同意离婚,但称离婚的真正原因为黄某出轨成瘾,主张黄某作为过错方,应当承担相应的赔偿责任。庭审中,黄某承认婚内出轨的事实,但表示希望通过当庭道歉的方式获得梁某的谅解,不愿意承担损害赔偿责任。

2. 裁判处理

法院认为,黄某多次出轨的行为严重违背了夫妻间的忠诚义务,损害了夫妻间的信任,深深伤害了梁某的感情,应当属于《民法典》规定的"其他重大过错"的行为,应由黄某对梁某承担离婚损害赔偿的责任。结合黄某的过错程度、实际收入等因素,法院最终酌定由黄某赔偿梁某 6 万元精神损害赔偿金。

3. 典型意义

在离婚率持续攀升的今天,婚内出轨已成为夫妻感情破裂的主要原因之一。针对这一现象,《民法典》在制定过程中扩大了当事人在离婚时主张损害赔偿的事由,规定"有其他重大过错"导致离婚的,无过错方可以请求损害赔偿。法院以司法裁判表明了此种严重不忠于婚姻的行为属于"其他重大过错"范畴,当事人应承担法律责任。这样的处理既依法维护了婚姻关系中无过错方的合法权利,同时也以"纠错"之警示强调夫妻应尽相互忠诚的义务,有助于构建和谐家庭、和谐社会,树立修身齐家的诚信形象。

第八章

家庭法

家庭是个人成长的基点,每个人都是家庭法律关系的主体,受家庭规范的制约。波塔利斯指出:"家庭是良好品性的圣殿:正是在其中,私德逐步培养为公德。"①

在我国,家庭法更是蕴涵着中华民族的精神密码:一是实现未成年人的初步社会化;二是维护成年人之间身份关系的稳定性;三是承载着养老送终的功能;四是"治大国如烹小鲜"。在家国天下的传统中国治理观视野下,处理好家庭关系对治理国家具有非常重要的社会公共利益。②

与传统社会不同,我国现代家庭由近亲属组成。《民法典》确定的家庭成员仅限于近亲属。其第 1045 条规定:"亲属包括配偶、血亲和姻亲。配偶、父母、子女、兄弟姐妹、祖父母、外祖父母、孙子女、外孙子女为近亲属。配偶、父母、子女和其他共同生活的近亲属为家庭成员。"

《民法典》婚姻家庭编以调整婚姻关系为核心,注重树立优良家风,弘扬家庭美德,重视家庭文明建设,保持了中华民族传统的敬老爱幼、家庭和谐等优良传统美德。该编既注重保护家庭成员的权利,也注重引导家庭成员履行其法定义务,充分彰显了中国特色、实践特色和时代特色。

---

① 王利明:《体系化视野下〈民法典〉婚姻家庭编的适用——兼论婚姻家庭编与其他各编的适用关系》,《当代法学》2023 年第 1 期。
② 周圣:《家事纠纷视野下的〈权力的游戏〉——家庭管理与国家治世之辩》,《人民法院报》2018 年 12 月 21 日,第 7 版。

| 第一节 |

中华法系及其创新性转化

一、中华法系的特征

"中华文明经历了五千多年的历史变迁,但始终一脉相承。"[1]在数千年的文明演进过程中,塑造了具有独特法律精神的中华法系。[2] 杨鸿烈先生认为,中国法律为中国民族固有之产物,起自殷、周,历春秋、战国、秦、汉、三国、南朝、隋唐、宋、明,皆汉族一系相传循序进展,中间虽数有北方民族之侵入,例如五胡、北朝、辽、金、元、清等,但皆被同化,而于编纂法典,传统法律知识,尤极努力,且不只国内如此,即在东亚,中国法律之影响于诸国者亦甚巨大。因之,所谓中国法系者,着指数千年来支配全人类最大多数,与道德相混自成一独立系统且其影响于其他东亚诸国者,亦如其在本部之法律制度之谓也。[3] 中华法系具有如下显著特征。

(一) 德法合治

德法合治是中华法系鲜明的特征。西周时期,统治者即以"明德慎罚"[4]为治国理政的指导思想。西汉时期,董仲舒提出"德主刑辅"的治理方略。董仲舒在论证德刑关系时指出:"天道之大者在阴阳,阳为德,阴为刑,刑主杀而德主生。是故阳常居大夏而以生育养长为事,阴常居大冬而积于空虚不用之处,以此见天之任德不任刑也。"[5]《唐律疏议·名例》开宗明义:"德礼为政教之本,刑罚为政教之用,两者犹昏晓阳秋相须而成者也。"[6]

---

① 习近平:《论坚持推动构建人类命运共同体》,中央文献出版社 2018 年版,第 78 页。
② 五大法系是指英美法系、大陆法系、印度法系、伊斯兰法系和中华法系。五大法系的概念最先由日本法学家穗积陈重于 1884 年提出,后得到广泛认同。
③ 杨鸿烈:《中国法律对东亚诸国之影响》,中国政法大学出版社 1999 年版,第 11 页。
④ (西汉)孔安国传、(唐)孔颖达疏:《尚书注疏》卷 13《康诰》。
⑤ (东汉)班固:《汉书》卷 56《董仲舒传》。
⑥ (唐)长孙无忌等:《唐律疏议》,刘俊文点校,法律出版社 1999 年版,第 1 页。

（二）以人为本

中华法系对老幼疾残予以特殊关照。矜恤老幼始于《周礼·秋官·司刺》"三赦之法"，即"壹赦曰幼弱，再赦曰老耄，三赦曰蠢愚"。①唐朝立法将矜恤对象由老幼扩大到笃疾、废疾等人士。《唐律疏议》规定："诸年七十以上、十五以下及废疾，犯流罪以下，收赎。八十以上、十岁以下及笃疾，犯反、逆、杀人应死者，上请；盗及伤人者，亦收赎。余皆勿论。九十以上、七岁以下，虽有死罪，不加刑。"②

不孝、恶逆等有悖人伦纲常的罪名在两晋南朝时期即属 10 条重罪。"亲亲相隐"在汉宣帝时期开始进入刑事司法领域。《唐律疏议》规定："诸同居、若大功以上亲及外祖父母、外孙、外孙之妇、夫之兄弟及兄弟妻，有罪相为隐。"③

二、中华法系的创新性转化

2016 年，习近平总书记在哲学社会科学工作座谈会指出："我们要坚持不忘本来、吸收外来、面向未来，既向内看、深入研究关系国计民生的重大课题，又向外看、积极探索关系人类前途命运的重大问题；既向前看、准确判断中国特色社会主义发展趋势，又向后看、善于继承和弘扬中华优秀传统文化精华。"④不忘本来，就需善于继承和弘扬中华优秀传统法律文化，以丰富和发展人类法治文明的新形态。

（一）将社会主义核心价值观作为立法目的

《民法典》第 1 条的规定，弘扬社会主义核心价值观是民法典立法目的之一，这在立法史上是一个创举，体现了坚持依法治国与以德治国相结合的鲜明特色。习近平总书记指出："法律规范人们的行为，可以强制性地惩罚违法行为，但不能代替解决人们思想道德的问题。我国历来就有德刑相辅、儒法并用的思想。法是他律，德是自律，需要二者并用。如果人人都能自觉进行道德约束，违法的事情就会大大减少，遵守法律也就会有更深厚的基础。"⑤

---

① 《周礼》，徐正英、常佩雨译注，中华书局 2014 年版，第 770 页。
② 《唐律疏议》卷 6《名例》。
③ 《唐律疏议》卷 6《名例》。
④ 习近平：《在哲学社会科学工作座谈会上的讲话》，《人民日报》2016 年 5 月 19 日，第 2 版。
⑤ 习近平：《严格执法，公正司法》，《十八大以来重要文献选编》（上），中央文献出版社 2014 年版，第 722 页。

（二）"优良家风"入典

《民法典》第 1043 条规定："家庭应当树立优良家风，弘扬家庭美德，重视家庭文明建设。夫妻应当互相忠实，互相尊重，互相关爱；家庭成员应当敬老爱幼，互相帮助，维护平等、和睦、文明的婚姻家庭关系。"

"优良家风"属于倡导性、宣誓性条款，以立法的形式明确告诉人们国家提倡什么样的婚姻家庭关系。"优良家风"条款包括三部分：一是以"树立优良家风""弘扬家庭美德""重视家庭文明建设"为原则；二是对于夫妻关系，要求应当忠实、尊重、关爱；三是对于其他家庭成员关系，要求应当敬老爱幼、互相帮助和平等和睦文明。

"优良家风"条款弥补了我国现有婚姻家庭法"社会化"条款不足的问题。虽然我国 1950 年《婚姻法》确立了婚姻自由、一夫一妻、男女平等、保护妇女儿童权益四大基本原则，但缺乏以家庭共同体为基点的保护性原则与规范。

三、中华法系及其创新性转化适用案例

（一）一般人格权纠纷案①

1. 基本案情

杨甲、成某系夫妻关系，生育有长女杨乙、二女杨丙、三子杨丁。杨乙、杨丙常年在安徽滁州生活，杨丁在重庆潼南生活。自 1993 年起，杨甲、成某随杨乙、杨丙生活；自 2017 年 11 月起，随杨丁生活。2018 年 1 月 4 日，杨甲去世。在料理杨甲丧事过程中，姐弟三人产生纠纷，导致家庭关系不和。2020 年 1 月，成某去世，杨丁未通知杨乙、杨丙奔丧。2020 年 3 月，杨乙、杨丙返回潼南，发现成某已经去世安葬。由此，双方矛盾加剧，难以调和。杨甲、成某的墓葬系合葬，墓碑由杨丁敬立，碑文上有杨丁及其家庭成员姓名，无杨乙、杨丙及相应家庭成员姓名。为此，杨乙、杨丙诉至法院，请求法院判决杨丁赔礼道歉、重立墓碑并支付精神损害抚慰金。

2. 裁判处理

法院认为，老人过世，奉告远方亲朋系传统丧葬习俗，也是树立良好家风、重

---

① 《重庆市高级人民法院发布 10 起弘扬社会主义核心价值观典型案例（第四批）》，https://www.pkulaw.com/pal/a3ecfd5d734f711d0b94496a2d26c6c95f97c29c40bccb26bdfb.html，最后访问日期：2023 年 6 月 29 日。

视家庭文明建设的具体要求。杨丁作为直接赡养成某的子女,应及时向胞姐报丧。料理丧事、送别老人系子女孝道的应尽之责。杨乙、杨丙未能参与丧事,实是人生憾事,难以补救,应当归咎于杨丁一方。关于墓碑碑文,杨丁并未征求杨乙、杨丙的具体意愿,仅有杨丁家庭成员的姓名,亦不符合本地丧葬习俗。

法院判决杨丁就报丧、碑文事宜向杨乙、杨丙赔礼道歉;为父母重立墓碑、另撰碑文(碑文应当符合本地风俗习惯);赔偿精神损害抚慰金 6 000 元。

3. 典型意义

人格权是民事主体享有的生命权、身体权、健康权、姓名权、名称权、肖像权、名誉权、荣誉权、隐私权等权利。除前款规定的人格权外,自然人享有基于人身自由、人格尊严产生的其他人格利益。本案所涉报丧、碑文等权利并非生命权、身体权等具体人格权,而系人身自由、人格尊严范畴的一般人格权,各近亲属适用习惯处理报丧、碑文等权利时应符合公序良俗。本案的裁判有利于引导杨乙等姐弟三人互帮互助、互谅互让,树立优良家风,弘扬家庭美德。

(二) 母子兄弟之讼①

1. 基本案情

韩应之、韩闳均是许氏的儿子。韩应之与妻子关系亲密,与母亲关系疏远。母亲与小儿子韩闳关系融洽。原告韩闳携母亲许氏一起状告兄长韩应之"不孝"。

2. 裁判处理

裁判官经审理查明系原告诬告兄长。在选择以诬告判决定罪还是参考母子兄弟人伦之情和解结案时,裁判官认为"为官者不能只是认定诬告可恶"。若裁判官员不能秉持公平之心,参考母子兄弟之人伦规范,生硬依法定罪,韩闳则为不悌之罪,韩应之则为不孝、不友之罪。若对韩闳采取刑讯逼供,使其认罪伏法,既伤母亲之心,又损害兄弟之情,不如让韩应之、韩闳各能悔过,均可置之不问。

3. 典型意义

"中华法制文明随同中华文明一道辗转传承,从未中断。从整部法典到一项制度,严格清晰,源流明白,其系统性与完整性独树一帜。"②中华法系形成的"明德慎刑"思想,追求无讼是求、伦常攸关等价值,值得我们继承和发扬。

---

① 《名公书判清明集》卷 10《人伦门·母子》。
② 张晋藩:《中华法制文明史(近当代卷)》,法律出版社 2013 年版,"绪论"。

| 第二节 |

亲 子 关 系

一、"亲权"本质是"亲责"

父母与子女间的关系是婚姻家庭中最基础且是最重要的关系。父母对子女的权利,传统民法称为亲权,包括父母对未成年子女的管教和保护。传统民法,亲权强调家父的权利;近现代民法,亲权由以家父为本位转变为以亲子为木位。我国法律虽然没有使用"亲权"概念,但规定了父母对子女的抚养教育义务。

亲权的本质属性是亲责。我国《未成年人保护法》第 16 条规定,未成年人的父母或者其他监护人应当履行下列监护职责:① 为未成年人提供生活、健康、安全等方面的保障;② 关注未成年人的生理、心理状况和情感需求;③ 教育和引导未成年人遵纪守法、勤俭节约,养成良好的思想品德和行为习惯;④ 对未成年人进行安全教育,提高未成年人的自我保护意识和能力;⑤ 尊重未成年人受教育的权利,保障适龄未成年人依法接受并完成义务教育;⑥ 保障未成年人休息、娱乐和体育锻炼的时间,引导未成年人进行有益身心健康的活动;⑦ 妥善管理和保护未成年人的财产;⑧ 依法代理未成年人实施民事法律行为;⑨ 预防和制止未成年人的不良行为和违法犯罪行为,并进行合理管教;⑩ 其他应当履行的监护职责。

应注意的是,我国刑法还通过反向禁止性规定了亲责的不可抛弃性。《刑法》第 261 条规定:"负有扶养义务的人拒绝扶养年老、年幼、患病或者其他没有独立生活能力的人,情节恶劣的,可认定遗弃罪,最高法定刑为 5 年有期徒刑。"

与亲权的本质属性相因应,近年来,"亲责"概念开始在一些国家的法律中出现。挪威《儿童福利法》(1997 年颁布,2015 年修订)用"父母责任"取代"父母权利","旨在降低父母教育、保护子女时的随意性和任意性,保障父母严格履职"。[①] 英国《儿童法》(1989 年颁布,2020 年修订)直接以"亲责"取代"亲权",明

[①] 余雅风、姚真:《论家庭教育立法的宗旨及规范重点——基于国外立法的思考》,《华南师范大学学报(社会科学版)》2021 年第 3 期,第 27 页。

确父母责任包括父母对未成年子女及其财产的所有权、义务、权力、责任及权威。①

二、《家庭教育促进法》解读

2022年1月1日,我国《家庭教育促进法》实施,这是我国首次对家庭教育专门立法。自此,家庭教育从"家事"上升到"国事",父母们进入了"依法带娃"时代。

针对实践中存在的"生而不养、养而不教、教而无方"问题,《家庭教育促进法》第17条②对于家庭责任做出具体规定:一是"共同参与"的主体责任。父母双方应共担责任、切实履行,化解"隔代育儿""丧偶式育儿"带来的问题。二是"严慈相济"的方法。父母养育孩子不应溺爱,更不能放任自由,应当履行管教的责任,对未成年人成长中的不良习惯、不当行为加以纠正。三是"科学引导"的方式。父母要加强自身家庭教育知识储备,转变传统的教育理念与方式,根据孩子的发展阶段和个体特性进行科学引导。四是"平等交流"的途径。父母应尊重孩子参与相关家庭事务和发表意见的权利,尽可能做到"平等交流,予以尊重、理解和鼓励"。

家庭教育涉及私人领域,出现的问题难以被外界所发现。为此,《家庭教育促进法》第48条规定了"未成年人住所地的居民委员会、村民委员会、妇女联合会,未成年人的父母或者其他监护人所在单位,以及中小学校、幼儿园等有关密切接触未成年人的单位"承担监督敦促之责。同时,对家庭教育不当行为,《家庭教育促进法》第49条规定"予以训诫",责令"接受家庭教育指导"。

三、离婚后的亲子关系

直接抚养子女一方的抚养权和不直接抚养子女一方的探望权,共同构成离

---

① 徐国栋:《国家亲权与自然亲权的斗争与合作》,《私法研究》2011年第1期,第10页。
② 《家庭教育促进法》第17条:"未成年人的父母或者其他监护人实施家庭教育,应当关注未成年人的生理、心理、智力发展状况,尊重其参与相关家庭事务和发表意见的权利,合理运用以下方式方法:(1)亲自养育,加强亲子陪伴;(2)共同参与,发挥父母双方的作用;(3)相机而教,寓教于日常生活之中;(4)潜移默化,言传与身教相结合;(5)严慈相济,关心爱护与严格要求并重;(6)尊重差异,根据年龄和个性特点进行科学引导;(7)平等交流,予以尊重、理解和鼓励;(8)相互促进,父母与子女共同成长;(9)其他有益于未成年人全面发展、健康成长的方式方法。"

婚后父母对子女亲权的内容。

（一）抚养权

对于抚养权纠纷，《婚姻家庭编的解释（一）》第 46 条规定："对已满两周岁的未成年子女，父母均要求直接抚养，一方有下列情形之一的，可予优先考虑：（1）已做绝育手术或者因其他原因丧失生育能力；（2）子女随其生活时间较长，改变生活环境对子女健康成长明显不利；（3）无其他子女，而另一方有其他子女；（4）子女随其生活，对子女成长有利，而另一方患有久治不愈的传染性疾病或者其他严重疾病，或者有其他不利于子女身心健康的情形，不宜与子女共同生活。"第 48 条规定："在有利于保护子女利益的前提下，父母双方协议轮流直接抚养子女的，人民法院应予支持。"

（二）抚养费

抚养费，包括子女生活费、教育费、医疗费等费用。抚养费通常定期给付，有条件的可以一次性给付。

关于抚养费的标准，《婚姻家庭编的解释（一）》第 49 条规定："抚养费的数额，可以根据子女的实际需要、父母双方的负担能力和当地的实际生活水平确定。有固定收入的，抚养费一般可以按其月总收入的百分之二十至三十的比例给付。负担两个以上子女抚养费的，比例可以适当提高，但一般不得超过月总收入的百分之五十。无固定收入的，抚养费的数额可以依据当年总收入或者同行业平均收入，参照上述比例确定。有特殊情况的，可以适当提高或者降低上述比例。"

（三）探望权

赋予不直接抚养子女一方探望权，既是父或母关怀子女的重要方式，也是子女健康成长的要求。《民法典》第 1086 条规定："离婚后，不直接抚养子女的父或者母，有探望子女的权利，另一方有协助的义务。行使探望权利的方式、时间由当事人协议；协议不成的，由人民法院判决。父或者母探望子女，不利于子女身心健康的，由人民法院依法中止探望；中止的事由消失后，应当恢复探望。"

四、收养的基本原则

收养未成年人形成法律拟制父母子女关系,在法律上视同生父母与生子女的父母子女关系。《民法典》第 1044 条第 1 款规定了收养的基本原则:"收养应当遵循最有利于被收养人的原则,保障被收养人和收养人的合法权益。禁止借收养名义买卖未成年人。"

(一) 儿童最大利益原则

被收养人是未成年人。《民法典》要求收养人必须具有抚养教育被收养人的能力。其第 1098 条规定:"收养人应当同时具备下列条件:(1) 无子女或者只有一名子女;(2) 有抚养、教育和保护被收养人的能力;(3) 未患有在医学上认为不应当收养子女的疾病;(4) 无不利于被收养人健康成长的违法犯罪记录;(5) 年满三十周岁。"

(二) 兼顾保障被收养人和收养人合法权益原则

最高人民法院民法典贯彻实施工作领导小组认为,兼顾被收养人和收养人合法权益是"我国收养制度的实质性原则"。[1] 只有高度且同步重视收养人和被收养人的合法权益,才能有利于建立和发展健康、有益的收养关系。

(三) 严禁买卖未成年人原则

严禁买卖儿童或者借收养名义买卖未成年人。拐卖儿童的,所谓"人贩子",除需面临民事责任外,还将面临刑事责任。《刑法》第 240 条规定:"拐卖妇女、儿童的,处五年以上十年以下有期徒刑,并处罚金;有下列情形之一的,处十年以上有期徒刑或者无期徒刑,并处罚金或者没收财产;情节特别严重的,处死刑,并处没收财产。"应注意的是,收买人亦面临刑事责任。《刑法》第 241 条规定:"收买被拐卖的妇女、儿童的,处三年以下有期徒刑、拘役或者管制……收买被拐卖的妇女、儿童,对被买儿童没有虐待行为,不阻碍对其进行解救的,可以从轻处罚。"

---

[1] 最高人民法院民法典贯彻实施工作领导小组:《中华人民共和国民法典婚姻家庭编理解与适用》,人民法院出版社 2020 年版,第 44 页。

五、亲子关系适用案例

（一）成年子女追索未按约支付的抚养费案①

1. 基本案情

吕某与李某原为夫妻关系，于 2001 年育有女儿小李，2008 协议离婚。离婚协议中约定小李由吕某抚养，李某每月给付小李某生活费 600 元。后因李某未及时支付抚养费，小李将父亲李某诉至法院，请求李某支付未支付的抚养费，以及大学 4 年期间的教育费、生活费、医疗费。

2. 裁判处理

法院认为，父母对子女有抚养教育的义务。离婚后，一方抚养子女的，另一方应负担必要的生活费和教育费的一部或全部。该案中，吕某与李某在离婚协议中明确约定李某每月给付小李抚养费 600 元，李某应依约履行，故对小李要求李某支付 2008 年 1 月—2019 年 12 月抚养费的诉讼请求，法院予以支持。关于小李要求李某给付自 2020 年 7 月开始大学 4 年期间教育费、医疗费、生活费的诉讼请求于法无据，法院不予支持。

3. 典型意义

父母对未成年子女的抚养是无条件的，是法定义务。小李成年后，可以依法独立行使抚养权请求权，所以法院支持 2008 年 1 月—2019 年 12 月的抚养费。子女成年后，不再存在父母的抚养义务基础，小李要求其父亲给付成年后的大学教育费用于法无据。

（二）探望权纠纷案②

1. 基本案情

王某与梁某于 2015 年登记离婚，离婚协议约定女儿由梁某抚养。2020 年 9 月起，因梁某拒绝王某探视女儿，王某诉至法院，请求保障其探望女儿的权利。

2. 裁判处理

法院认为，夫妻双方离婚后，不直接抚养子女的父或母有探望子女的权利，

---

① 姬雷：《成年子女能否向父亲追索未按约支付的抚养费？》，《人民法院报》2021 年 6 月 22 日，第 3 版。
② 《贵州省高级人民法院发布未成年人司法保护典型案例》，https://www.pkulaw.com/lar/89b267dbf3b7921902bedfbdeb0f1a5cbdfb.html，最后访问日期：2023 年 6 月 29 日。

另一方有协助的义务。法院判决：原告具有探望女儿的权利，探望前应提前告知被告，由被告做出合理安排，协助探望。

3. 典型意义

探望权是为保护未成年子女的利益而设立的一项权利，旨在满足父母对未成年子女的关心、抚养、教育的需要，增进未成年人与至亲之间的情感沟通，弥合因家庭解体给子女造成的情感伤害。当一方行使探望权时，直接抚养子女的一方应协助探望，不得任意阻碍对方行使权利，更不能向孩子传导不良情绪造成排斥探望。当然，任何权利都不得滥用，不直接抚养子女的父或母行使探望权时应尽量减少对彼此工作、生活带来的不便，更应当充分考虑到子女的需求与最佳利益。

| 第三节 |

赡 养 义 务

一、"孝"与赡养义务

（一）传统法上的"孝"

中华法系对不孝行为进行了系统性规制：一是重罪。《永徽律》中规定的"十恶"重罪："恶逆谓殴及谋杀祖父母、父母，杀伯叔父母、姑、兄、姊、外祖父母、夫、夫之祖父母、父母者，不孝谓告言诅詈祖父母父母；父母在别籍异财；若供养有缺，居父母丧身自嫁娶；若作乐释服从吉；闻祖父母父母丧，匿不举哀，诈称祖父母父母死。"二是轻罪，列入"不应得为"条。鉴于"杂犯轻罪，触类弘多，金科玉条，包罗难尽"，《永徽律》"不应得为"条规定："诸不应得为而为之者，笞四十；谓律、令无条，理不可为者。事理重者，杖八十。"三是列入"七出""三不去"中。"妇有七去：不顺父母去；无子去；淫去；妒去；有恶疾去；多言去；窃盗去……妇有三不去：有所娶无所归，不去；与更三年丧，不去；前贫贱后富贵，不去。"

（二）现代法中的赡养义务

《民法典》第 1067 条第 2 款规定："成年子女不履行赡养义务的，缺乏劳动能力或者生活困难的父母,有要求成年子女给付赡养费的权利。"

关于赡养义务的具体要求,《老年人权益保障法》作出具体规定,包括以下方面:① 第 14 条规定:"赡养人应当履行对老年人经济上供养、生活上照料和精神上慰藉的义务,照顾老年人的特殊需要。赡养人是指老年人的子女以及其他依法负有赡养义务的人。赡养人的配偶应当协助赡养人履行赡养义务。"② 第 15 条规定:"赡养人应当使患病的老年人及时得到治疗和护理;对经济困难的老年人,应当提供医疗费用。对生活不能自理的老年人,赡养人应当承担照料责任;不能亲自照料的,可以按照老年人的意愿委托他人或者养老机构等照料。"③ 第 17 条规定:"赡养人有义务耕种或者委托他人耕种老年人承包的田地,照管或者委托他人照管老年人的林木和牲畜等,收益归老年人所有。"④ 第 18 条规定:"家庭成员应当关心老年人的精神需求,不得忽视、冷落老年人。与老年人分开居住的家庭成员,应当经常看望或者问候老年人。用人单位应当按照国家有关规定保障赡养人探亲休假的权利。"

对于违反赡养义务达到情节恶劣的行为,《刑法》以虐待罪和遗弃罪予以规制。《刑法》第 260 条规定:"虐待家庭成员,情节恶劣的,处二年以下有期徒刑、拘役或者管制。犯前款罪,致使被害人重伤、死亡的,处二年以上七年以下有期徒刑。第一款罪,告诉的才处理";第 261 条规定:"对于年老、年幼、患病或者其他没有独立生活能力的人,负有扶养义务而拒绝扶养,情节恶劣的,处五年以下有期徒刑、拘役或者管制。"也就是说,虐待老人未致重伤或死亡的,不告发不追究;拒绝赡养老人的,只要情节不太恶劣(程度难以界定)也不予追究。

(三)"孝"与"赡养"辨析

现代法上的"赡养"与唐律中的"孝"规范存在如下差异:一是孝道的调整对象广泛,父系尊卑亲属之间甚至到兄、姐以及外祖父母都可以适用孝道的标准来调整,赡养义务主要适用于父母子女、祖父母(外祖父母)与孙子女(外孙子女)关系。二是传统法上的孝道认为儿媳(女婿)应当对公婆(岳父母)尽孝,现代法上则认为儿媳(女婿)仅对赡养公婆(岳父母)具有协助义务。三是传统法上孝道分为"大孝尊亲,其次不辱,其下能养"三个层次,现代法强调法律是最低要求的道德,对于"大孝"没有要求。四是传统法上的不孝是离婚法定条件,现代法上没有此项规定。

二、继子女的赡养义务

《民法典》第 1072 条第 2 款规定："继父或者继母和受其抚养教育的继子女间的权利义务关系,适用本法关于父母子女关系的规定。"

继子女对父母的再婚配偶称继父母,夫或妻对其再婚配偶的子女称继子女。继父母子女关系是由于父亲或母亲再婚而形成的姻亲关系。如果继父母与继子女之间形成抚养教育关系,则属于法律上的拟制血亲,具有与自然血亲的父母子女相同的权利和义务:一是继父母对继子女有抚养、教育、保护的权利义务;二是继子女对继父母有赡养扶助的义务;三是继父母和继子女之间互相享有继承权。

应注意的是,即使继父或者继母与亲生母亲或亲生父亲离婚,受其抚养教育的继子女对继父母仍有赡养扶助义务。《最高人民法院关于继母与生父离婚后仍有权要求已与其形成抚养关系的继子女履行赡养义务的批复》规定:"尽管继母王淑梅与生父李明心离婚,婚姻关系消失,但王淑梅与李春景姐弟等人之间已经形成的抚养关系不能消失。因此,有负担能力的李春景姐弟等人,对曾经长期抚养教育过他们的年老体弱、生活困难的王淑梅应尽赡养扶助的义务。"

三、赡养义务适用案例

（一）赡养纠纷案[①]

1. 基本案情

邓大爷、张大妈夫妇已 80 多岁,3 个子女均已成家。2003 年 8 月 22 日,次子邓老二与邓大爷、张大妈发生纠纷,双方签订了"断绝父母子女关系、不要求邓老二赡养"的协议。后邓大爷、张大妈生活困难,诉至法院要求邓老二承担赡养义务,每月给付生活费及⅓的医疗费。邓老二辩称,其与父母已自愿签订了免除赡养协议,是双方的真实意思表示,具有法律约束力,故请求驳回两原告的诉讼请求。

2. 裁判处理

法院认为,父母子女之间的权利义务具有人身专属性,不以对方的付出为前

---

① 王锡怀:《法院:赡养父母是强制性法定义务,免赡养协议无效》,《人民法院报》2021 年 6 月 25 日,第 3 版。

提,而是基于双方特殊的身份关系。被告据以抗辩的免除赡养的协议违反了法律的强制性规定,违背了社会公德以及伦理道德,损害了老年人的合法权益,属于无效协议,因此作为子女的被告,仍然具有赡养父母的法定义务。

3. 典型意义

赡养父母是子女强制性的法定义务,不得附加任何条件,不得任意放弃,非因法定事由不能随意免除。子女不能把签订协议作为免除自己赡养父母义务的理由。父母与子女之间的血缘关系在法律上是无法断绝的,除收养关系外不能解除。断绝父母子女关系、人为排除子女对父母赡养义务的协议有违公序良俗和法律的强制性规定,属无效民事行为,不具有法律约束力。

（二）继子女赡养义务案[①]

1. 基本案情

陈某、陈某某年幼时父亲因病去世,由其母张某独自抚养。1997年,张某经人介绍与刘某相识,同年11月登记结婚。再婚时,陈某9周岁、陈某某14周岁。之后,陈某和陈某某随母亲与刘某一起共同生活。2012年,一起生活10多年的刘某与张某因婚后感情不和离婚。

2019年,刘某年满61周岁,生活较为困难。刘某认为,自己对两个继子女履行了抚养义务,两人应对自己履行赡养义务,故多次要求两人支付赡养费。然而,陈某、陈某某均以自己与刘某之间不存在血缘关系为由拒绝。刘某遂将陈某、陈某某诉至法院,要求两人履行赡养义务。

2. 裁判处理

法院认为,刘某与两被告之母张某再婚期间,两被告均未成年,两被告一直随刘某一起共同生活直至成年,刘某与张某一起共同抚养陈某、陈某某,双方形成抚养关系。故刘某与两被告之间的权利义务应适用父母子女关系的有关规定。法院认定陈某、陈某某对刘某负有赡养义务。

3. 典型意义

继子女与继父母之间的关系是基于父母再婚而产生。继子女与继父母之间并不存在法定的赡养义务,只有在继父母对继子女进行了事实上的抚养和教育,

---

① 林星雨:《继父和母亲离婚,继子女是否还有赡养义务?》,《人民法院报》2020年10月29日,第3版。

继子女才对继父母负有赡养义务,故双方之间形成了抚养关系是继子女对继父母负有赡养义务的前提条件。根据权利义务相一致原则和公平原则,对已形成抚养关系的继父母子女,即使继父或继母与生母或生父离婚,有负担能力的继子女仍对生活困难的继父母承担赡养扶助义务。

应注意的是,在认定继子女与继父母之间是否形成抚养关系时,应综合考虑以下方面:一是继子女是否与继父母一起共同生活。如果继父母与继子女共同生活,继父母给予继子女生活、教育上的照料,一般应认可双方形成抚养关系。二是继子女与继父母共同生活应达到一定的期限。只有形成长期的、稳定的抚养行为,才宜认定为抚养关系。三是继父母是否承担继子女抚养费。继子女年幼时,与继父母共同生活,可以理解为继父母对继子女履行了抚养义务,但随着继子女年龄的增长,在外求学等情况的出现,应以继父母是否支付继子女的生活费、教育费等作为继父母与继子女之间是否形成抚养关系的重要标准。

| 第四节 |

亲　属　权

一、祖孙之间的义务

祖父母、外祖父母与孙子女、外孙子女之间是除父母子女以外最近的直系血亲。《民法典》第 1074 条规定:"有负担能力的祖父母、外祖父母,对于父母已经死亡或者父母无力抚养的未成年孙子女、外孙子女,有抚养的义务。有负担能力的孙子女、外孙子女,对于子女已经死亡或者子女无力赡养的祖父母、外祖父母,有赡养的义务。"

祖孙之间虽然不同于亲子关系,没有法定的抚养、赡养义务,但是基于对历史传统、亲属感情、民间习惯及部分"缺损家庭"的现实和社会保障水平等多种因素的考虑,法律规定了有负担能力的(外)祖父母对于父母已经死亡或者父母无力抚养的未成年(外)孙子女有抚养的义务,有负担能力的(外)孙子女对于子女已经死亡或者子女无力赡养的(外)祖父母有赡养的义务。

应注意的是,虽然由(外)祖父母对(外)孙子女进行隔代抚养在我国当下社会并不鲜见,但是,一旦父母离婚,(外)祖父母对于(外)孙子女的隔代探望权未在立法层面得到确认。

二、兄弟姐妹之间的义务

兄弟姐妹是最近的旁系血亲。《民法典》第 1075 条规定:"有负担能力的兄、姐,对于父母已经死亡或者父母无力抚养的未成年弟、妹,有扶养的义务。由兄、姐扶养长大的有负担能力的弟、妹,对于缺乏劳动能力又缺乏生活来源的兄、姐,有扶养的义务。"

实际生活中,有能力的兄姐扶养未成年弟妹情况较为常见。应注意的是,除同胞兄弟姐妹外,养兄弟姐妹、继兄弟姐妹虽没有血缘关系,但属于法律上拟制血亲关系,其权利义务与具有血缘关系的同胞兄弟姐妹相同。

兄弟姐妹之间的扶养义务系法定义务,具有强制性。法定义务意味着当扶养义务人拒不履行义务,扶养权利人有权向人民法院提起诉讼,请求人民法院强制义务人履行。若拒绝扶养义务,遗弃被扶养人,情节恶劣的,则会被依法追究遗弃罪的刑事责任。当然,兄姐对弟妹的扶养义务顺位低于父母对子女的抚养义务,位于第二位,与有负担能力的(外)祖父母相同,是对父母抚养义务的补位。

三、亲属权适用案例

(一)"带孙费"纠纷案[①]

1. 基本案情

小何系老何、老周之子。小何与小杨于 2014 年登记结婚,并于 2015 年生育一子小小何。2015—2018 年,一家人共同居住生活。其后,小杨、小何夫妻二人先后外出务工,小小何由老何、老周照顾。

在老何、老周照顾小小何期间,除日常生活开销外,二老还支付了小小何的幼儿园费用、培训费用 2 万余元。小杨曾通过微信向老周转款 5 万余元,还通过淘宝为小小何购买衣服、玩具、零食等,并为小小何购买了人身保险,每年缴纳保

---

① 重庆市第三中级人民法院:《重庆一对老人诉请儿子儿媳支付"带孙费"被驳回》,https://www.pkulaw.com/pal/a3ecfcf5d734f711da0acede411d50a2625a76f1c9d47e3fdbdfb.html,最后访问日期:2023 年 6 月 29 日。

险费。2021年2月,小杨与小何产生矛盾,小杨起诉离婚。同年4月,法院判决不准两人离婚。老何、老周遂于2021年4月起诉小何与小杨,要求两人支付垫付的抚养费、教育费共计23万余元。

2. 裁判处理

法院认为,小何、小杨作为孩子的父母对小小何有抚养义务,老何与老周作为孩子的祖父母并没有法定的抚养义务,但由于小何、小杨外出打工,二老遂代为照顾孩子,符合我国传统的大家庭观念。祖父母或外祖父母与子女共同居住生活或共同抚养照顾孙辈在我国较为普遍,在经济较宽裕的情况下对子女进行帮扶亦符合情理,也有利于家庭关系的美满和谐。本案中,在二老照顾孩子期间,小杨向老周汇款补贴家用,并通过淘宝购物为孩子购买日常玩具用品,小杨并非未尽到抚养义务;老何与老周虽支付了小小何的部分费用,但小杨通过微信向老周的转款远高于有证据支持的款项。引发本案的根本原因是小杨提起了离婚诉讼,家庭矛盾激化而产生。二老要求小何与小杨支付近6年的抚养费23万余元,缺乏证据支持,法院不予支持。

3. 典型意义

本案涉及的法律问题是祖父母、外祖父母代为照顾孙子女时,是否有权向孙子女的法定抚养人索要"带孙费"? 若父母在具备抚养能力的情况下,拒不履行抚养义务,而将该义务转嫁给老人,老人可依法向孩子的父母主张相应的抚养费。但是,年轻夫妻外出工作,将孩子交于父母携带照顾,这不应将金钱作为带孙的交易条件,更不应在子女婚姻出现裂缝时,以索要"带孙费"为由激化矛盾。本案裁判既符合法律的规定,又符合公众的道德认知,还弘扬了尊老爱幼、平等和睦的家庭美德。

(二)"扶养费"纠纷案①

1. 基本案情

原、被告系异父母兄弟姐妹关系,原告未成家,也无子女,被告钱某1系原告哥哥,被告钱某3系原告姐姐。因原告生病多日,每月只有病假工资2072元,无劳动能力,无其他收入来源,要求两被告扶助,故诉至法院。

---

① 《施某与钱某1等扶养费纠纷一审民事判决书》,(2022)沪0112民初38364号。

2. 裁判处理

法院认为,有负担能力的兄、姐,对于父母已经死亡或者父母无力抚养的未成年弟、妹,有扶养的义务。本案中,两被告与原告系兄弟、姐弟关系,双方之间并不符合上述法律规定的具有抚养或扶养义务的情形,法院驳回原告的诉讼请求。

3. 典型意义

兄姐对弟妹有扶养义务的前提条件是:兄姐有负担能力的且是父母双亡或者是父母无抚养能力。同时,基于权利义务相对等原则,兄姐对弟妹尽了扶养义务的,如果兄姐缺乏劳动能力和生活来源,被扶养长大的弟妹也有扶养兄姐的义务。

第九章

继承法

中国旧制,继承包括财产继承和身份继承(例如嗣续、宗桃)。清末邵义指出:"夷考继承之历史,继承人所得权利,或为宗祀,或为身份,或为财产,事实虽不同,而其为继承则一也……惟中国关于嗣续、宗桃等项,多通用继承二字。"[1]近代以来,继承领域身份权逐渐式微,财产权日益扩张。在当今社会,继承权是自然人享有的重要财产权。

继承权的核心目标在于实现被继承人的意愿。《民法典》第 1123 条规定:"继承开始后,按照法定继承办理;有遗嘱的,按照遗嘱继承或者遗赠办理;有遗赠扶养协议的,按照协议办理。"只有在没有有效遗嘱或遗赠扶养协议的情况下,才适用法定继承规则。应注意的是,我国遗嘱继承遵循形式强制要求,违反形式强制要求的遗嘱无效。

家庭维持和公序良俗是遗嘱自由的两大法定限制,例如遗产必须为丧失劳动能力又没有经济来源的继承人保留必留份。正如黑格尔所指出的:"不能把死亡者赤裸裸的直接任性建立为立遗嘱权的原则,尤其如果这种人性违反了家庭的实体性的法。"[2]当遗嘱自由遭遇公序良俗时,法律也是保全公序良俗。

《民法典》继承编,包括一般规定、法定继承、遗嘱继承和遗赠、遗产的处理四章,共 45 条。同时,《最高人民法院关于适用〈中华人民共和国民法典〉继承编的解释(一)》[简称《继承编的解释(一)》]2021 年 1 月 1 日起施行。可以说,两者共同构建了我国现行的继承法律规则体系。

---

① 邵义:《民律释义》,王志华勘校,北京大学出版社 2008 年版,第 538 页。
② 〔德〕黑格尔:《法哲学原理》,范扬、张企泰译,商务印书馆 2009 年版,第 218 页。

| 第一节 |

法 定 继 承

一、法定继承顺位

法定继承制度最能体现一个国家的伦理亲缘观念,主要包括继承人范围和继承顺序两大方面。继承人的范围、继承的顺序具有强行性,除由被继承人生前遗嘱方式改变外,任何人都无权改变。

法定继承人以婚姻、血缘和家庭关系为基础。《民法典》第1127条规定:"遗产按照下列顺序继承:(1)第一顺序:配偶、子女、父母;(2)第二顺序:兄弟姐妹、祖父母、外祖父母。继承开始后,由第一顺序继承人继承,第二顺序继承人不继承;没有第一顺序继承人继承的,由第二顺序继承人继承。"第1129条规定:"丧偶儿媳对公婆,丧偶女婿对岳父母,尽了主要赡养义务的,作为第一顺序继承人。"主要赡养义务,包括给被继承人提供了主要经济来源或主要劳务扶助。

应注意的是,依据《继承编的解释(一)》第10、11条,继子女继承了继父母遗产的,不影响其继承生父母的遗产;被收养人对养父母尽了赡养义务同时又对生父母扶养较多的,除可以继承养父母的遗产外,还可以分得生父母适当的遗产。

二、代位继承制度

代位继承,又称间接继承,既保障了私有财产在血缘家族内的流转,又有利于引导亲属间相互扶助、重视亲情。《民法典》第1128条规定:"被继承人的子女先于被继承人死亡的,由被继承人的子女的直系晚辈血亲代位继承。被继承人的兄弟姐妹先于被继承人死亡的,由被继承人的兄弟姐妹的子女代位继承。代位继承人一般只能继承被代位继承人有权继承的遗产份额。"

代位继承制度包括以下内容:一是代位继承人不受辈数的限制,被继承人的孙子女、外孙子女、曾孙子女、外曾孙子女都可以代位继承。二是被继承人的子女的直系晚辈血亲与被继承人的兄弟姐妹的子女不能同时代位继承。只有在被继承人没有第一顺位继承人,且没有被继承人的子女的直系晚辈血亲代位继承的情况下,被继承人的兄弟姐妹的子女才能够代位继承被继承人的遗产。三是丧偶儿媳对公婆、丧偶女婿对岳父母尽了主要赡养义务的,无论其是否再婚,作为第一顺序继承人时,不影响其子女代位继承。

应注意的是,代位继承只适用于法定继承,在遗嘱继承中不发生代位继承,在遗赠中亦不发生代位遗赠。

三、遗产分配原则

我国遗产分配以均等为基本原则,但包含扶养老幼困残、权利义务一致及协商三个法定例外。

(一) 均等原则

我国遗产分配以均等为基本原则。《民法典》第 1130 条第 1 款规定:"同一顺序继承人继承遗产的份额,一般应当均等。"

所谓均等原则,是指通常情况下同一顺序的各法定继承人,在生活状况、劳动能力和对被继承人所尽的赡养义务等方面条件基本相同或相近时,所应继承的份额应当均等,这是对同一顺序继承人继承权的平等保护。均等规则符合我国的传统习惯,例如《唐律疏议》在分家析产时采取的是同一亲等所获家产均等原则。

(二) 法定例外

一是"扶养老幼困残"例外。对于生活有特殊困难又缺乏劳动能力的继承人分配遗产时,应当予以照顾;对继承人以外的依靠被继承人扶养的人或者继承人以外的对被继承人扶养较多的人,可以分给适当的遗产。扶养老幼困残例外,既是人类社会延续的自然反映,也是中华民族传统美德和社会主义精神文明建设的反映和要求,还是继承法作为身份法、财产法对家庭成员在法律上进行的制度安排。

二是"权利义务相一致"例外。对被继承人尽了主要扶养义务或者与被继承人共同生活的继承人,在分配遗产时可以多分;有扶养能力和有扶养条件的继承人不尽扶养义务的,在分配遗产时应当不分或者少分。前者是鼓励性不均等,后者是惩罚性不均等。

三是"继承人同意"例外。只要不违背法律和公序良俗,各继承人可以自行确定遗产继承份额,这不仅体现了继承人之间互谅互让、团结和睦的精神,而且是继承当事人意思自治的重要体现。

四、法定继承适用案例

（一）妇女继承权案[①]

1. 基本案情

杨某（女）与杨某某系姐弟关系，杨某某与张某某系夫妻关系。杨某与杨某某的父母去世时遗有平房一处，该平房于 2013 年以杨某某名义拆迁，于 2015 年安置了三处房屋，其中一处登记在杨某某名下，另外两处均登记在张某某名下。杨某向杨某某要求继承房产遭到拒绝，遂向法院提起诉讼，要求继承父母½的遗产。两人的父母生前未立遗嘱，其他有继承权的继承人亦均表示放弃继承。庭审中，杨某某辩称按农村习俗，房产是留给儿子的，不能分给杨某。

2. 裁判处理

法院认为，两人父母生前未立遗嘱，故其遗产应按照法定继承办理。对于两被继承人的遗产，作为被继承人女儿的杨某与作为被继承人儿子的杨某某，依法享有同等的继承权利，杨某某关于女儿不能继承遗产的抗辩主张，缺乏法律依据，故法院判决支持杨某的诉讼请求。

3. 典型意义

在我国历史上，女性的继承权利长期遭受限制。这种理念虽与现代社会格格不入，但仍然一定程度地存在。本案中，杨某某以其姐姐杨某是女性为由，拒绝其继承父母遗产，不仅是对男女平等原则的漠视，而且侵犯了杨某的继承权。

（二）法定继承纠纷案[②]

1. 基本案情

被继承人苏某泉于 2018 年 3 月死亡，其父母和妻子均先于其死亡，苏某泉生前未生育和收养子女。苏某泉的姐姐苏某乙先于苏某泉死亡，苏某泉无其他兄弟姐妹。苏某甲系苏某乙的养女。李某田是苏某泉堂姐的儿子，李某禾是李

[①] 天津市津南区人民法院：《天津市高级人民法院发布 10 个保护妇女合法权益典型案例》，https://www.pkulaw.com/pal/a3ecfd5d734f711d0b3d25dc4e27d7821254f4addd58e261bdfb.html，最后访问日期：2023 年 6 月 29 日。

[②] 《苏某甲诉李某田等法定继承纠纷案》，https://www.pkulaw.com/pal/a3ecfd5d734f711d97ea76c26cec9abbf5abc2d419519ca4bdfb.html，最后访问日期：2023 年 6 月 29 日。

某田的儿子。苏某泉生前未立遗嘱,也未立遗赠扶养协议。上海市徐汇区华泾路某弄某号某室房屋的登记权利人为苏某泉、李某禾。苏某泉的梅花牌手表 1 块及钻戒 1 枚由李某田保管。苏某甲起诉请求,依法继承系争房屋中属于被继承人苏某泉的产权份额,以及梅花牌手表 1 块和钻戒 1 枚。

2. 裁判处理

法院认为,当事人一致确认苏某泉生前未立遗嘱,也未立遗赠扶养协议,故苏某泉的遗产应由其继承人按照法定继承办理。苏某甲系苏某泉姐姐苏某乙的养子女,在苏某乙先于苏某泉死亡且苏某泉的遗产无人继承又无人受遗赠的情况下,苏某甲有权作为苏某泉的法定继承人继承苏某泉的遗产。另外,李某田与苏某泉长期共同居住,苏某泉生病在护理院期间的事宜由李某田负责处理,费用由李某田代为支付,苏某泉的丧葬事宜也由李某田操办,相较苏某甲,李某田对苏某泉尽了更多的扶养义务,故李某田作为继承人以外对被继承人扶养较多的人,可以分得适当遗产且可多于苏某甲。对于苏某泉名下系争房屋的产权份额和梅花牌手表 1 块及钻戒 1 枚,法院考虑到有利于生产生活、便于执行的原则,判归李某田所有,并由李某田向苏某甲给付房屋折价款人民币 60 万元。

3. 典型意义

侄甥代位继承系我国《民法典》新设立的制度,符合我国民间传统,有利于保障财产在血缘家族内部的流转,减少产生遗产无人继承的状况,同时引导人们重视亲属亲情,从而减少家族矛盾、促进社会和谐。法院还适用遗产酌给制度,即对继承人以外的对被继承人扶养较多的人适当分给遗产,体现了权利义务相一致的要求,弘扬了积极妥善赡养老人的传统美德。

| 第二节 |

遗 嘱 继 承

遗嘱有广义与狭义之分。广义的遗嘱包括遗嘱继承和遗赠两种形式;[①]狭义的遗嘱则与遗赠相对。没有特殊注明,本节的遗嘱系指狭义的遗嘱。

---

① 《民法典》第 1123 条有"有遗嘱的,按照遗嘱继承或者遗赠办理"的表述,前一个遗嘱为广义遗嘱,包括遗嘱继承和遗赠两种形式,后一个遗嘱则是狭义遗嘱。

一、遗嘱自由及其限制

(一) 遗嘱自由是私法自治的体现

遗嘱自由是自然人生前享有通过订立遗嘱处分自己身后财产的自由权利，被视为现代继承法的基本原则之一。《民法典》第 1133 条规定："自然人可以依照本法规定立遗嘱处分个人财产，并可以指定遗嘱执行人。自然人可以立遗嘱将个人财产指定由法定继承人中的一人或者数人继承。自然人可以立遗嘱将个人财产赠与国家、集体或者法定继承人以外的组织、个人。自然人可以依法设立遗嘱信托。"

遗嘱自由是保护财产私有制和尊重个人意志自由的必然结果。一方面，财产私有制使被继承人获得了独立的财产，他不仅可以享有和处分其生前财产，而且可以处分其死后财产。另一方面，被继承人依照法定方式作出的意思表示，体现了对个人意志的最大尊重。

(二) 遗嘱自由的限制

任何自由都是有限度的。遗嘱自由需要受到家庭法的适当限制。对此，有学者指出："如果继承的法律，全部以家庭为根据，则个人将完全为集体所吸收，而失其人格；除了成文法规定者外，它将不再承认别的任何继承。反之，如果继承的法律，完全以个人的意志为根据，则家庭将被否认，而个人将有毫无限制的权利，以决定他自己的义务。在这情形之下，势将没有法定继承的法律，而遗嘱继承将包括一切了。所以，继承的法律，应调和家庭的权利与个人的正当要求，不可忽视继承的权利与家庭有直接的关联，足以影响于公共团体，故与国家有重大的利害关系。"[1]

必留份制度是家庭法对遗嘱自由的必要限制。《民法典》第 1141 条规定："遗嘱应当为缺乏劳动能力又没有生活来源的继承人保留必要的遗产份额。"如果遗嘱未留有必留份，将部分无效。《继承编的解释（一）》第 25 条规定："遗嘱人未保留缺乏劳动能力又没有生活来源的继承人的遗产份额，遗产处理时，应当为该继承人留下必要的遗产，所剩余的部分，才可参照遗嘱确定的分配原则处理。"

---

[1] ［意］密拉格利亚：《比较法律哲学》，朱敏章等译，中国政法大学出版社 2005 年版，第 541—542 页。

二、遗嘱的形式要件

遗嘱的形式要件目的在于促使遗嘱人深思熟虑地安排死后事宜,避免匆忙指定继承人。不符合法定形式的遗嘱是无效遗嘱,不能发生遗嘱继承的效力。

(一) 自书遗嘱的形式要求

自书遗嘱又称为亲笔遗嘱,是指由遗嘱人自己亲笔书写并签名和注明年、月、日的遗嘱。《民法典》第 1134 条规定:"自书遗嘱由遗嘱人亲笔书写,签名,注明年、月、日。"

当事人对自书遗嘱笔迹真实性的认定,《最高人民法院关于民事诉讼证据的若干规定》第 92 条规定:"私文书证由制作者或者其代理人签名、盖章或捺印的,推定为真实。私文书证上有删除、涂改、增添或者其他形式瑕疵的,人民法院应当综合案件的具体情况判断其证明力。"

(二) 代书遗嘱的形式要求

在遗嘱人自己没有书写能力或者因其他原因而不能或不愿自己书写遗嘱时,可以由他人代为书写遗嘱内容,最后由遗嘱人对遗嘱进行确认、签字。《民法典》第 1135 条规定:"代书遗嘱应当有两个以上见证人在场见证,由其中一人代书,并由遗嘱人、代书人和其他见证人签名,注明年、月、日。"

在订立代书遗嘱的过程中,要注意遗嘱人口述和代书人代书、见证人见证的时空一致性。所谓的时空一致性,是要注意遗嘱人的口述、代书人代为书写的行为以及见证人的见证行为是同时且在同一个场合进行的。

(三) 打印遗嘱的形式要求

《民法典》第 1136 条规定:"打印遗嘱应当有两个以上见证人在场见证。遗嘱人和见证人应当在遗嘱每一页签名,注明年、月、日。"

打印遗嘱亦适用代书遗嘱关于时空一致性的要求,即见证人应全程参与订立遗嘱的全过程。打印遗嘱包括两个步骤:一是在电脑上书写遗嘱;二是在打印机上将遗嘱打印出来。因此,见证人全程参与这两个步骤,即在书写遗嘱时其应在场,在打印遗嘱时也应该在场,全程见证电脑中的遗嘱被打印机打印出来。

还应注意的是,与传统手写遗嘱可以通过笔迹鉴定的方式确定真伪不同,打印遗嘱是印刷字体,故需遗嘱人和见证人在每一页上均签名并注明年、月、日,以此确定遗嘱的真实性和完整性。

(四) 录音录像遗嘱的形式要求

《民法典》第 1137 条规定:"以录音录像形式立的遗嘱,应当有两个以上见证人在场见证。遗嘱人和见证人应当在录音录像中记录其姓名或者肖像,以及年、月、日。"

如果遗嘱人和见证人没有在录音录像中记录姓名或者肖像,并说明年、月、日,该遗嘱就不符合本条关于录音录像遗嘱的形式要件,应被确认为无效的遗嘱。需要在遗嘱中记录姓名或者肖像的人员包括遗嘱人和见证人,缺一不可。在使用录音录像方式订立遗嘱时,为保证音像资料所呈现信息的完整性,应该使用一镜到底的方式进行录制。

(五) 口头遗嘱的形式要求

《民法典》第 1138 条规定:"遗嘱人在危急情况下,可以立口头遗嘱。口头遗嘱应当有两个以上见证人在场见证。危急情况消除后,遗嘱人能够以书面或者录音录像形式立遗嘱的,所立的口头遗嘱无效。"

订立口头遗嘱的前提条件是危急情况。危急情况是指导致遗嘱人无法以自书、代书、打印、录音录像、公证等其他形式订立遗嘱的情况,例如发生突然的自然灾害、突发意外事故、爆发战争、突患危及生命的疾病等导致遗嘱人在客观上无法或没有能力以其他方式订立遗嘱的情况。应注意的是,口头遗嘱并没有要求遗嘱人和见证人注明订立遗嘱的年、月、日,这是因为口头遗嘱是一种特殊的应急方式,只需遗嘱人和见证人将遗嘱的主要内容表达清楚、记忆明白即可。

危急情况消除后,在遗嘱人能够以书面或者录音录像形式订立遗嘱的情况下,口头遗嘱归于无效。

(六) 公证遗嘱的形式要求

《民法典》第 1139 条规定:"公证遗嘱由遗嘱人经公证机构办理。"在我国,办理公证的机构只能是公证处。依据我国《公证法》第 11 条,公证机构办理的事项范围包括继承、遗嘱、财产分割以及自然人自愿申请办理的其他公证事项。

《遗嘱公证细则》第 5 条规定:"遗嘱人申办遗嘱公证应当亲自到公证处提出

申请。遗嘱人亲自到公证处有困难的,可以书面或者口头形式请求有管辖权的公证处指派公证人员到其住所或者临时处所办理。"第6条第1款规定:"遗嘱公证应当由两名公证人员共同办理,由其中一名公证员在公证书上署名。因特殊情况由一名公证员办理时,应当有一名见证人在场,见证人应当在遗嘱和笔录上签名。"

关于以上6种形式的遗嘱的效力顺位问题,适用"最后一份有效遗嘱"规则,即立有数份遗嘱且内容相抵触的,以最后的遗嘱为准。

三、遗嘱见证人制度

(一)资格限制

遗嘱见证人制度设立的目的在于保障见证人必须是客观公正证明遗嘱真实性的人。《民法典》第1140条规定:"下列人员不能作为遗嘱见证人:(1)无民事行为能力人、限制民事行为能力人以及其他不具有见证能力的人;(2)继承人、受遗赠人;(3)与继承人、受遗赠人有利害关系的人。"可见,只有具有完全民事行为能力并在事实上具备相应见证能力,且与遗嘱无利害关系的人员才能作为见证人。

(二)见证责任

遗嘱见证制度核心在于保障见证人亲眼看见、亲耳听到遗嘱人形成了完整的遗嘱表现形式。据此,见证事项包括:一是立遗嘱人的遗嘱能力;二是证明立遗嘱时的情况;三是记录遗嘱内容;四是进行签名并注明年月日。

在涉及遗嘱的继承纠纷案件中,见证人还身兼证人身份,需要出庭接受双方当事人和法庭的询问,完整、如实地陈述遗嘱订立的过程。同时,对于证人证言的效力,法院通过对证人的智力状况、品德、知识、经验、法律意识和专业技能等的综合分析做出判断。

四、遗嘱继承适用案例

(一)打印遗嘱无效案①

1. 基本案情

李先生30岁了,至今单身未婚。因幼年时期父亲不幸离世,母亲又改嫁,李

---

① 《男子患癌去世留遗嘱给爷爷奶奶,却被改嫁母亲分走大半!》,https://www.163.com/dy/article/L1LBPD05539SWT.html,最后访问日期:2023年6月29日。

先生一直是由爷爷、奶奶带大的,对爷爷、奶奶感情也非常深。在一次体检中,李先生被确诊为癌症,李先生决定立遗嘱将所有财产都留给爷爷、奶奶。李先生在遗嘱中写道:"我去世以后,我所有的财产归爷爷、奶奶所有",并将其打印出来,盖上私章,签上姓名和年月日。然而,在李先生去世后,其母亲却认为自己为李先生的第一顺位继承人,要求分得遗产,并为此起诉到法院。

2. 裁判处理

法院认为,李先生的遗嘱属于打印遗嘱,因其不满足打印遗嘱生效的要件,因此法院认定遗嘱无效,李先生的遗产由其母亲继承大半,其爷爷奶奶适当继承部分。

3. 典型意义

根据《民法典》,遗嘱继承效力优于法定继承,但前提是遗嘱有效。本案中,李先生的遗嘱形式属于打印遗嘱。打印遗嘱的生效要件应该包括:一是遗嘱形式应为用电脑制作、打印机打印出来的文本形式。二是遗嘱应该有两个或者两个以上的见证人,且见证人应当为有见证能力的(即完全民事行为能力人),不能是其他继承人、受遗赠人或者与继承人、受遗赠人有利害关系的人。三是遗嘱人和见证人应当对遗嘱的每一页内容进行确认无误后并在每一页都签上自己的名字(也可以签名加捺印)。四是遗嘱必须注明立遗嘱的时间,精确到年、月、日。除了形式要件,遗嘱有效也要符合实质要件:一是不能处分他人财产。二是内容合法,不得违背法律法规和社会公序良俗。三是要给丧失劳动能力又没有经济来源的继承人保留必留份。

(二)录像遗嘱纠纷案①

1. 基本案情

被继承人王某、张某生育张一、张二、张三。王某、张某去世后,张三随即去世,张三应继承的父母遗产份额转由其妻子赵某及两个子女继承。2019 年 10 月 31 日,张某在住院期间将张一、张二、张三及张某的两个弟弟叫到病房,由张某的两个弟弟作为见证人,经案外人录像,张某口述表示将其名下的房产于过世后留给长女张一。现张一根据该录像向法院起诉,要求继承张某名下的诉争房产。

---

① 天津市津南区人民法院:《天津市高级人民法院发布 7 起贯彻实施民法典家事审判典型案例》,https://www.pkulaw.com/pal/a3ecfd5d734f711de8bf39c3e811f3abe8786f3dd643937dbdfb.html,最后访问日期:2023 年 6 月 29 日。

2. 裁判处理

法院认为,经审查当事人提交的录像内容,录像现场有立遗嘱人张某及两个见证人的肖像,各方当事人均认可录制时间为 2019 年 10 月 31 日,可以确认录制时间和见证人身份,该录像符合《民法典》规定的录音录像遗嘱的形式要件,应为录音录像遗嘱。法院判决认定录像遗嘱有效,并在此基础上确认了张一应继承的诉争房产份额。

3. 典型意义

录像遗嘱是指以录像机、照相机等可以录制声音和影像的器材所录制的遗嘱人的遗嘱,这种遗嘱既可以记录遗嘱人的声音,也可以记录遗嘱人的影像,相比于录音遗嘱更为直观,也更容易体现遗嘱人的真实意愿,弥补了以往继承法中关于口头遗嘱和录音遗嘱未规定的空白领域,充分体现了《民法典》对时代发展的回应。

| 第三节 |

遗赠与遗赠扶养协议

一、遗赠及其接受表示

(一) 遗赠与遗嘱的区别

所谓遗赠,是指自然人在生前订立遗嘱,将其个人财产赠与法定继承人以外的人,而于其死后发生法律效力的单方法律行为。《民法典》第 1133 条第 3 款规定:"自然人可以立遗嘱将个人财产赠与国家、集体或者法定继承人以外的组织、个人。"可见,遗嘱继承与遗赠的区分在于取得遗产人的身份不同:取得遗产的人为法定继承人以内的人,属于遗嘱继承;取得遗产的人为法定继承人以外的人,属于遗赠。

(二) 接受遗赠的表示

鉴于受遗赠人为法定继承人以外的人,法律对遗赠的要求明显严于遗嘱继承。《民法典》第 1124 条规定:"继承开始后,继承人放弃继承的,应当在遗产处理前,以书面形式作出放弃继承的表示;没有表示的,视为接受继承。受遗赠人应当在知道受遗赠后六十日内,作出接受或者放弃受遗赠的表示;到期没有表示的,视为放弃受遗赠。"

应注意的是,受遗赠人的意思表示,没有特定形式要求。如果受遗赠人虽未以书面或口头形式表示接受,但其特定行为能够反映其接受遗赠,也应认定为接受遗赠,不能简单地以未作出书面表示等来否认其接受遗赠的权利。

二、遗赠扶养协议

《民法典》第 1158 条规定:"自然人可以与继承人以外的组织或者个人签订遗赠扶养协议。按照协议,该组织或者个人承担该自然人生养死葬的义务,享有受遗赠的权利。"

(一)遗赠扶养协议的合同性质

遗赠扶养协议在性质上属于合同。《继承编的解释(一)》第 40 条规定:"继承人以外的组织或者个人与自然人签订遗赠扶养协议后,无正当理由不履行,导致协议解除的,不能享有受遗赠的权利,其支付的供养费用一般不予补偿;遗赠人无正当理由不履行,导致协议解除的,则应当偿还继承人以外的组织或者个人已支付的供养费用。"

(二)遗赠扶养协议的社会保障性质

遗赠扶养协议作为自然人生前对其死亡后遗产的一种处置方式,是我国继承立法上一项特有制度,该制度是在我国农村"五保"制度的基础上发展起来。

遗赠扶养协议中,扶养人的义务内容为生养死葬,并非纯粹的商业交易,难以商业对价为衡量标准。同时,遗赠扶养协议的履行高度依赖当事人之间的信赖关系。实践中,扶养人通常为遗赠人的本族晚辈亲属或者其他亲友。

三、遗赠与遗赠扶养协议适用案例

(一)遗赠纠纷案[①]

1. 基本案情

谷某有一间民房用作养老。谷某同次子共同生活至 2020 年 9 月。2020 年

[①] 《王某 1 与王某 2、王某 3 等遗赠纠纷二审判决书》,(2022)辽 03 民终 3041 号。

9月26日谷某突发疾病,由次子将其送至海城市中医院救治。次日,长子的儿子(谷某孙子)将谷某转院继续治疗。2020年9月28日,长子的儿子为谷某办理出院手续后,将谷某送至其女儿家中,并于同日谷某立下遗嘱,内容为:由长子的儿子继承谷某名下的涉案房产一处。谷某于2020年10月4日病故,次子(原告)因案涉财产继承纠纷遂诉至法院。

2. 裁判处理

法院认为,关于原告长期赡养被继承人谷某,弘扬中华民族传统孝道精神,法院予以肯定。但被继承人谷某在临终时对自己财产的处分权利不违反法律规定,法院亦应予以尊重。在原告不能举证证明被继承人谷某立遗嘱时存在非真实意思表示的情形下,法院对原告的该项主张亦不予支持。同时,法院考虑到原告对被继承人尽了主要扶养义务且与被继承人共同生活多年,法院酌分原告30%的份额。法院判决:涉案楼房由原告和被告按份共有,原告占30%的份额,被告占70%的份额。

3. 典型意义

依法设立的遗嘱,受法律保护。继承开始后,有遗嘱的,按照遗嘱继承或者遗赠办理。遗嘱人以遗嘱处分了国家、集体或者他人财产的,应当认定该部分遗嘱无效。本案中,被告并非被继承人谷某的法定继承人,故案涉代书遗嘱应为遗嘱赠与。

(二) 遗赠扶养协议纠纷案①

1. 基本案情

戴某生前曾有过两段婚姻:第一段婚姻,戴某与男方老庞于1986年结婚,两人婚姻期间生育一子小庞,老庞于1992年因故离世;第二段婚姻,戴某与男方蔡某于2014年登记结婚,婚后未生育或收养子女,后两人于2017年经法院调解离婚。

戴某在结束第二段婚姻后,于2019年开始病情逐渐恶化。由于长期卧病在床需要有人陪护照顾,戴某向儿子小庞求助。小庞不顾不理。无奈之下,戴某找到前夫蔡某协商扶养及其过世后的殡葬事宜,并在律师的见证下签订了协议书。

---

① 《儿子不愿赡养母亲,母亲能否将百万元房产赠与扶养人?》,https://www.pkulaw.com/pal/a3ecfd5d734f711d008e96a915ec93b8da806620c3cd0f22bdfb.html,最后访问日期:2023年6月29日。

协议中明确约定,前夫蔡某如能按该协议书约定事宜尽职尽责履行义务,待戴某过世之后,其名下 90 平方米的安置房赠与蔡某。

戴某与蔡某签订协议后,蔡某依约履行义务直至戴某离世。当蔡某处理完戴某的后事,拿出协议书主张自己的权利时,却遭到了小庞的反对。因小庞拒绝配合蔡某完成戴某名下房屋的过户手续,2021 年 12 月,蔡某将小庞诉至法院,请求判决蔡某合法继承戴某名下房屋。

2. 裁判处理

法院认为,被继承人戴某与蔡某签订的协议书性质上属于遗赠扶养协议,协议签订过程是在见证人的见证下签订完成的,系双方真实意思表示,合法有效,法院予以确认。蔡某对戴某生前尽了照顾义务,在戴某死后也为其处理了殡葬等事宜,法院认为蔡某有权依据协议约定取得戴某名下房屋。法院判决蔡某受遗赠取得戴某名下房屋的所有权利。

3. 典型意义

遗赠扶养协议是遗赠人与扶养人订立的,以被扶养人生养死葬及财产的遗赠为内容的协议,这类协议在我国的社会生活和司法实践中已有相当成熟的经验,它常常能在老人自主、自愿的情况下,更好地满足老人晚年所需的物质供养、精神支持或陪伴。本案中戴某与蔡某签订遗赠扶养协议,蔡某个人承担戴某生养死葬的义务,享有受遗赠的权利。

| 第四节 |

遗产管理制度

一、遗产管理人制度

《民法典》第 1145—1149 条规定了我国的遗产管理人制度。

(一) 遗产管理人的选任

遗产管理的目的在于及时、公平、顺利地实现遗产流转,因此,法律对于遗产管理人的产生有明确的规定。第 1145 条规定:"继承开始后,遗嘱执行人为遗产管理人;没有遗嘱执行人的,继承人应当及时推选遗产管理人;继承人未推选的,由继承人共同担任遗产管理人;没有继承人或者继承人均放弃继承的,由被继承人生前住所地的民政部门或者村民委员会担任遗产管理人。"

在对遗产管理人的确定有争议的情况下,如果无人愿意或多人争当遗产管理人,利害关系人可以申请人民法院指定遗产管理人。第 1146 条规定:"对遗产管理人的确定有争议的,利害关系人可以向人民法院申请指定遗产管理人。"

(二) 遗产管理人的职责

《民法典》第 1147 条规定:"遗产管理人应当履行下列职责:(1) 清理遗产并制作遗产清单;(2) 向继承人报告遗产情况;(3) 采取必要措施防止遗产毁损、灭失;(4) 处理被继承人的债权债务;(5) 按照遗嘱或者依照法律规定分割遗产;(6) 实施与管理遗产有关的其他必要行为。"

遗产管理人的职责关系多方当事人的利益:一是被继承人处置遗产的意愿是否能够实现;二是继承人或者受遗赠人是否能够按照遗嘱指定或者法律规定取得应当获得的遗产;三是被继承人的债权人的债权是否能够实现。

遗产管理人不履行职责将面临法律责任。《民法典》第 1148 条规定:"遗产管理人应当依法履行职责,因故意或者重大过失造成继承人、受遗赠人、债权人损害的,应当承担民事责任。"

(三) 遗产管理人的报酬请求权

《民法典》第 1149 条规定:"遗产管理人可以依照法律规定或者按照约定获得报酬。"在当事人对遗产管理人的报酬有约定的情形下,应当按照约定处理;在当事人没有约定时,遗产管理人请求报酬则没有法律依据。

二、遗产查明问题

《民法典》第 1122 条规定:"遗产是自然人死亡时遗留的个人合法财产。依照法律规定或者根据其性质不得继承的遗产,不得继承。"

(一) 为被继承人个人财产

自然人与他人共有财产的,如果为按份共有,将其份额从共有财产中析出作为遗产;如果为共同共有,则原则上按照等分的方法从共有财产中析出作为遗产。《民法典》第 1153 条规定:"夫妻共同所有的财产,除有约定的外,遗产分割时,应当先将共同所有的财产的一半分出为配偶所有,其余的为被继承人的遗产。"

(二) 具有可继承性

以下不属于可继承性财产:① 依据法律规定不能继承的财产权利。这类权利包括自然资源利用权、宅基地使用权、生前租用或借用他人的财产、指定了受益人的保险金等。② 依据权利性质不能继承的财产,例如子女对父母的抚养费请求权、父母对子女的赡养费请求权、夫妻间的扶养费请求权、被继承人的人身损害赔偿请求权及以特别信任关系为前提的财产权利,例如因雇用或者委托合同发生的财产权利等,一旦权利人死亡,因给付义务没有对象,则该权利也即丧失,不能予以转让和继承。③ 被继承人死亡而发放的死亡赔偿金。死亡赔偿金虽源于被继承人之死亡,但该赔偿金本质是对死者近亲属的抚恤或赔偿,故不属于被继承人遗留的财产范围。

(三) 剔除被继承人的债务

一般来说,大陆法系国家的遗产范围秉承罗马法上的"总括继承原则",不仅包括财产权利,而且包括财产义务,即债务。而英美法系国家由于在遗产继承中实行遗产信托制度,被继承人所遗留的财产首先要扣除其债务,其余的才交付继承人,故其遗产只包括财产,而不包括债务。从我国《民法典》第 1159 条"分割遗产,应当清偿被继承人依法应当缴纳的税款和债务"可知,我国的遗产范围包括被继承人的个人债务。因此,可继承的遗产范围是在清偿被继承人的税款和债务后的财产。

三、遗产管理制度适用案例

(一) 申请根据遗嘱指定遗产管理人案[①]

1. 基本案情

申请人黄某甲系黄某唯一的哥哥,被申请人黄某乙系黄某之子、黄某丙系黄

---

① 《隆昌市法院"申请指定遗产管理人"〈民法典〉首案宣判》,https://www.pkulaw.com/pal/a3ecfd5d734
f711d80be37ca982924d02afc6e4c301b8ed3bdfb.html,最后访问日期:2023 年 6 月 29 日。

某之女。黄某的父母均已去世。2020 年 3 月,黄某与其妻赖某某离婚。黄某于 2020 年 4 月跳楼身亡,生前立下遗书,该遗书记载有"如果我不清醒或死亡了,请把公司的钱由我哥哥处理"。申请人黄某甲因黄某生前的指定,根据《民法典》,向法院提出申请,请求依法支持。

2. 裁判处理

法院认为,黄某在遗书中指定自己在公司的钱由哥哥处理,黄某甲属于前述条款中的利害关系人,具备向法院申请指定遗产管理人的主体资格。黄某在遗书中指定自己在公司的钱由哥哥处理的行为,实际是指定黄某甲为黄某在公司的遗嘱执行人。继承开始后,遗嘱执行人为遗产管理人。

法院判决指定黄某甲为黄某在某公司的遗产管理人。

3. 典型意义

被继承人生前通过遗嘱指定了遗嘱执行人的,其是当然的遗产管理人,各继承人应当尊重被继承人的遗嘱并要求遗产管理人履行法定职责。针对非继承人担任遗产管理人的,各继承人对遗产管理人在履行遗产管理职责过程中因故意或者重大过失造成继承人权益受损的,继承人可通过诉讼救济途径维护自身权益。如果黄某的儿子、女儿认为其大伯在管理遗产过程中因故意或重大过失损害了他们的合法权益,则可以依法起诉,维护自身权益。

(二) 申请指定民政局为遗产管理人案①

1. 基本案情

刘某为被继承人徐某的债权人,某民政局系徐某生前住所地的民政部门。徐某于 2020 年 4 月 5 日死亡,其生前未婚、未生育子女,且名下遗留数处房产,死亡后遗产处于无继承人的状态。刘某曾在徐某死亡后,以徐某为被告向法院提起民间借贷诉讼,但法院以被告已死亡为由裁定驳回起诉。刘某认为在徐某无继承人时应由某民政局作为其遗产管理人,故向法院提起申请,要求指定该民政局作为徐某的遗产管理人,由该民政局管理徐某遗产并以徐某遗产偿还其债务。

---

① 天津市河北区人民法院:《刘某申请指定天津市河北区民政局为徐某遗产管理人案》,https://www.pkulaw.com/pal/a3ecfd5d734f711de8bf39c3e811f3abe8786f3dd643937dbdfb.html,最后访问日期:2023 年 6 月 29 日。

2. 裁判处理

法院认为,徐某于 2020 年 4 月 5 日死亡,无继承人导致其遗产处于无人管理的状态。《民法典》第 1145、1146 条对于死者无继承人时遗产管理人的选任问题作出了新的规定,即死者没有继承人或者继承人均放弃继承的,由被继承人生前住所地的民政部门或者村民委员会担任遗产管理人。本案中,在徐某没有继承人的情况下,以法院指定的方式确定遗产管理人,解决权利人针对徐某遗产的争议,更有利于管理和维护徐某的遗产,同时能确保权利人利益得以顺利实现。法院判决指定徐某住所地的天津市河北区民政局作为徐某的遗产管理人。

3. 典型意义

死者无继承人时,其遗产的管理问题一直是继承法上的难题,因死者并无法定继承人,死者的债权人"无人可诉",难以对死者的遗产主张权利。《民法典》规定在死者无继承人时由民政部门担任遗产管理人,有效破解了债权人"无人可诉"的现实难题。在死者无其他继承人时,由其生前住所地的民政部门或者村民委员会担任遗产管理人,有助于保护相关权利人的利益,符合公职部门维护公共利益的定位。

第十章

侵权责任法

　　侵权责任法是一把双刃剑。扩张侵权责任法的保护对象固然有利于保护民事主体的权益,但会损害行为自由;反之,则会不利于保护受害人,以及彰显社会公平与正义。[①] 侵权责任法的全部规则都建立在"加害人与受害人"这对关系上:一方面,侵权责任法通过增加加害人的行为成本,使加害人及其他人今后要避免从事该特定的行为,以实现安全、保护权益;另一方面,侵权责任法亦不能过分保护受害人的权益而使人们战战兢兢、如履薄冰,出现"保持安静是公民的首要义务"的局面。

　　侵权责任法的发展史在一定意义上就是归责原则的演进史。古代侵权责任法以结果责任为原则,不管行为人有无故意和过失,只要造成损害的结果,行为人就应负赔偿责任。结果责任以义务为本位,但个人自由受到了束缚。近代侵权责任法以过错责任为原则,一个人只有在有过失的情况下才对其造成的损害负责,在不涉及过失范围之内,行为人享有充分的自由。过错责任原则适应了近代民法以个人权利为本位的转变。进入 20 世纪,工业事故、环境污染、产品责任等严重社会问题的出现使得无过错责任得以出现。

　　《民法典》侵权责任编共十章,包括一般规定、损害赔偿、责任主体的特殊规定、产品责任、机动车交通事故责任、医疗损害责任、环境污染和生态破坏责任、高度危险责任、饲养动物损害责任以及建筑物和物件损害责任。

---

① 龙著华:《论侵权法保护的利益》,《法商研究》2007 年第 4 期。

| 第一节 |

人身损害赔偿

一、人身损害的归责

人身损害赔偿是指自然人的生命权、身体权、健康权受到不法侵害，造成致死、致残、致伤的后果以及其他损害时，要求侵权人以财产损害赔偿、精神损害赔偿等方式进行救济的侵权法律制度。

人身损害适用过错责任原则。过错责任原则是侵权责任中最基本、最主要的归责原则。德国学者耶林指出："使人负损害赔偿的，不是因为有损害，而是因为有过错，其道理就如同化学上之原则，使蜡烛燃烧的，不是光，而是氧，一般的浅显明白。"[①]

过错包括故意和过失。故意是指侵权人预见自己行为的损害结果，仍然希望这一损害后果发生或者放任这一后果发生的主观心理状态。过失包括疏忽和懈怠，根据违反注意义务的高低分为一般过失和重大过失。重大过失是行为人连普通人的注意义务都没有尽到；一般过失，系违反善良管理人注意义务的过失。过错责任的核心在于为行为人设立合理的注意义务标准。

汉德公式是过错责任经济分析的重要理论基础。汉德公式提出了影响行为人注意程度的三个因素：侵权事故导致损害的可能性（P），损害程度（L），为避免损害所付出的努力程度（B），因此 PL 表示事故发生的预期成本。当 B 低于 PL 时，意味着人们的事前预防成本低于事故发生的预期成本，施害方才存在过错。[②] 根据理性人的假设，侵权人必然会追求自身利益的最大化。在汉德公式的"成本—收益"分析模式下，理性人通过比较预防成本和事故成本的高低，选择其中一种更为有效的方式，因此，侵权法的过错标准实际就是行为人的最佳预防水平。其实质在于谁能以最低的成本避免损失，谁就对损失承担责任。

---

① 王泽鉴：《民法学说与判例研究》（第二册），中国政法大学出版社 1998 年版，第 144—145 页。
② 冯珏：《汉德公式的解读与反思》，《中外法学》2008 年第 4 期。

二、人身损害的填平

《民法典》第 1179 条规定："侵害他人造成人身损害的,应当赔偿医疗费、护理费、交通费、营养费、住院伙食补助费等为治疗和康复支出的合理费用,以及因误工减少的收入。造成残疾的,还应当赔偿辅助器具费和残疾赔偿金;造成死亡的,还应当赔偿丧葬费和死亡赔偿金。"

人身损害赔偿适用"填平原则"。住院费、营养费可以直接用填平原则,伤残赔偿金、死亡赔偿金等适用"假定填平",即根据法律法规进行赔偿。《最高人民法院关于审理人身损害赔偿案件适用法律若干问题的解释》第 12 条规定:"残疾赔偿金根据受害人丧失劳动能力程度或者伤残等级,按照受诉法院所在地上一年度城镇居民人均可支配收入标准,自定残之日起按二十年计算。但六十周岁以上的,年龄每增加一岁减少一年;七十五周岁以上的,按五年计算。受害人因伤致残但实际收入没有减少,或者伤残等级较轻但造成职业妨害严重影响其劳动就业的,可以对残疾赔偿金作相应调整。"第 15 条规定:"死亡赔偿金按照受诉法院所在地上一年度城镇居民人均可支配收入……标准,按二十年计算。但六十周岁以上的,年龄每增加一岁减少一年;七十五周岁以上的,按五年计算。"

三、自甘风险的减免责

《民法典》第 1176 条第 1 款规定:"自愿参加具有一定风险的文体活动,因其他参加者的行为受到损害的,受害人不得请求其他参加者承担侵权责任;但是,其他参加者对损害的发生有故意或者重大过失的除外。"

文体活动的特殊之处在于,产生了一种不容忽视的重要价值——文体竞技精神。这种精神不同于任何个体利益,是属于人类发展不可缺少、普遍认可、共同追求的一种社会层面的正向精神需求,权且称为共同利益。个人利益(身体无损害)与共同利益之间势必会出现一个分界线。当过于维护个人利益时,将有悖于竞技精神的发扬和文体事业的发展;当过于强调共同利益,可能会让部分受害人的正当权益无法获得救济。基于对共同利益的弘扬和追求,在行为人仅具有一定过失的情况下,法律做出免责安排,使个人让渡自己部分损害救济的权利,对其他人员的一定过失予以容忍。

当然,个人利益与共同利益二者之间需要寻找平衡,既不过分侵害个人权益,又不阻碍共同利益的追求。这个平衡仅限于对行为人一般过失的容忍。当行为超出一般过失且存在重大过失甚至故意的情形下,法律不能再作出免责规定,因为已经超过合理限度,从而丧失了免责的正当性基础。由此,按照自甘风险原则判断,其行为构成侵权。

四、人身损害赔偿适用案例

(一)交通事故人身损害赔偿纠纷案①

1. 基本案情

2022 年 2 月 27 日,原告在柯坪县柯坪镇喀拉库提村行走的时候,被告驾驶一辆普通货车在倒车过程中撞上了原告。柯坪县公安局交通管理大队作出了被告李某承担全部责任的道路交通事故责任认定书。原告艾某在医院住院治疗,花费医疗费若干。司法鉴定所出具了关于误工费和护理费等项的鉴定意见。事故车辆在某保险公司投保有交强险及第三者责任商业险,事故发生在保险期内。原告艾某主张赔偿各项医疗费、误工费等。被告某保险公司辩称,原告已经 67 岁,不应当支付误工费。

2. 裁判处理

法院认为,关于误工费,被告的辩解意见无明确法律规定,柯坪县喀拉库提村村委会证明,原告有相应收入,且原告家中只有其一人,现土地上农作物、羊等无人照料,需要支付相关费用以雇用他人看管。关于误工期,法院对原告主张误工费的诉求予以支持。

3. 典型意义

本案原告作为农村居民,不属于退休职工,无固定工作,结合村委会出具的证明证实原告系孤寡老人,家中只有其一人,有相应收入,原告治疗期间地上农作物和羊等无人照料,需要雇用他人看管支付相关费用。法院依照《最高人民法院关于审理人身损害赔偿案件适用法律若干问题的解释》第 7 条,以城镇居民人均可支配收入的标准支持了原告的误工费请求。原告作为农村居民,应该享受

---

① 《新疆维吾尔自治区柯坪县人民法院:六旬花甲老人遇交通事故　主张误工费获法院支持》,https://www.pkulaw.com/pal/a3ecfd5d734f711dbcb3f125b4c7d0e7470af65fdeeb298abdfb.html,最后访问日期:2023 年 6 月 29 日。

国家整体发展带来的红利。

（二）身体权纠纷案①

1. 基本案情

宋某祯、周某均为羽毛球业余爱好者，自 2015 年起自发参加羽毛球比赛。2020 年 4 月 28 日上午，宋某祯、周某与案外 4 人在北京市朝阳区红领巾公园内露天场地进行羽毛球 3 对 3 比赛。运动中，宋某祯站在发球线位置接对方网前球后，将球回挑到周某方中场，周某迅速杀球进攻，宋某祯直立举拍防守未果，被羽毛球击中右眼。事发后，宋某祯至北京大学人民医院就诊治疗，术后 5 周余验光提示右眼最佳矫正视力为 0.05。宋某祯遂诉至法院，要求周某赔偿医疗费、护理费、住院伙食补助费、营养费等各项费用。

2. 裁判处理

生效裁判认为，竞技体育运动不同于一般的生活领域，主要目的即为争胜，此类运动具有对抗性、人身危险性的特点，参与者均处于潜在危险中，既是危险的潜在制造者，也是危险的潜在承担者。羽毛球运动系典型的对抗性体育竞赛，除扭伤、拉伤等常规风险外，更为突出的风险即在于羽毛球自身体积小、密度大、移动速度快，运动员如果未及时作出判断即会被击中，甚至击伤。宋某祯作为多年参与羽毛球运动的爱好者，对于自身和其他参赛者的能力以及此项运动的危险和可能造成的损害，应当有所认知和预见，而宋某祯仍自愿参加比赛，将自身置于潜在危险之中，属于自甘冒险的行为。依照《民法典》第 1176 条第 1 款，在此情形下，只有周某对宋某祯受伤的损害后果存在故意或重大过失时，才需承担侵权损害赔偿责任。本案中，周某杀球进攻的行为系该类运动的正常技术动作，周某并不存在明显违反比赛规则的情形，不应认定其存在重大过失，且现行法律未就本案所涉情形适用公平责任予以规定，故宋某祯无权主张周某承担赔偿责任或分担损失。

3. 典型意义

本案适用"自甘冒险"规则。判决明确对损害发生无故意、无重大过失的文

---

① 《最高人民法院发布 13 件人民法院贯彻实施民法典典型案例（第一批）之十宋某祯诉周某身体权纠纷案》，https://www.pkulaw.com/pal/a3ecfd5d734f711d97ea76c26cec9abbf5abc2d419519ca4bdfb.html，最后访问日期：2023 年 6 月 29 日。

体活动参加者,不承担赔偿责任,亮明了司法拒绝"和稀泥"的态度,宣示了冒险者须对自己行为负责的规则,促进了文体活动的健康有序发展。

(三)"滑雪的尽头是骨科"①

1. 基本案情

吴某与袁某在万龙滑雪场滑雪时发生接触后摔倒,事故导致双方受伤。袁某滑雪水平明显高于吴某,袁某从雪道上方 S 形滑行,速度较快。此时,吴某在雪道下方滑行,滑行速度较慢,横穿雪道。

2. 裁判处理

法院认定此次事故为袁某从侧后方接触吴某,导致双方倒地受伤。袁某未避让位于前方的吴某,存在过错;吴某长距离横穿雪道,增加了安全隐患,影响后方滑雪者滑雪线路,亦存在过错;滑雪场不仅要杜绝滑雪设备设施的安全隐患,告知滑雪安全须知,而且应加强滑雪场巡逻,提示、指导在滑雪场中存在安全隐患的滑雪者合理进行滑行,并采取有效措施疏导不同水平的滑雪者,避免因滑雪水平差距导致发生危险。滑雪场经营者应完善保险理赔制度,提示滑雪者购买保险,分散风险。万龙旅游公司在发生事故后积极运送伤者,转送医院,但在事故发生前未发现有滑雪场安全员在雪道内进行巡逻,疏导滑雪者,对此万龙旅游公司也存在过错。

法院根据各方过错程度,确定袁某承担此次事故 50%的责任,万龙旅游公司承担此次事故 30%的责任,吴某承担此次事故 20%的责任。

3. 典型意义

"自甘冒险"者自食其果。但是,如果其他参加者对于损害的发生具有故意或重大过失,则需要承担相应侵权责任。"自甘冒险"规则适用于活动的其他参加者,对于活动的组织者、管理者,如果未尽到安全保障义务须承担相应的补充责任。经营者、管理者或者组织者承担补充责任后,可以向第三人追偿。

---

① 刘祁遥:《"滑雪的尽头是骨科"——因滑雪导致人身损害的责任承担—兼论〈民法典〉第 1176 条的适用》,https://www.pkulaw.com/lawfirmarticles/0ec088731d7343c956f4d26d9b5078d6bdfb.html,最后访问日期:2023 年 6 月 29 日。

| 第二节 |

精神损害赔偿

一、侵权的精神损害赔偿

《民法典》第 1183 条规定："侵害自然人人身权益造成严重精神损害的,被侵权人有权请求精神损害赔偿。因故意或者重大过失侵害自然人具有人身意义的特定物造成严重精神损害的,被侵权人有权请求精神损害赔偿。"

《民法典》第 1183 条第 1 款明确:必须是侵害自然人的人身权益造成严重精神损害的,才可以请求精神损害赔偿;第 2 款明确只有因故意或者重大过失侵害自然人具有人身意义的特定物造成严重精神损害的,被侵权人才有权请求精神损害赔偿。

把握当事人究竟有没有故意或重大过失,应当根据社会一般观念注意区分受损害的特定物的具体类型,以及是否可以合理期待侵权人知晓相关的物背后所具有的特别的人身意义。[1] 例如,骨灰是明显的具有人身意义的物品,法律期待人们对待这一物品时应更加谨慎,即使是在其他语境之下会被评价为一般过失的行为,在面对骨灰这样的特殊物品时,也可以被评价为重大过失。

还应注意的是,精神损害赔偿的权利主体是自然人或者其近亲属,法人不享有精神损害赔偿请求权。

二、违约的精神损害赔偿

《民法典》第 996 条规定:"因当事人一方的违约行为,损害对方人格权并造成严重精神损害,受损害方选择请求其承担违约责任的,不影响受损害方请求精神损害赔偿。"发生违约行为,除了可能造成债权人的财产利益损害外,还有可能造成债权人的精神利益损害。

应注意的是,违约方的违约行为如果同时构成侵权行为,受损害方可以选择在侵权损害赔偿中请求精神损害赔偿;如果违约方的违约行为虽然造成了精神

---

① 薛军:《〈民法典〉对精神损害赔偿制度的发展》,《厦门大学学报(哲学社会科学版)》2021 年第 3 期。

损害,但违约行为本身并不构成侵权行为,便不能适用《民法典》第 996 条的规定,在主张对方承担违约责任时不能主张精神损害赔偿。

三、精神损害赔偿适用案例

(一)侵权行为精神损害赔偿案①

1. 基本案情

2021 年 1 月 18 日,吴某驾车与孕妇王某、田某所驾驶车辆发生相撞,造成王某受伤及车辆损坏的交通事故。公安交管部门出具事故认定书,认定吴某负事故全部责任,王某、田某无责任。事故发生后,王某被送至医院就医,诊断为"先兆流产",并进行了人流手术。后王某将吴某、田某及两人车辆投保的保险公司诉至天津市红桥区人民法院,要求赔偿其因交通事故产生的各项损失,其中包括精神损害抚慰金 5 万元。

2. 裁判结果

法院认为,公民合法的民事权益应受法律保护。王某因交通事故导致流产,不仅遭受了身体上的损害,而且承受了精神上的痛苦,故对其主张的精神损害抚慰金应予适当支持。在判决支持王某其他各项合理损失的基础上,法院结合王某孕期、各方责任等因素,判决支持其精神损害抚慰金 1 万元,并由为吴某和田某车辆承保的两保险公司分别在交强险责任限额和交强险无责赔偿限额内予以赔偿。

3. 典型意义

本案是法院依法保障因交通事故流产妇女获得精神损害赔偿的典型案例。本案中,事故不仅造成王某身体上的损伤,而且导致其终止妊娠,使其精神遭受损害。法院对王某主张的精神损害抚慰金酌情予以支持,充分体现了对妇女群体特殊权益的保护。

(二)违约行为精神损害赔偿案②

1. 基本案情

2021 年 2 月 22 日,两位新人满怀憧憬地步入婚宴酒店时,却看到迎宾区所

---

① 《天津市高级人民法院发布 10 个保护妇女合法权益典型案例》,https://www.pkulaw.com/pal/a3ecfd5d734f711d0b3d25dc4e27d7821254f4addd58e261bdfb.html,最后访问日期:2023 年 6 月 29 日。
② 《婚庆场地布置与设计效果严重不符　宁波一婚庆公司被判退还部分婚庆费并赔偿精神损失》,https://www.pkulaw.com/pal/a3ecfd5d734f711d27a7f617006cf34936fee2323cd25809bdfb.html,最后访问日期:2023 年 6 月 29 日。

有海报中新娘的名字都是错的,而婚礼现场的布置更是问题百出:吊顶高度比预期的降低 30 厘米,致使新郎每走一步都会撞一下吊顶上的金色线帘;T 台交接区部分由原来的 30 厘米降低为 5 厘米,导致 T 台整体长度及部分高度发生变化。除此之外,婚礼现场还存在舞台背景线帘未安装、路引鲜花摆放与约定有出入等问题。因协商无果,新人将婚庆公司起诉至法院,请求判令被告公司退还场地布置费 20 000 元,并赔偿精神损失费 5 000 元。

2. 裁判处理

法院认为,原被告签订的服务协议合法有效,双方应依约全面履行。被告虽提前查看了场地,但未能全面了解场地情况,未及时发现吊顶高度不够。搭建当天未提早到达现场与原告确认搭建细节,导致出现问题时未能与原告及时沟通,婚礼现场的布置与设计效果严重不符,故原告要求降低价款并返还部分费用符合法律规定,酌情确定被告返还场地布置费 13 000 元。婚礼对于新人来说是一种精神利益的载体,反映的是对美好生活的向往与祝福,这种场景不可复制、不可再现,其承载的人格和精神利益远大于其本身的成本价值。被告将新娘名字写错等违约行为给原告造成了一定的精神损害,故对原告的精神损失赔偿主张予以支持。

法院判决被告返还场地布置费 13 000 元,被告向原告赔礼道歉,并赔偿精神损失费 5 000 元。

3. 典型意义

因当事人一方的违约行为损害对方人格权并造成严重精神损害,受损害方选择请求其承担违约责任的,不影响受损害方请求精神损害赔偿。本案中,由于婚礼过程具有唯一性、专属性、纪念性等,对新人来说是一种精神利益的体现。被告交付的婚礼现场布置与效果图严重不符,且将迎宾处的新娘名字书写错误,使原告的精神利益受到了严重损害,原告有权主张精神损害赔偿。

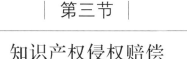

第三节

知识产权侵权赔偿

一、知识产权的立法保护

知识产权依照法律的规定产生、取得、行使并获得保护。《民法典》第 123 条规定："民事主体依法享有知识产权。知识产权是权利人依法就下列客体享有的专有的权利:(1)作品;(2)发明、实用新型、外观设计;(3)商标;(4)地理标志;(5)商业秘密;(6)集成电路布图设计;(7)植物新品种;(8)法律规定的其他客体。"《民法典》第123条关于知识产权客体采"列举＋兜底"式的立法模式,在保证了法律规范稳定性的同时也预留了新型知识产权的类型。

知识产权本质上是一种无形财产权。知识产权制度设立的初衷是保护发明人的私权,是奖励参与创新活动的人,一方面,激励权利人继续进行创新活动;另一方面,促进知识产权应用。美国前总统林肯曾说过,"专利制度是给天才之火浇上利益之油。"①

知识产权法的产生和发展是在特定的时代背景和社会条件下实现的,工业时代、电气时代和信息时代的知识产权法具有不同的时代主题。韩荣指出:"知识产权的形成更多是历史事实的总结,而非逻辑推演的结果。从英国的书商推动作者著作权的产生、商标的自发标识作用到商标的法定权利地位,再到维也纳展会衍生出工业产权全球保护的历史事实,均反映出知识产权的产生具有特定的时代背景及行业需求。"②

知识产权保护的制度设计都是在寻求权利人利益和公共利益的平衡。例如专利权保护期限,即是保护专利权人在一定期限届满内的私权后,强制其进入公共领域,避免技术过度垄断。我国《专利法》第42条规定:"发明专利权的期限为二十年,实用新型专利权的期限为十年,外观设计专利权的期限为十五年,均自申请日起计算。"

知识产权法已成为我国加快转变经济发展方式、保障和推动创新型国家建设的重要保障力量。《国务院关于印发"十四五"国家知识产权保护和运用规划的通知》指出,我国仍需健全知识产权法律法规:"统筹推进专利法、商标法、著作权法、反垄断法、科学技术进步法、电子商务法等相关法律法规的修改完善。加强地理标志、商业秘密等领域立法,出台商业秘密保护规定。完善集成电路布图设计法规。推进修订植物新品种保护条例。制定中医药传统知识保护条例。完

---

① [意]桑德罗·斯奇巴尼:《民法大全选译·正义和法》,黄风译,中国政法大学出版社1992年版,第34页。
② 韩荣:《〈民法典〉视野下知识产权合同法律规定的意定主义强化趋势及其影响》,《大连理工大学学报(社会科学版)》2023年第1期。

善与国防建设相衔接的知识产权法律制度。全面建立并实施知识产权侵权惩罚性赔偿制度,加大损害赔偿力度。研究建立健全符合知识产权审判规律的特别程序法律制度。适应科技进步和经济社会发展需要,依法及时推动知识产权法律法规立改废释。"

二、知识产权之惩罚性赔偿

2018 年 11 月,习近平总书记在首届中国国际进口博览会开幕式上的主题演讲中强调,要坚决依法惩处侵犯外商知识产权的行为,提高知识产权的审查质量和审查效率,引入惩罚性赔偿。[①]《民法典》第 1185 条规定:"故意侵害他人知识产权,情节严重的,被侵权人有权请求相应的惩罚性赔偿。"

对于惩罚性赔偿,《最高人民法院关于审理侵害知识产权民事案件适用惩罚性赔偿的解释》(简称《赔偿解释》)进行了细化规定。关于"故意"的认定,该解释第 3 条规定:"对于侵害知识产权的故意的认定,人民法院应当综合考虑被侵害知识产权客体类型、权利状态和相关产品知名度、被告与原告或者利害关系人之间的关系等因素。对于下列情形,人民法院可以初步认定被告具有侵害知识产权的故意:(1)被告经原告或者利害关系人通知、警告后,仍继续实施侵权行为的;(2)被告或其法定代表人、管理人是原告或者利害关系人的法定代表人、管理人、实际控制人的;(3)被告与原告或者利害关系人之间存在劳动、劳务、合作、许可、经销、代理、代表等关系,且接触过被侵害的知识产权的;(4)被告与原告或者利害关系人之间有业务往来或者为达成合同等进行过磋商,且接触过被侵害的知识产权的;(5)被告实施盗版、假冒注册商标行为的;(6)其他可以认定为故意的情形。"以上 5 种"故意"情形规定比较明确,对其认定也比较容易和清楚。

关于"情节严重"的认定,《赔偿解释》第 4 条规定:"对于侵害知识产权情节严重的认定,人民法院应当综合考虑侵权手段、次数,侵权行为的持续时间、地域范围、规模、后果,侵权人在诉讼中的行为等因素。被告有下列情形的,人民法院可以认定为情节严重:(1)因侵权被行政处罚或者法院裁判承担责任后,再次实施相同或者类似侵权行为的;(2)以侵害知识产权为业;(3)伪造、毁坏或者隐匿侵

---

① 《首届中国国际进口博览会开幕式》,http://www.china.com.cn/zhibo/content_68890748.htm,最后访问日期:2023 年 6 月 29 日。

权证据;(4) 拒不履行保全裁定;(5) 侵权获利或者权利人受损巨大;(6) 侵权行为可能危害国家安全、公共利益或者人身健康;(7) 其他可以认定为情节严重的情形。"以上(1)(3)(4)(6)的情形明确清楚,在案件中认定应无太大争议;情形(2)中规定的"以侵害知识产权为业",是否包括"主要"以侵害知识产权为业,容易引发争议;情形(5)中规定的"侵权获利或者权利人受损巨大"的内容不确定性较大,因为"巨大"难以量化,需要最高人民法院对于不同的知识产权领域的"侵权获利或者权利人受损巨大"提供进一步指导。

惩罚性赔偿数额由"基数×倍数"得出。关于惩罚性赔偿的倍数问题,《赔偿解释》第 6 条第 1 款规定:"人民法院依法确定惩罚性赔偿的倍数时,应当综合考虑被告主观过错程度、侵权行为的情节严重程度等因素。"天赐案[①]的合议庭认为:"惩罚性赔偿倍数与情节严重程度具有对应关系,方符合法律适用时的比例原则。为便于司法适用、限制自由裁量的滥用,侵权情节认定为严重时可适用两倍惩罚性赔偿,情节比较严重可适用 3 倍惩罚性赔偿,特别严重时可适用 4 倍惩罚性赔偿,情节极其严重时,如满足'直接故意、完全以侵权为业、侵权规模大、持续时间长、损失或获利巨大、举证妨碍'等认定要件,则可以适用 5 倍惩罚性赔偿,以此构建惩罚性赔偿倍数与侵权情节严重程度之间的一般对应关系。"

三、知识产权侵权适用案例

(一) 侵害发明专利权纠纷案[②]

1. 基本案情

深圳市吉祥腾达科技有限公司(简称腾达公司)未经许可制造、许诺销售、销售,济南历下弘康电子产品经营部(简称弘康经营部)、济南历下昊威电子产品经营部(简称昊威经营部)未经许可销售多款商用无线路由器属于原告深圳敦骏科技有限公司享有的名称为"一种简易访问网络运营商门户网站的方法"的发明专利。被诉侵权产品在京东商城官方旗舰店、"天猫"网站腾达旗舰店均有销售,且销量巨大。

---

① 《广东广州天赐高新材料股份有限公司等与华某等侵害技术秘密纠纷案》,(2019)最高法知民终 562 号。

② 《深圳敦骏科技有限公司诉深圳市吉祥腾达科技有限公司等侵害发明专利权纠纷》,(2019)最高法知民终 147 号。

深圳敦骏科技有限公司诉请判令腾达公司、弘康经营部、昊威经营部停止侵权,赔偿损失及制止侵权的合理开支共计500万元。

被告腾达公司辩称:涉案专利、被诉侵权产品访问任意网站时实现定向的方式不同,访问的过程亦不等同,腾达公司没有侵害敦骏公司的涉案专利权;被告诉请的赔偿数额过高且缺乏事实及法律依据。弘康经营部、昊威经营部共同辩称:其所销售的被诉侵权产品是从代理商处合法进货的,其不是被诉侵权产品的生产者,不应承担责任。

2. 裁判处理

生效裁判认为,本案焦点问题包括三个方面:

一是关于被诉侵权产品使用过程是否属于涉案专利权利要求的保护范围问题。首先,涉案专利权利要求1中的"第一个上行 HTTP 报文"不应解释为用户设备与其要访问的实际网站建立 TCP"三次握手"连接过程中的第一个报文,而应当解释为未通过认证的用户设备向接入服务器发送的第一个上行 HTTP 报文。其次,根据对被诉侵权产品进行的公证测试结果,被诉侵权产品的强制 Portal 过程与涉案专利权利要求1和2所限定步骤方法相同,三款被诉侵权产品在"Web 认证开启"模式下的使用过程,全部属于涉案专利权利要求1和2的保护范围。

二是关于腾达公司的被诉侵权行为是否构成侵权问题。针对网络通信领域方法的专利侵权判定,应当充分考虑该领域的特点,充分尊重该领域的创新与发展规律,以确保专利权人的合法权利得到实质性保护,实现该行业的可持续创新和公平竞争。如果被诉侵权行为人以生产经营为目的,将专利方法的实质内容固化在被诉侵权产品中,该行为或者行为结果对专利权利要求的技术特征被全面覆盖起到了不可替代的实质性作用,即终端用户在正常使用该被诉侵权产品时能自然再现该专利方法过程的,则应认定被诉侵权行为人实施了该专利方法,侵害了专利权人的权利。本案应当认定腾达公司制造、许诺销售、销售被诉侵权产品的行为具有侵权性质,并应承担停止侵权、赔偿损失的民事责任。

三是关于一审判决确定的赔偿数额是否适当问题。专权利人主张以侵权获利确定赔偿额的,侵权规模即为损害赔偿计算的基础事实。专利权人对此项基础事实承担初步举证责任。在专利权人已经完成初步举证,被诉侵权人无正当理由拒不提供有关侵权规模基础事实的相应证据材料的情况下,对其提出的应考虑涉案专利对其侵权获利的贡献率等抗辩理由可不予考虑。

法院判决：腾达公司立即停止制造、许诺销售、销售涉案的路由器产品；弘康经营部、昊威经营部立即停止销售涉案的路由器产品；腾达公司赔偿敦骏公司经济损失及合理费用共计 500 万元。

3. 典型意义

本案的典型意义不仅在于涉案专利权利要求的保护范围的认定，而且还有有效抗辩问题。合法来源是被控侵权人常用的抗辩事由。具有合法来源是指销售者通过合法的进货渠道、通常的买卖合同等正常商业方式取得所售产品。我国《专利法》第 77 条规定："为生产经营目的使用、许诺销售或者销售不知道是未经专利权人许可而制造并售出的专利侵权产品，能证明该产品合法来源的，不承担赔偿责任。"《商标法》第 64 条第 2 款规定："销售不知道是侵犯注册商标专用权的商品，能证明该商品是自己合法取得并说明提供者的，不承担赔偿责任。"弘康经营部和昊威经营部不是被诉侵权产品的生产者，且从合法渠道进货，故不承担赔偿责任。

（二）侵害商标权纠纷案①

1. 基本案情

"百度烤肉"的运营方京百度餐饮公司于 2012 年注册成立，经营范围包括餐饮管理、餐饮服务等。京百度餐饮公司及其第一、三、七、八分公司陆续于 2012、2013、2014、2015 年注册成立，上述五公司在所经营的店铺名称、装潢、广告宣传、微信公众号、美团 APP 等处使用大量"百度烤肉""百度鱼锅""百度炒饭""百度泡菜"等含有"百度"文字的标识，涉嫌侵害百度公司"百度"驰名商标权益，百度公司遂将京百度餐饮五公司诉至法院。

2. 裁判处理

法院认为，京百度公司及其涉案分公司使用与"百度"近似的"京百度"作为企业字号，具有攀附百度公司的"百度"商标声誉、搭便车的主观故意，客观上也容易导致相关公众误认为京百度公司及其涉案分公司与百度公司之间存在关联关系，对京百度公司及其涉案分公司的投资或经营主体产生误认，造成服务来源

---

① 《北京京百度餐饮管理有限公司等与百度在线网络技术（北京）有限公司侵害商标权纠纷上诉案》，（2022）京民终 170 号。

的混淆,故百度公司主张京百度公司及其涉案分公司在企业名称中使用"百度"文字构成不正当竞争,具有事实及法律依据。

关于经济损失,京百度公司及其涉案分公司侵害百度公司的注册商标专用权、攀附百度公司商誉的主观恶意明显,客观上其也通过开设多家门店实施被诉侵权行为,不仅减弱了百度公司"百度"商标的显著性,而且不正当利用了百度公司的市场声誉,获利数额大,侵权情节严重,故本案应当适用惩罚性赔偿,以加大对恶意侵权行为的惩罚力度。

虽然京百度公司及其涉案分公司自 2012 年 1 月 19 日—2015 年 9 月 9 日陆续注册成立后开始实施被诉侵权行为,但百度公司系于 2019 年 9 月 9 日提起本案诉讼,且京百度公司及其涉案分公司的被诉侵权行为至原审诉讼期间尚未完全停止,故本案应计赔的侵权时长为 63 个月,折合为 5.25 年。

京百度公司及其涉案分公司提交与被诉侵权行为相关的 2016 年 10 月 1 日—2019 年 9 月 30 日的年度及月度利润表、纳税申报表及相应的财务账簿和原始凭证、利润表、纳税申报表等资料,且上述账簿、资料显示,京百度公司及其涉案分公司在前述期间的营业利润共计 926 710.61 元,利润率为 6.26%,年平均营业利润额为 308 903.54 元,并已向税务机关进行了相应的纳税申报,对京百度公司及其涉案分公司提供的营业利润数据予以采信。考虑到百度公司涉案商标的显著性和知名度,以及京百度公司及其涉案分公司实施的被诉侵权行为具体情节等因素,酌情确定涉案商标对于京百度公司及其涉案分公司侵权获利的贡献率为 35%。

综合考虑京百度公司及其涉案分公司的主观过错程度、侵权行为持续时间、侵权获利及给百度公司造成的损害等因素,百度公司主张惩罚性赔偿倍数应为 3 倍,有法律依据。京百度公司及其涉案分公司应承担的赔偿经济损失数额为 308 903.54 元(年平均营业利润额)×5.25 年(侵权时长)×35%(品牌贡献率)×4(1+倍数)=2 270 441 元。百度公司主张的合理开支 5 万元,具有事实及法律依据,且数额合理,予以全额支持。同时,判决被告停止使用含有"百度"文字的企业名称。

3. 案件意义

适用"惩罚性赔偿"制度,加大对侵权行为的打击力度是知识产权保护的新动向。惩罚性赔偿制度对于推动知识产权侵权惩罚性赔偿制度的落实、加大知识产权保护力度、鼓励民营企业创新发展、激发社会创新活力具有积极意义。

| 第四节 |

劳动者/劳务者责任

一、劳动者/劳务者侵权责任

自罗马法始，各国民法一致对"对他人行为之侵权责任"的范围采取法定主义，基本上囊括两大责任类型，即监护人对被监护人导致他人损害的责任，以及用人者对被使用人导致他人损害的责任。[1] 用人者责任也称雇主替代责任。《民法典》将雇主替代责任分为第 1191 条"用人单位"责任和第 1192 条"接受劳务方"责任。

《民法典》第1191条规定："用人单位的工作人员因执行工作任务造成他人损害的，由用人单位承担侵权责任。用人单位承担侵权责任后，可以向有故意或者重大过失的工作人员追偿。劳务派遣期间，被派遣的工作人员因执行工作任务造成他人损害的，由接受劳务派遣的用工单位承担侵权责任；劳务派遣单位有过错的，承担相应的责任。"

《民法典》第1192条规定："个人之间形成劳务关系，提供劳务一方因劳务造成他人损害的，由接受劳务一方承担侵权责任。接受劳务一方承担侵权责任后，可以向有故意或者重大过失的提供劳务一方追偿。提供劳务一方因劳务受到损害的，根据双方各自的过错承担相应的责任。提供劳务期间，因第三人的行为造成提供劳务一方损害的，提供劳务一方有权请求第三人承担侵权责任，也有权请求接受劳务一方给予补偿。接受劳务一方补偿后，可以向第三人追偿。"

可见，雇主替代责任的典型特征在于行为人与责任人相脱离：在造成损害的过程中，直接行为人是用人单位的工作人员（提供劳务方）的情况下，承担侵权责任的不是行为人，而是对他们有支配关系的雇主（接受劳务方）；雇主承担侵权

---

[1] 窦海洋：《对他人行为之侵权责任——以体系的角度为视角》，中国政法大学出版社 2012 年版，第 239 页。

责任后,可以向有故意或者重大过失的雇员(提供劳务方)追偿。

二、劳动者/劳务者受害责任

《民法典》为何在第 1191、1192 条分列雇主替代责任?"用人单位"责任与"接受劳务方"责任进行区分的法律意义是什么?

在劳动法诞生之前,雇佣关系早已存在并为传统民法所调整;劳动法产生之后,部分雇佣关系(例如产业雇佣关系)的法律调整就逐步退出私法调整领域,而成为人们所熟知的劳动关系。[①] 劳动法的出现,强调产业雇用者的人格从属性、经济从属性和组织从属性。

"劳务者/劳动者"二分法的法律意义在于从事劳动(劳务者)导致其自身损害的责任承担上:在劳务关系中,提供劳务一方因劳务受到损害的,根据双方各自的过错承担相应的责任(《民法典》第 1192 条第 1 款);而在劳动关系中受到伤害,则享受工伤待遇,例如《劳动法》第 73 条第 1 款规定:"劳动者在下列情形下,依法享受社会保险待遇:……(2) 患病、负伤;(3) 因工伤残或者患职业病。"

当然,在劳务关系(用工关系)与劳动关系之间进行清晰的划线并不容易,尤其是随着现代社会新经济业态的不断发展,用工形式日益多样化,生硬的"劳务者/劳动者"二分法已经严重落后于实践需求。2021 年 7 月 16 日,人力资源和社会保障部等 8 部门共同印发《关于维护新就业形态劳动者劳动保障权益的指导意见》,在劳动关系和劳务关系之外引入了"不完全符合确立劳动关系情形",劳动法的某些规则或某些规则的某个方面开始与"类劳动者"产生关联。

三、劳动者/劳务者责任适用案例

(一) 出纳遇到网络诈骗公司百万损失谁担[②]

1. 基本案情

2021 年 2 月 1 日,沈某入职常州市某安装工程有限公司,双方签订劳动合同书一份,约定:沈某为工程公司提供劳动,从事出纳工作,试用期自 2021 年 2 月 1 日—4 月 30 日,试用期内每月工资 4 000 元。

---

① 郑尚元:《雇佣关系调整的法律分界》,《中国法学》2005 年第 3 期。
② 江苏省常州市中级人民法院:《出纳遇到网络诈骗公司百万损失谁担》,https://www.pkulaw.com/pal/a3ecfd5d734f711dbdca0cc56db94e21ded3902a921bc0a7bdfb.html,最后访问日期:2023 年 6 月 29 日。

2021 年 4 月 1 日,某诈骗分子通过工程公司法定代表人陈某某邮箱向沈某发送如下信息:"人员变动较大,整理一份在职人员花名册发到我这个邮箱,备注好部门名字。"沈某以为对方就是公司老总陈某某,遂按其要求将公司在职人员花名册发到对方邮箱,并留言请对方查收。随后,沈某通过微信向陈某某发送信息:"陈总,在职人员花名册已发邮件,请查收。"但陈某某未回复。

第二天,该诈骗分子又通过陈某某邮箱向沈某回复:"好的,你现在加公司高层 QQ 工作群,我有工作安排。"沈某遂按其指令加入该 QQ 群。

2021 年 4 月 6 日,沈某按 QQ 群中"陈某某"要求,向其提供了工程公司各银行账户余额明细,后又按其要求分别将五笔总共 107 万元的款项汇入其指定的周某银行账户。

但事后经核实,上述周某银行账户系诈骗账户。沈某联想到之前向陈某某发微信没有回复,这才知道被骗了,于是打电话报警。后常州警方将该案作为刑事诈骗案立案侦查。

同日,工程公司与沈某协商处理该被骗款项赔偿事宜,双方签订协议一份,载明如下内容:2021 年 4 月 6 日,沈某未经工程公司法定代表人陈某某同意,擅自将公司建行账户 107 万元,分五笔转入周某农业银行账户,后经核实,该账户是诈骗账户,由于沈某的重大过错造成公司 107 万元资金损失,现已无法追回。双方在协议中约定:沈某在 3 个月内赔偿公司全部损失 107 万元及利息等。4 月 24 日,沈某向工程公司支付 2 万元赔偿款后,不同意继续支付,双方遂发生争议。工程公司就该案申请劳动仲裁后,常州市某区劳动人事争议仲裁委员会出具不予受理通知书。工程公司遂向法院提起民事诉讼,要求沈某支付拖欠的赔偿款 105 万元及利息。

2. 裁判处理

法院认为,本案中,沈某在履职过程中存在重大过失,未能安全谨慎地履行劳动合同的义务,应当承担相应的赔偿责任;同时,在重大过失的情况下,赔偿范围应综合考虑劳动者过错程度、工资收入、损害后果、规章制度规定及劳动合同约定等因素酌情认定。

工程公司、沈某之间的劳动关系明确,沈某银行转账行为系与其出纳工作岗位相关的业务活动,属于职务行为,其因履行该职务行为而使工程公司遭受的损失也应由工程公司承担,但沈某明显存在重大过失,应负相应的赔偿责任。法院据此酌情认定沈某应赔偿工程公司损失 7 万元,扣除已支付的 2 万元,尚需支付 5 万元。

3. 典型意义

用人单位与其工作人员之间的归责原则,即用人单位在被第三人侵权遭受经济损失后,可以向有故意或者重大过失的工作人员追偿。同时,劳动者在履行职务过程中因故意或者重大过失造成用人单位经济损失要承担赔偿责任的范围,应当与劳动者的过错大小、工资收入水平等相适应。本案的典型意义既在于提醒用人单位完善规章制度,也在于督促劳动者审慎履职。

(二) 外卖小哥骑行送餐撞伤行人谁担责[①]

1. 基本案情

某餐饮重庆分公司系某外卖平台的重庆代理公司。某餐饮潼南公司系某餐饮重庆分公司设立的分公司,负责潼南的区域代理。2020 年 4 月,某餐饮潼南公司发布了"外卖小哥招募令",吴某前往应聘成为外卖小哥。某餐饮重庆分公司为吴某缴纳了雇主责任保险,某餐饮潼南公司对吴某进行了用工管理。吴某还按照某餐饮潼南公司的要求,与第三方劳务公司(该劳务公司与某餐饮重庆分公司签订有配送业务外包合同)签订了承揽服务协议。协议中约定,因吴某不具有工商资质,由吴某委托第三方劳务公司代办个体工商户,在配送中发生人身伤亡、财产损害均由成立后的个体工商户承担。

2020 年 8 月 6 日,吴某在驾驶摩托车送餐途中,与早起晨练的行人 80 岁的何某发生碰撞。经交警部门认定,吴某因超速、准驾不符、未避让行人等原因负主要责任,何某因未确保安全横过道路负次要责任。各方就赔偿方式始终难以达成协议,何某遂将交强险承保公司、某餐饮潼南公司、某餐饮重庆分公司、第三方劳务公司以及吴某一并诉至法院。

2. 裁判处理

法院认为,保险公司不得以"准驾不符"为由拒赔交强险,在承担交强险责任后,保险公司可另行向侵权责任人追偿;吴某人身、财产依附于某餐饮潼南公司,应认定吴某系该公司的工作人员,某餐饮潼南公司应承担侵权责任,某餐饮重庆

---

① 《外卖小哥骑行送餐撞伤行人,各方责任如何划分?》,https://www.pkulaw.com/pal/a3ecfd5d734 f711d8c067895690982664b08c22ffa2ea0dfbdfb.html,最后访问日期:2023 年 6 月 29 日。

分公司依照公司法的相关规定承担补充清偿责任;第三方劳务公司并非实际用工单位,不应承担责任。据此,法院判决保险公司在交强险范围内赔偿约 8.8 万元,交强险赔偿后的不足部分,由某餐饮潼南公司、某餐饮重庆分公司赔偿约 1.8 万元,何某自行负担约 4 000 元。

3. 典型意义

宁让三分不争一秒,抢出交通事故得不偿失! 外卖小哥到外卖平台的区域代理公司应聘,入职时却被要求登记为个体工商户,并且与第三方劳务公司签订承揽服务协议,约定由外卖小哥自担责任,但外卖小哥实际接受的却是区域代理企业的用工管理。第三方劳务公司与外卖小哥之间的承揽服务协议"有名无实",实际是在规避平台代理企业的法律责任,因此该协议不能作为确定责任主体的依据,仍应根据实际履行情况认定外卖小哥的用人或用工单位,以确定真正的责任主体。当然,鉴于外卖小哥吴某准驾不符,面临被保险公司追偿 8.8 万元的风险。

| 第五节 |

网络服务提供者连带责任

一、"避风港规则"

网络服务提供者对网络用户实施侵权行为不承担责任的防火墙被称为"避风港规则"。

(一)"通知—取下"义务

《民法典》第 1195 条规定:"网络用户利用网络服务实施侵权行为的,权利人有权通知网络服务提供者采取删除、屏蔽、断开链接等必要措施。通知应当包括构成侵权的初步证据及权利人的真实身份信息。网络服务提供者接到通知后,应当及时将该通知转送相关网络用户,并根据构成侵权的初步证据和服务类型采取必要措施;未及时采取必要措施的,对损害的扩大部分与该网络用户承担连带责任。权利人因错误通知造成网络用户或者网络服务提供者损害的,应当承担侵权责任。法律另有规定的,依照其规定。"

(二)"反通知—恢复"义务

《民法典》第 1196 条规定:"网络用户接到转送的通知后,可以向网络服务提供者提交不存在侵权行为的声明。声明应当包括不存在侵权行为的初步证据及网络用户的真实身份信息。网络服务提供者接到声明后,应当将该声明转送发出通知的权利人,并告知其可以向有关部门投诉或者向人民法院提起诉讼。网络服务提供者在转送声明到达权利人后的合理期限内,未收到权利人已经投诉或者提起诉讼通知的,应当及时终止所采取的措施。"

网络服务提供者在收到被侵权人的通知之后未及时采取必要措施,或者采取的措施不合理,造成损害结果扩大的,网络服务提供者只对因此造成的损害的扩大部分与直接侵权的网络用户承担连带责任。

二、"红旗规则"

所谓"红旗规则",是指如果网站或者平台上的侵权内容是显而易见的,就像红旗飘扬一样,但网络服务提供者假装看不见而没有采取合理措施,也应当承担侵权责任。《民法典》第 1197 条规定:"网络服务提供者知道或者应当知道网络用户利用其网络服务侵害他人民事权益,未采取必要措施的,与该网络用户承担连带责任。"可以说,"红旗规则"是对"避风港规则"的补充和限制。

"红旗规则"的适用条件包括:① 网络用户在他人的网站上实施侵权行为;② 该侵权行为的侵权性质明显,不必证明即可确认;③ 网络用户提供者知道或者应当知道网络用户在自己的网站上实施了该侵权行为;④ 对这样的侵权信息没有采取删除、屏蔽或者断开链接的必要措施。

关于网络服务提供者"知道或者应当知道"的认定,《最高人民法院关于审理利用信息网络侵害人身权益民事纠纷案件适用法律若干问题的规定》第 9 条规定,应当综合考虑下列因素:① 网络服务提供者是否以人工或者自动方式对侵权网络信息以推荐、排名、选择、编辑、整理、修改等方式作出处理;② 网络服务提供者应当具备的管理信息的能力,以及所提供服务的性质、方式及其引发侵权的可能性大小;③ 该网络信息侵害人身权益的类型及明显程度;④ 该网络信息的社会影响程度或者一定时间内的浏览量;⑤ 网络服务提供者采取预防侵权措施的技术可能性及其是否采取了相应的合理措施；⑥ 网络服务提供者是否针对同一网络用户的重复侵权行为或者同一侵权信息采取了相应的合理措施；⑦ 与本案相关的其他因素。

适用"红旗原则"的后果是，明知或者应知网络用户在自己的网站上实施侵权行为的网络服务提供者，对该侵权信息没有采取措施，须与实施侵权行为的网络用户一起，对被侵权人造成的损害承担连带赔偿责任。

三、网络服务提供者连带责任适用案例

（一）当电商平台接到错误投诉纠纷案①

1. 基本案情

2019 年 3 月 15 日，某淘宝网店被供货商投诉出售假冒商品。淘宝公司收到投诉后，通知网店要求其在 3 个工作日内提供材料申诉。后淘宝公司以网店超时未申诉为由，对网店作出立即删除商品、搜索屏蔽店铺等处罚。其后，网店向淘宝公司申诉，并提交进货发票。淘宝公司以发票购买方非网店经营者、开票时间晚于投诉时间为由，认定申诉不成立。

同年 4 月 30 日，供货商则再次以相同理由向淘宝公司投诉该网店，淘宝公司通知网店限期申诉。此后，网店申诉并提交网店购销合同、发货单、发票。淘宝公司以购销合同不完整、发票显示的购买方非网店经营者、发货单未盖章为由，要求网店补充提交材料。

5 月 6 日，淘宝公司对网店再次作出处罚。两次处罚后，淘宝公司对网店实施在线商品不超过 5 件的措施，并以售假为由罚没网店淘宝消保保证金 2 500元。网店认为，淘宝公司的不当处罚导致网店排名大幅下降、网店浏览量大幅减少，销售额也因此大幅减少，故起诉要求淘宝公司撤销对网店的处罚，恢复网店商品销售链接，并与供货商连带赔偿网店经济损失 120 万元。

2. 裁判处理

生效判决认为，供货商投诉时存在重大过失，应对网店的损失承担主要责任；淘宝公司在证据审核方面存在过错，导致错误未能及时纠正，对网店的损失应承担次要责任；网店售卖涉案投诉商品存在不当行为，且在淘宝公司给予第二

---

① 《当电商平台接到错误投诉》，https://www.pkulaw.com/pal/a3ecfd5d734f711d6f412365e844615b08c547c667a3fa79bdfb.html，最后访问日期：2023 年 6 月 29 日。

次补正机会时未积极维权,直至诉讼,才提供进一步补强证据,可适当减轻供货商和淘宝公司的责任。

供货商对网店连续两次投诉导致网店仅能销售 5 件商品,使其基本处于"关店"状态,造成营业额大幅减少,是考量损失的因素之一。因网店对其年营业额 60 万元的主张无法提供充分证据予以证明,结合淘宝公司调取的网店销售情况、处罚措施持续时间等因素,法院酌定网店损失为 20 万元。

法院判决供货商、淘宝公司和网店分别承担 50%、30% 和 20% 的责任,并判令淘宝公司限时恢复网店积分和保证金。

3. 典型意义

网络用户利用网络服务实施侵权行为的,网络服务提供者并不必然导致担责,其担责与否应以是否采取必要措施为限。本案中,淘宝公司在处理投申诉时没有有效履行"反通知—恢复"义务,故法院判决淘宝公司承担相应责任。

(二)网络服务提供者拒删侵权帖责任案[①]

1. 基本案情

张某在某公司网络论坛上发帖,捏造倪某私生活混乱的事实,并配有一张从倪某微信朋友圈下载的倪某的生活照,帖子发出后阅读量迅速突破 10 万。倪某联系某公司要求删除帖子,但某公司以只有发帖人本人才有权删帖为由予以拒绝。倪某遂诉至法院,请求判令张某与某公司立即删帖,并赔礼道歉、赔偿精神损害抚慰金。

2. 裁判处理

法院认为,张某捏造倪某私生活混乱的事实在网络上发帖并配以倪某的照片,构成对倪某的侮辱、诽谤。帖子在网上传播后引起大量点击阅读和跟帖评论,造成不良社会影响,侵害了倪某的名誉权,侵扰了倪某的正常生活,应当依法承担民事责任。某公司在审核帖子时虽然对照片人物面部进行局部打码处理,但从帖子和评论内容来看,仍有一定的辨识度,侵害他人权益的程度仍较为明显。某公司在帖子产生巨大浏览量且收到倪某要求删帖的通知后,未能采取合理措施避免侵权行为的发生,而是放任损害后果不断扩大,故法院判决某公司应

---

① 《江苏省张家港市人民法院:网络服务提供者拒删侵权帖》,https://www.pkulaw.com/pal/a3ecfd5d734f711d562ebb21f12705270c7ac472b5c278d6bdfb.html,最后访问日期:2023 年 6 月 29 日。

当与张某承担连带责任。

3. 典型意义

网络服务提供者知道或者应当知道网络用户利用其网络服务侵害他人民事权益,未采取必要措施的,与该网络用户承担连带责任。本案中,法院认定该公司是"知道或者应当知道"张某利用其网络服务侵害倪某民事权益的事实,故法院判决该网络服务提供者与张某承担连带责任。

| 第六节 |

教育机构责任

一、教育机构的过错推定责任

《民法典》第 1199 条规定:"无民事行为能力人在幼儿园、学校或者其他教育机构学习、生活期间受到人身损害的,幼儿园、学校或者其他教育机构应当承担侵权责任;但是,能够证明尽到教育、管理职责的,不承担侵权责任。"

无民事行为能力人智力发育不成熟,对事物的认知和判断存在明显欠缺,其不能辨认或者不能充分理解自己行为的后果,对他们的保护必须强调最高的注意义务,故幼儿园、学校、教育机构等对无民事行为能力人的注意义务和责任比限制民事行为能力人要重。

对于无民事行为能力人在幼儿园、学校或者其他教育机构学习、生活期间受到人身损害的,实行举证责任倒置,即如果学校和其他教育机构不能举证证明学校和其他教育机构尽到了教育、管理职责,则学校和其他教育机构须承担侵权责任。

二、教育机构的过错责任

《民法典》第 1200 条规定:"限制民事行为能力人在学校或者其他教育机构学习、生活期间受到人身损害,学校或者其他教育机构未尽到教育、管理职责的,应当承担侵权责任。"

与无民事行为能力人相比,限制民事行为能力人在意思能力、辨别能力方面发展得更加成熟,对于危险事物也有一定的预防和控制能力。如果限制民事行为能力人及其监护人不能举证证明学校和其他教育机构未尽到教育、管理职责,则学校和其他教育机构不承担侵权责任。

三、教育机构的补充责任

《民法典》第1201条规定:"无民事行为能力人或者限制民事行为能力人在幼儿园、学校或者其他教育机构学习、生活期间,受到幼儿园、学校或者其他教育机构以外的第三人人身损害的,由第三人承担侵权责任;幼儿园、学校或者其他教育机构未尽到管理职责的,承担相应的补充责任。幼儿园、学校或者其他教育机构承担补充责任后,可以向第三人追偿。"

第三人的行为造成无民事行为能力人或限制民事行为能力人人身损害的,应当由实施了直接侵权行为的第三人承担责任,教育机构对第三人侵权承担相应的补充责任的法理基础为何?最高人民法院民法典贯彻实施工作领导小组认为:"教育机构对在其场所接受学习教育的无民事行为能力人、限制民事行为能力人负有法定的管理职责,这种管理职责本质上是一种安全保障义务。"①

教育机构承担相应的补充责任,意味着应当先由实施了直接侵权行为的第三人承担责任,如果无法查明第三人或者第三人没有足够的赔偿能力,教育机构应当在第二顺位承担补充责任。"相应的"也意味着教育机构补充责任比例应根据其过错程度确定,在该比例范围内,最终确定补充责任的范围。当然,教育机构在承担补充责任后享有追偿权。

四、教育机构责任适用案例

(一)小学生体育课摔倒受伤案②

1.基本案情

小雨与小明均系小学一年级的学生,体育课上,体育老师组织学生排成两排,绕学校操场走一圈。当队伍走到操场直道进弯道处时,小明从后方推倒了走

---

① 最高人民法院民法典贯彻实施工作领导小组:《中华人民共和国民法典侵权责任编理解与适用》,人民法院出版社2020年版,第304页。
② 《体育课上小学生被同学推倒造成伤残》,http://edu.china.com.cn/2022 - 08/24/content_78386663.htm,最后访问日期:2023年6月29日。

在前面的小雨,导致小雨摔倒受伤。事故发生后,体育老师检查小雨的伤情,发现其手臂已经不能动弹,遂上报学校并通知小雨的家长带其去医院检查。经医院诊断,小雨骨折。后经鉴定,小雨的伤构成十级伤残。事故发生后,因当事人未能就赔偿达成一致意见,遂诉至法院。

2. 裁判处理

法院认为,无民事行为能力人、限制民事行为能力人造成他人损害的,由监护人承担侵权责任。本案中,被告小明在上体育课期间无故推倒原告小雨,导致小雨受伤,小明存在侵害行为,其侵权责任应由小明的监护人,即其父母承担。同时,小雨在上体育课期间被小明推倒受伤,属于在校学习、生活期间受到人身损害的情形,学校除能提供证据证明自己已经尽到教育、管理职责外,应当推定其在教育、管理方面存在过错,从而应当承担相应责任。学校事后虽积极联系家属,并组织协调赔偿事宜,但不能证明其在组织学生活动时没有过错,因此应当对小雨的人身损害进行赔偿。

综合考虑小雨、小明的年龄,小雨受伤经过、伤情以及本案案情,法院酌定学校、小明父母按照 6∶4 比例承担责任。

3. 典型意义

无民事行为能力人缺乏安全意识,对自己行为的后果无法预测,尤其容易对自身或者他人造成损害,所以对学校的管理职责的要求就更高、更严。学校和教师应当尽量杜绝此类损害事故的发生,否则,除非能够证明自己已经尽到教育和管理职责、没有过错外,依据法律规定须承担主要责任。

(二)中学生翻墙外出碰触电死亡案①

1. 基本案情

安某系重庆武隆某中学初三学生,在校期间屡次违反校规校纪,逃课外出,学校多次对安某旷课、逃学、翻越围墙等行为进行安全教育。安某与其监护人书写保证书保证不再翻越围墙。然而,过后不到一个月,安某再次翻越围墙外出。2020 年 1 月 14 日,其尸体在学校围墙外某供电公司的供电变压器

---

① 重庆市第三中级人民法院:《重庆武隆一初三学生为逃课翻墙触电身亡》,https://www.pkulaw.com/pal/a3ecfd5d734f711d89b61e87710d6d3561d54e8a6f99e88bbdfb.html,最后访问日期:2023 年 6 月 29 日。

处被发现。安某父母作为原告诉至法院,请求该中学和供电公司承担赔偿责任。经鉴定,安某系碰触某供电公司供电设施遭受电击身亡,死亡时间为2019 年 12 月 24 日。

2. 裁判处理

法院认为,安某虽是限制民事行为能力人,但其心智正常,也接受过一定程度的教育,对电的特征应当有一定的了解,应当认识到碰触供电设施的危险性,其自身碰触供电设施遭受电击身亡,酌定安某对其自身损害承担 70％的责任。[①]电力公司作为供电设施的管理人,其已经按照相关技术规范设置了供电设施并尽到了警示义务,酌定对于安某死亡的损害承担 30％的赔偿责任。安某所在中学已经对其旷课、逃学、翻墙等行为进行了教育,学校的围墙设置也符合相关标准,学校已经尽到教育、管理职责,对安某死亡的损害不承担责任。

3. 典型意义

本案中,学校已经多次对安某旷课、逃学、翻墙等行为进行了教育,学校的围墙设置也符合相关标准,学校已经尽到教育、管理职责,故对学生安某的意外死亡不承担责任。

| 第七节 |

产 品 责 任

一、产品的严格责任

《民法典》第 1202 条规定:"因产品存在缺陷造成他人损害的,生产者应当承担侵权责任。"产品责任实行严格责任,即产品责任之构成不考察过错因素,只要产品存在缺陷,即可构成侵权责任。

"无缺陷,无责任"。产品缺陷对于产品责任构成具有决定性意义。以产品缺陷作为归责的核心,使得产品责任诉讼不再关注生产者、销售者的行为,而仅

[①] 《民法典》第 1240 条规定:"从事高空、高压、地下挖掘活动或者使用高速轨道运输工具造成他人损害的,经营者应当承担侵权责任;但是,能够证明损害是因受害人故意或者不可抗力造成的,不承担责任。被侵权人对损害的发生有重大过失的,可以减轻经营者的责任。"

关注产品自身,有利于实现对消费者利益的保护。《产品质量法》第 46 条规定:"本法所称缺陷,是指产品存在危及人身、他人财产安全的不合理的危险;产品有保障人体健康和人身、财产安全的国家标准、行业标准的,是指不符合该标准。"关于产品缺陷的证明,通常采取举证责任倒置的方法,如果生产者、销售者不能证明产品没有缺陷,就要承担相应的责任。

缺陷产品可能产生于生产、销售、消费等多个环节。如果产品缺陷不是产生于生产环节,生产者赔偿后,有权向相关责任人追偿。因销售者的过错使产品存在缺陷的,生产者赔偿后,有权向销售者追偿(《民法典》第 1203 条第 2 款);因运输者、仓储者等第三人的过错使产品存在缺陷,造成他人损害的,产品的生产者赔偿后,有权向第三人追偿(《民法典》第 1204 条)。

二、缺陷产品召回义务

现代侵权法不仅注重损害的救济,而且重视损害的预防。《民法典》第 1206 条规定:"产品投入流通后发现存在缺陷的,生产者、销售者应当及时采取停止销售、警示、召回等补救措施;未及时采取补救措施或者补救措施不力造成损害扩大的,对扩大的损害也应当承担侵权责任。依据前款规定采取召回措施的,生产者、销售者应当负担被侵权人因此支出的必要费用。"

缺陷产品召回制度发端于美国。20 世纪 60 年代,美国律师拉尔夫·纳达尔在《任何速度都不安全》一书中呼吁国会制定汽车安全法规,强迫汽车制造商对"缺陷汽车"进行必要的处置。该书与美国国家科学院发布的《意外死亡和残疾——忽略病害之现代社会》报告遥相呼应,促使美国国会在 1966 年制定《国家交通及机动车安全法》时,首次确立缺陷汽车召回的法律制度。[①] 随后,美国在多项产品安全和公众健康的立法中引入召回制度。

产品召回在消费者保护法上的法理基础是生产者、销售者的安全保障义务。《民法典》第 1206 条第 2 款确立了召回过程中必要费用的负担规则,强化了生产者和销售者的责任,有助于加强对消费者的保护。该规定也与我国相关行政法规的规定保持一致,例如《缺陷汽车产品召回管理条例》第 19 条规定:"生产者应当承担消除缺陷的费用和必要的运送缺陷汽车产品的费用。"

---

① 胡亚非、杨鹏:《缺陷产品召回与行政处罚的关系研究》,《西南政法大学学报》2014 年第 5 期。

三、产品责任之惩罚性赔偿

《民法典》第 1207 条规定："明知产品存在缺陷仍然生产、销售，或者没有依据前条规定采取有效补救措施，造成他人死亡或者健康严重损害的，被侵权人有权请求相应的惩罚性赔偿。"

惩罚性赔偿是一个舶来品，源于英国而兴于美国。[①] 当被告的不法行为十分恶劣，不仅具有道德上的可非难性，而且具有反社会性，则采行惩罚性赔偿方式对其进行制裁，并震慑其他潜在不安定者。与补偿性赔偿相比，惩罚性赔偿适用条件更为严格，对责任人的主观状态及其行为所造成的严重后果均有要求。

《民法典》规定了三类惩罚性赔偿：一是产品责任（第 1207 条）；二是侵害知识产权责任（第 1185 条）；三是污染环境破坏生态责任（第 1232 条）。应注意的是，惩罚性赔偿金虽然是惩戒性的，但也应罚当其过，即惩罚性赔偿的确定应当研判侵权人的具体行为与造成的实际后果。

关于产品惩罚性赔偿的额度，《消费者权益保护法》第 55 条[②]规定了产品经营者对所受损失"赔一罚三"的赔偿额度；《食品安全法》第 148 条第 2 款[③]规定了消费者可以向生产者或销售者要求支付价款 10 倍的赔偿金。其他情况下，一般在 2 倍以下处罚。

应注意的是，产品责任的请求权法律有特殊规定，在一定时间内不行使的，实体请求权消灭。《产品质量法》第 45 条第 2 款规定："因产品存在缺陷造成损害要求赔偿的请求权，在造成损害的缺陷产品交付最初消费者满十年丧失；但是，尚未超过明示的安全使用期的除外。"

---

① 李响：《我国食品安全诉讼中的惩罚性赔偿刍议》，《法治研究》2021 年第 1 期。
② 《消费者权益保护法》第 55 条规定："经营者提供商品或者服务有欺诈行为的，应当按照消费者的要求增加赔偿其受到的损失，增加赔偿的金额为消费者购买商品的价款或者接受服务的费用的三倍；增加赔偿的金额不足五百元的，为五百元。法律另有规定的，依照其规定。经营者明知商品或者服务存在缺陷，仍然向消费者提供，造成消费者或者其他受害人死亡或者健康严重损害的，受害人有权要求经营者依照本法第四十九条、第五十一条等法律规定赔偿损失，并有权要求所受损失二倍以下的惩罚性赔偿。"
③ 《食品安全法》第 148 条第 2 款规定："生产不符合食品安全标准的食品或者经营明知是不符合食品安全标准的食品，消费者除要求赔偿损失外，还可以向生产者或者经营者要求支付价款十倍或者损失三倍的赔偿金；增加赔偿的金额不足一千元的，为一千元。但是，食品的标签、说明书存在不影响食品安全且不会对消费者造成误导的瑕疵的除外。"

四、产品责任适用案例

（一）烟花爆竹产品责任纠纷案①

1. 基本案情

2021 年 2 月，原告林某某的亲戚林某从被告王某某烟花爆竹短期零售经营点购买烟花后在小区燃放，林某某在观看烟花时右眼被炸伤。林某某以案涉烟花存在缺陷造成其损害为由将烟花生产者、销售者诉至法院，请求赔偿其各项损失 44 万余元。

2. 裁判结果

法院认为，《民法典》第 1202、1203 条规定，案涉烟花存在缺陷是生产者浏阳某烟花公司及销售者平潭某烟花公司、王某某向林某某承担侵权责任的前提条件。从在案证据来看，本案生产者和销售者均依法持证经营，案涉烟花在安全生产有效期内生产且在保质期内销售，当地执法部门在核查中未发现生产者浏阳某烟花公司及销售者平潭某烟花公司、王某某存在安全生产违法行为，相关质量监督部门也未因案涉烟花质量问题对浏阳某烟花公司作出处理，本案林某某亦未能举证证明燃放烟花的场所、方法、燃放方式及其观看方式、距离均符合要求，且在案涉事故发生后未第一时间妥善保护现场，也未对爆炸后的残留物进行保存或申请鉴定等，在案证据不足以证明案涉烟花存在缺陷，故驳回林某某的诉讼请求。

3. 典型意义

本案系产品责任纠纷。产品责任的构成要件包括：产品具有缺陷；缺陷产品造成了受害人的损害；缺陷产品与造成的损害事实之间有因果关系。其中，产品缺陷是认定产品侵权责任的关键要素，即"无缺陷，无责任"。根据《产品质量法》，判断某一产品是否存在缺陷的标准分为"不合理危险"标准和"国家标准、行业标准"。烟花爆竹属于具有一定危险性的特殊产品，即本身存在"合理危险"，故对燃放烟花爆竹的场所、方法、燃放人员及观看人员均有严格要求，消费者应

---

① 《福建省高级人民法院发布 5 起消费者权益纠纷民事典型案例之四林某某与平潭某烟花公司、浏阳某烟花公司、王某某等产品责任纠纷案——具有"合理危险"的产品侵权责任的认定》，https://www.pkulaw.com/pfnl/08df102e7c10f206bf12e6843a42828de9dec636f4f1d2e5bdfb.html，最后访问日期：2023 年 6 月 29 日。

依法安全燃放,尽到谨慎注意义务。本案林某某在观看烟花燃放时致右眼受伤,但在案证据不足以证明案涉烟花存在缺陷,故林某某只能自行承担损害后果。烟花虽绚烂,燃放需谨慎。若不幸发生事故,要妥善保护现场,保存烟花爆竹的外包装、燃放后的残留物等,及时取证,依法维权。

(二) 生产、销售有毒、有害食品公益诉讼案①

1. 基本案情

2014 年 10 月,被告人雷某在犍为县开设古今天下火锅店,从事火锅制售服务,开业时即雇用被告人李某甲为该火锅店的炒料师傅,负责熬制该店火锅底油、分装熬制的火锅底油成袋、配制火锅锅底。2015 年 9 月,被告人李某乙应李某甲邀请进入该火锅店,协助李某甲分装熬制的火锅底油成袋和配制火锅锅底。

2018 年 4 月 20 日,雷某为非法获利,对李某甲提出将收集的废弃油脂煎干水分,再加料制作火锅底油销售。随后,李某乙将顾客食用后的废弃油脂收集到塑料桶内,由李某甲将废弃油脂煎干水分,并掺入菜籽油、海椒、花椒、香料等材料熬制火锅底油,待火锅底油冷却后由李某乙分装成袋,销售给顾客食用。2018 年 5 月—2019 年 1 月,该店用废弃油脂熬制的火锅底油销售清油红锅和清油鸳鸯锅总计 14 142 锅。经鉴定,销售金额为 447 824 元。

2019 年 1 月 30 日,犍为县市场和质量监督管理局在该店内现场查获装有废弃油脂残渣的塑料桶。犍为县人民检察院指控被告人雷某、李某甲、李某乙犯生产、销售有毒、有害食品罪,提起公诉,并对被告犍为县古今天下火锅店提起附带民事公益诉讼。

2. 裁判处理

法院判认定,被告人雷某、李某甲、李某乙收集废弃油脂加料熬制火锅底油销售给顾客食用,属于在生产、销售的食品中掺入有毒、有害物质,且生产、销售时间长、数量大,构成生产、销售有毒、有害食品罪。

法院判决:被告人雷某犯生产、销售有毒、有害食品罪,判处有期徒刑 7 年,并处罚金人民币 5 万元;被告人李某甲犯生产、销售有毒、有害食品罪,判处有期徒刑 3 年 6 个月,并处罚金人民币 2 万元;被告人李某乙犯生产、销售有毒、有害

---

① 《雷敏、李正江、李正贵生产、销售有毒、有害食品罪二审刑事判决书》,(2020)川 11 刑终 67 号。

食品罪,判处有期徒刑 3 年,缓刑 4 年,并处罚金人民币 1 万元。被告人雷某支付附带民事公益诉讼起诉人犍为县人民检察院赔偿金 4 478 240 元,上缴国库。

3. 典型意义

在被侵权的消费者人数众多,而普通消费者由于诉讼能力、诉讼成本等限制难以维权时,由检察机关提起民事公益诉讼,主张惩罚性赔偿,让违法者不敢再犯,才能更有效地制裁违法者、威慑其他潜在违法者,以切实保护消费者的食品安全。

| 第八节 |

机动车交通事故责任

一、机动车事故及二元归责

(一) 机动车事故

截至 2020 年 4 月,我国机动车保有量已达 3.54 亿辆。随着机动车拥有数量的不断增多,道路交通事故频发。

海因里希法则(Heinrich's Law)由美国安全工程师海因里希通过分析工伤事故的发生概率提出:在机械生产过程中,每发生 330 起意外事件,有 300 件未产生人员伤害,29 件造成人员轻伤,1 件导致重伤或死亡。[1] 海因里希法则的重要性不在于"300∶29∶1"比例是否恰当,而在于提出 1 起重大事故背后都有轻微事故和未遂先兆。

海因里希法则提醒机动车驾驶人应防范轻微事故和未遂先兆,进行防御性驾驶。所谓防御性驾驶是指驾驶人在驾驶过程中,预见由其他驾驶人、行人、不良气候或路况引发的危险,并能及时采取必要、合理、有效的措施,防止事故发生。常见的防御性驾驶技术包括预估风险、放眼远方、时刻扫描、留有余地、引人注目的能力等。

---

[1] Fred A. Manuele. Reviewing Heinrich: Dislodging Two Myths From the Practice of Safety. *Professional Safety*, Vol.56, 2011, pp.52 - 61.

（二）二元化归责

《民法典》第 1208 条规定："机动车发生交通事故造成损害的,依照道路交通安全法律和本法的有关规定承担赔偿责任。"本条将机动车交通事故归责指向《道路交通安全法》的相关规定。

《道路交通安全法》第 76 条[①]确立了我国机动车交通事故的二元归责体系:一是机动车之间的交通事故类型适用过错责任;二是机动车与非机动车驾驶人、行人之间的交通事故类型适用无过错责任。关于无过错责任,王泽鉴总结了 4 个基本特点:"① 造成事故之活动皆为合法且必要;② 事故发生频繁,每日有之,连续不断;③ 肇致之损害异常巨大,受害者众多;④ 事故之发生多为高度工业技术缺陷之结果,难以防范,加害人是否具有过失,被害人难以证明。"[②]

应注意的是,机动车行驶属于危险活动,机动车与非机动车方发生交通事故的,机动车方无过错并不能免责,只能减轻责任:如果机动车方能够证明没有任何过错,则承担不超过 10% 的责任。

二、出借机动车的过错责任

关于机动车保有人、驾驶人不一致时的侵权责任,《民法典》第 1209 条规定:"因租赁、借用等情形机动车所有人、管理人与使用人不是同一人时,发生交通事故造成损害,属于该机动车一方责任的,由机动车使用人承担赔偿责任;机动车所有人、管理人对损害的发生有过错的,承担相应的赔偿责任。"

在机动车保有人和驾驶人不一致时发生交通事故造成损害的,由机动车驾驶人承担赔偿责任,其理论根据在于风险控制。机动车作为高速运输工具,其行驶对行人、非机动车驾驶人的生命财产安全具有危险性,是道路交通事故风险发生的来源,在驾驶人与保有人分离时,驾驶人是最有效控制机动车危险的主体,故应是首要的赔偿责任主体。

---

① 《道路交通安全法》第 76 条规定:"机动车发生交通事故造成人身伤亡、财产损失的,由保险公司在机动车第三者责任强制保险责任限额范围内予以赔偿;不足的部分,按照下列规定承担赔偿责任:(1) 机动车之间发生交通事故的,由有过错的一方承担赔偿责任;双方都有过错的,按照各自过错的比例分担责任。(2) 机动车与非机动车驾驶人、行人之间发生交通事故,非机动车驾驶人、行人没有过错的,由机动车一方承担赔偿责任;有证据证明非机动车驾驶人、行人有过错的,根据过错程度适当减轻机动车一方的赔偿责任;机动车一方没有过错的,承担不超过百分之十的赔偿责任。交通事故的损失是由非机动车驾驶人、行人故意碰撞机动车造成的,机动车一方不承担赔偿责任。"
② 王泽鉴:《民法学说与判例研究》,北京大学出版社 2015 年版,第 485—486 页。

但是,如果保有人对损害的发生有过错的,应承担相应的赔偿责任。保有人的过错主要体现在保有人对机动车适驾及使用人选任的注意义务。《最高人民法院关于审理道路交通事故损害赔偿案件适用法律若干问题的解释》第1条规定:"机动车发生交通事故造成损害,机动车所有人或者管理人有下列情形之一,人民法院应当认定其对损害的发生有过错,并适用民法典第一千二百零九条的规定确定其相应的赔偿责任:(1)知道或者应当知道机动车存在缺陷,且该缺陷是交通事故发生原因之一的;(2)知道或者应当知道驾驶人无驾驶资格或者未取得相应驾驶资格的;(3)知道或者应当知道驾驶人因饮酒、服用国家管制的精神药品或者麻醉药品,或者患有妨碍安全驾驶机动车的疾病等依法不能驾驶机动车的;(4)其他应当认定机动车所有人或者管理人有过错的。"

三、"好意同乘"的立法规制

"好意同乘"也称搭便车,是指驾驶人员出于好意接受他人的搭乘请求或主动邀请他人乘坐自己车辆的行为。对于好意同乘行为,《民法典》第1217条规定:"非营运机动车发生交通事故造成无偿搭乘人损害,属于该机动车一方责任的,应当减轻其赔偿责任,但是机动车使用人有故意或者重大过失的除外。"

(一)好意同乘适用过错责任

对好意同乘行为进行专门立法,最早见于1927年美国新墨西哥州的汽车客人法。该法区分乘客和客人,为好意同乘的归责原则设定了新标准:车主只有实施了超过一般过失的严重不当行为,达到严重、极度轻率或故意的程度造成客人人身损害时,才对客人承担责任。[①]

与机动车与非机动车交通事故适用无过错责任不同,好意同乘适用过错责任归责。好意同乘是现代社会所提倡鼓励的行为。一种法律秩序在何时、什么条件下将已发生的损失转由他人承担,这取决于在该社会中占主导地位的思维方式。

(二)好意同乘减责事由

对于好意同乘中同乘人的受害,如果让驾驶人全面赔偿,这既不符合我国社

---

① [美]爱德华·J.柯恩卡:《侵权法》(英文第2版),法律出版社1999年版,第245页。

会伦理价值观,也不利于鼓励他人助人为乐。为此,好意同乘规则明确属于该机动车一方责任的,如果是一般过失,应当减轻驾驶人的赔偿责任。当然,如果机动车驾驶人存在故意或者重大过失的,则不应减轻责任。

四、机动车交通事故责任适用案例

(一)出借车辆交通事故责任纠纷案①

1. 基本案情

2012 年 11 月 23 日,被告魏某某将其所有的小型轿车借给有驾驶资质的被告张某甲,后张某甲将车租给有驾驶资质的被告张某乙,张某乙将该车及钥匙存放在无驾驶资质的被告王某某处。王某某将车借给了无驾驶资质的被告陈某某,陈某某驾车搭载朋友乔某,将车停放在熊家中学门前。陈某某去购物,因未取下钥匙,被告乔某驾车后将车停放在熊家镇古城大道 134 号的公路旁。陈某某购物返回后,被告姚某上车,陈某某未取下钥匙,亦未阻止姚某驾车。无驾驶资质的姚某驾车发生交通事故,造成人行道上的行人宋某某当场死亡,行人双某某、熊某某、黄某某受伤。2012 年 12 月 24 日,重庆市万州区公安交通局认定书认定,姚某承担本次事故全部责任。宋某某、双某某、熊某某、黄某某不负事故责任。

该小型轿车投保了机动车交通事故责任强制保险,事故发生在保险期间内。鉴定机构认定该小型轿车转向合格,灯光信号有效,驻车制动有效,行车制动合格。

2. 裁判处理

生效裁判认为,被告魏某某将其所有的小型轿车借给被告张某甲,张某甲又将该车租给被告张某乙,因被告张某甲、张某乙具有小型轿车的驾驶资质,且事发车辆经检测合格,故被告魏某某、被告张某甲不应承担本案赔偿责任。被告张某乙租用该车后停放在被告王某某楼下,并将钥匙交与被告王某某,疏于管理,使该车被被告王某某借给无驾驶资质的被告陈某某;被告陈某某不具有小型轿车驾驶资质而借用、驾驶肇事车辆,且在被告姚某无证驾驶机动车时未予阻止,放任损害后果的发生,故被告张某乙、王某某、陈某某均存在一定过错,应承担相应赔偿责任。被告乔某虽然曾无证驾驶该肇事车辆,但其行为与损害后果的发

① 《佘长文等诉魏祥玉等机动车交通事故责任纠纷案》,(2013)万法民初字第 01782 号。

生无因果关系,故被告乔某在本案中不应承担赔偿责任。综上,法院确认按被告姚某承担 70%、被告张某乙承担 5%、被告王某某承担 10%、被告陈某某承担 15%划分赔偿责任。

3. 典型意义

本案中,车辆所有人魏某某将不存在影响安全运行方面质量瑕疵或隐患的机动车辆出借给具有机动车驾驶资质的被告张某甲,张某甲将车租给有驾驶资质的张某乙,在该出借、出租行为中不存在过错。在将车辆借出之后,此两人已不再支配控制该车辆,不应承担损害赔偿责任。而王某某、陈某某在转借的过程中均负有审查借用人驾驶资质的义务而未审查,存在过错,理应承担过错责任。

(二) 好意搭乘交通事故纠纷案①

1. 基本案情

2019 年初夏,江某与同事相约自驾皖南。周末一早,江某开着自己新买的越野车带着同事从南京出发,当时车上共有 4 人。他们到了安徽吃过午饭休息后,下午 3 点多,开车去向下一个景点。此时,坐在后排位置的刘某突然建议改变行程,在大家无异议后,车辆驶上了这条临时更改的路线。行驶途中,江某驾驶的越野车翻车后坠入路边水库,驾驶员江某、刘某和另外一名同事身亡,只有坐在副驾驶位置的周某幸存。

2020 年,事故死者刘某的家人向法院提起诉讼,要求江某的家人承担事故的全部责任,提出了包括死亡赔偿金、丧葬费等在内共计 110 万元的诉讼请求。由于江某并没有购买车上人员险,这些费用保险公司都不会承担责任,江某的家人表示,愿意给付一定的补偿,但无力承担如此高额的赔偿。

2. 裁判处理

承办法官对《民法典》中关于"好意同乘"的规定做出了释明。经过法院调解,原告同意按照《民法典》中关于"好意同乘"的规定降低诉讼请求的数额,被告对原告调整后的数额也表示认可。原被告最终达成调解协议,该案顺利调解结案。

3. 典型意义

机动车驾驶人应尽到谨慎的安全注意义务,若因驾驶人员故意或重大过失

---

① 朱政:《好意同乘搭便车　出了车祸谁担责?》,https://www.pkulaw.com/lawfirmarticles/b03e908f83 f8fb5ac59d76774a96b0b1bdfb.html,最后访问日期:2023 年 6 月 29 日。

造成交通事故,则不能以"好意同乘"作为其减责事由。此外,有能力的车主还应当为同乘人员购买商业保险,以减轻自己对同乘人员赔付的经济负担。

| 第九节 |

<h1 align="center">医疗损害责任</h1>

一、医疗侵权适用过错责任

关于医疗侵权的归责,既要保护患者合法权益,也要保护医院和医务人员合法权益,还要有利于医学科学进步以及医药卫生事业发展。

(一) 过错责任

《民法典》第 1218 条规定:"患者在诊疗活动中受到损害,医疗机构或者其医务人员有过错的,由医疗机构承担赔偿责任。"

作为调整受害患者、医疗机构和全体患者之间利益关系的平衡器,过错责任原则的作用表现在以下方面:一是没有医疗过失,医疗机构就没有责任;二是医疗机构仅就自己的医疗过失所造成的损害承担赔偿责任,对于他人的过失,医疗机构不承担责任;三是基于医疗过失与其他侵权责任中的故意或过失相比的非严重程度,应当适当限制精神损害抚慰金的赔偿数额,不能赔偿过高。

法定情形下,推定医疗机构有过错。《民法典》第 1222 条规定:"患者在诊疗活动中受到损害,有下列情形之一的,推定医疗机构有过错:(1)违反法律、行政法规、规章以及其他有关诊疗规范的规定;(2)隐匿或者拒绝提供与纠纷有关的病历资料;(3)遗失、伪造、篡改或者违法销毁病历资料。"

应注意的是,医疗过错责任适用于医疗伦理损害责任、医疗技术损害责任和医疗管理损害责任等情形;而医疗产品损害则属于产品责任范畴,适用无过错责任原则。

(二) 医疗过错的举证

医疗侵权适用过错责任,原则上由患者承担举证责任。我国《民事诉讼法》

第 68 条、《最高人民法院关于适用〈中华人民共和国民事诉讼法〉的解释》第 91 条明确规定了患者主张医疗机构承担诊疗过错赔偿责任的，应当提交该医疗机构就诊、受到损害的证据。至于因果关系、诊疗过错的构成要件事实，则通过申请鉴定来解决。

（三）医疗责任的免除

免责事由属于抗辩事由范畴。《民法典》第 1224 条规定："患者在诊疗活动中受到损害，有下列情形之一的，医疗机构不承担赔偿责任：（1）患者或者其近亲属不配合医疗机构进行符合诊疗规范的诊疗；（2）医务人员在抢救生命垂危的患者等紧急情况下已经尽到合理诊疗义务；（3）限于当时的医疗水平难以诊疗。前款第一项情形中，医疗机构或者其医务人员也有过错的，应当承担相应的赔偿责任。"

二、医疗机构的说明义务及其例外

（一）医疗机构的说明义务

《民法典》第 1219 条规定："医务人员在诊疗活动中应当向患者说明病情和医疗措施。需要实施手术、特殊检查、特殊治疗的，医务人员应当及时向患者具体说明医疗风险、替代医疗方案等情况，并取得其明确同意；不能或者不宜向患者说明的，应当向患者的近亲属说明，并取得其明确同意。医务人员未尽到前款义务，造成患者损害的，医疗机构应当承担赔偿责任。"

医务人员说明义务源自 20 世纪初美国的相关判例，某患者因脊椎方面的疾病到医院接受手术治疗，术前医院向患者告知该手术可能导致死亡，但未告知可能导致残疾。术后患者残疾，以医院告知不足为由要求损害赔偿，法院判决支持患者的请求。[①] 之后各国法律对此都作出相应的规定，也出现了大量的相关判例。

随着医学的不断发展进步，现代医患关系模式已经发展为以契约关系为基础的利益信赖型医患模式。在利益信赖型医患模式下，医生与患者之间地位平等，在尊重医生专业判断的基础上，患者的自主决定权也应受到重视。赋予医生的说明义务是在保护患者自主决定权的前提下平衡医患双方利益的需要。

---

① 王胜明：《〈中华人民共和国侵权责任法〉条文解释与立法背景》，人民法院出版社 2010 年版，第216 页。

医疗机构未尽说明义务并擅自进行的医疗行为,侵害了病患的自我决定权。这种医疗损害责任类型违反的是医疗良知和医疗伦理,如果造成患者的人身实质性损害,应当承担人身损害赔偿责任。

（二）紧急救治例外

从根本上讲,生命健康权属于患者本人,医疗机构在诊疗活动中应当尊重患者的自主决定权,这是患者的知情同意权一般原则的体现。但是,对于紧急情况下的施救涉及患者自主决定权与医院救治义务的协调问题。《民法典》第 1220 条规定:"因抢救生命垂危的患者等紧急情况,不能取得患者或者其近亲属意见的,经医疗机构负责人或者授权的负责人批准,可以立即实施相应的医疗措施。"

三、医疗损害责任适用案例

（一）疑难病医疗损害责任纠纷案[①]

1. 基本案情

患者李某（74 周岁）于 2018 年 12 月 24 日至被告处住院,入院诊断食管中段占位进行手术,后患者因胸腔感染严重等,于 2019 年 9 月 14 日死亡。家属为回乡土葬办理出院,故未行尸检、无死亡讨论。李某近亲属将医院以诊疗过错为由诉至法院。

2. 裁判处理

经司法鉴定,鉴定报告认为:诊疗行为存有过错,过错与损害结果（患者死亡）间存在因果关系,原因为:"次要。"医院过错为:① 术前未提供多种治疗方案;② 术前检查诊断不充分,未检查肺功能,不利于患者术后恢复;③ 手术中未尽防止吻合口瘘发生的审慎注意义务;④ 未行疑难病例讨论及死亡病例讨论;⑤ 未聘请外院专家会诊。

法院判决:医院对医疗费、住院伙食补助费、护理费、病历复印费、鉴定费承担 40% 的赔偿责任。

3. 典型意义

患者在诊疗活动中受到损害,医疗机构及其医务人员有过错的,由医疗机构

---

① 《王某等诉某医院医疗损害责任纠纷案——医疗损害责任纠纷中过错与因果关系认定》,（2020）京 0108 民初 16016 号。

承担赔偿责任。医疗损害责任纠纷中，损害的发生涉及医理、病理、药理等复杂过程，因此法院需借助司法鉴定，由鉴定人在事实层面，从医学视角分析不良后果的发生过程和转归机制，分析患者自身疾病、医方过错诊疗行为、目前医疗技术水平局限性等各因素与不良后果间的距离、作用方式及强度，进而给出专业评价。同时，法院需依经验法则综合所有证据，从众多事由中认定何者是对一定结果应该负责的条件。

（二）口腔医疗损害责任纠纷案①

1. 基本案情

刘某于 2017 年 4 月 5 日前往健雅口腔诊所处就诊，诊所提供的病程记录载明刘某前牙拥挤，要求牙冠修复，并要求拔除左下牙。健雅口腔诊所对刘某行局部麻醉，上下前牙美容冠修复，并拔除左下牙。2017 年 4 月 22 日刘某复诊，健雅口腔诊所要求其缴费，刘某未缴费，健雅口腔诊所中止治疗。后刘某以医疗损害责任纠纷为由将雅口腔诊所诉至法院。

2. 裁判处理

法院委托某司法鉴定所对本案进行医疗损害鉴定，该中心具有合法的鉴定资质，鉴定程序合法，法院对其出具的司法鉴定意见书予以认可。另查明，健雅口腔诊所并未提供相关病历资料、知情同意书以及牙冠修复的操作记录。

法院认为，本案应考虑医疗行为本身具有高度的专业性，因此对于医疗机构是否承担责任应当以医院的诊疗行为是否符合诊疗规范、医院的诊疗行为是否存在过错作为判断标准。首先，健雅口腔诊所作为医疗机构，根据国家卫生健康委员会《病历书写基本规范》，其应当在门（急）诊病历中书写患者的基本信息、就诊时间、主诉、诊断及治疗意见等必要内容。但本案中，健雅口腔诊所并无提供有书写相关病历的证据，故法院认定健雅口腔诊所未按照病历书写规范书写病历，无法体现诊疗过程，其诊疗行为存在过错。其次，健雅口腔诊所为刘某实施的美容牙冠修复术具有一定的破坏性，而且刘某也是基于美观的目的来诊疗，健雅口腔诊所作为专业的诊疗机构应当针对刘某的具体情况，将相关风险以及替代治疗方案告知刘某，由刘某行使选择权。但健雅口腔诊所并无提供相关风险

---

① 《健雅口腔诊所、刘霞医疗损害责任纠纷民事二审民事判决书》，(2022)粤 01 民终 11568 号。

告知书,未尽到告知义务,其行为存在一定过错。最后,健雅口腔诊所对刘某行牙冠修复时并未完全实施完毕,后期由于刘某医从性较差致使未能完成整个治疗过程,刘某自身也应当承担相应的责任。法院认定健雅口腔诊所对于刘某的损失承担50%的赔偿责任。

3. 典型意义

本案中,健雅口腔诊所并无提供有书写相关病历的证据,故法院认定健雅口腔诊所未按照病历书写规范书写病历,无法体现诊疗过程,其诊疗行为存在过错;同时,健雅口腔诊所并无提供相关风险告知书,未尽到告知义务,也被法院认定存在过错。本案有助于促使医疗机构改进相关工作。

| 第十节 |

生态环境损害责任

一、生态环境损害适用无过错责任

(一) 生态环境损害的类型

《民法典》第1229条规定:"因污染环境、破坏生态造成他人损害的,侵权人应当承担侵权责任。"生态环境损害包括污染环境和破坏生态两种类型。

污染环境和破坏生态两种行为具有明显区别。污染环境的核心特征在于"过度排放",通常是由于人类活动直接或者间接向环境排入了超过环境自净能力的物质和能量,导致环境危害人类生存和发展;破坏生态的核心特征在于"过度索取",表现为人类过量向自然索取物质和能量或者不合理地使用自然资源,使得生态平衡受到破坏而危及人类生存和发展。将破坏生态行为与污染环境行为并列,对于落实绿色原则、促进资源合理开发利用、保护修复生态环境具有重要意义。

(二) 无过错责任

生态环境损害的归责原则适用无过错责任。《民法典》第1166条规定:"行为人造成他人民事权益损害,不论行为人有无过错,法律规定应当承担侵权责任的，依照其规定。"

无过错责任意味着不以行为人的过错为要件，只要其活动或者所管理的人或者物损害了他人的民事权益，除非有法定的免责事由，行为人都要承担侵权责任。即在被侵权人有损害、行为人有污染环境或者破坏生态行为且其行为与损害之间有因果关系的情况下，不论行为人主观上有无过错，都应对其污染、破坏造成的损害承担侵权责任。

(三) 因果关系的举证

行为人对生态环境的损害行为与损害后果之间不存在因果关系承担举证责任。《民法典》第 1230 条规定："因污染环境、破坏生态发生纠纷，行为人应当就法律规定的不承担责任或者减轻责任的情形及其行为与损害之间不存在因果关系承担举证责任。"

法律将举证责任倒置给了行为人，这是因为生态环境损害通常并非线性和单一的"排放行为—损害后果"过程，而是多源头排放、多介质污染、多途径暴露、多受体损害等复杂的因果关系链条。

二、生态环境损害之惩罚性赔偿

《民法典》第 1232 条规定："侵权人违反法律规定故意污染环境、破坏生态造成严重后果的，被侵权人有权请求相应的惩罚性赔偿。"

(一) 惩罚性赔偿的适用条件

环境损害惩罚性赔偿有着严格的适用条件，在主观过错方面要求为故意，在客观结果方面要求造成严重后果，在行为要件方面要求违反相关的法律禁止性规定。

《最高人民法院关于审理生态环境侵权纠纷案件适用惩罚性赔偿的解释》(简称《赔偿解释》)对"故意""严重后果"及惩罚倍数进行了细化规定。关于故意的认定，第 7 条规定："具有下列情形之一的，人民法院应当认定侵权人具有污染环境、破坏生态的故意：(1) 因同一污染环境、破坏生态行为，已被人民法院认定构成破坏环境资源保护犯罪的；(2) 建设项目未依法进行环境影响评价，或者提供虚假材料导致环境影响评价文件严重失实，被行政主管部门责令停止建设后拒不执行的;(3) 未取得排污许可证排放污染物,被行政主管部门责令停止排污后拒不执行,或者超过污染物排放标准或者重点污染物排放总量控制指标排放污染物,经行政主管机关责令限制生产、停产整治或者给予其他行政处罚后仍不改正的;(4) 生产、使用国家明令禁止生产、使用的农药,被行政主管部门责令改正后拒不改正的;(5) 无危险废物经营许可证而从事收集、贮存、利用、处置危险废物经营活动,或者知道或者应当知道他人无许可证而将危险废物提供或者委托给其从事收集、贮存、利用、处置等活动的;(6) 将未经处理的废水、废气、废渣直接排放或者倾倒的;(7) 通过暗管、渗井、渗坑、灌注、篡改、伪造监测数据,或者以不正常运行防治污染设施等逃避监管的方式,违法排放污染物的;(8) 在相关自然保护区域、禁猎(渔)区、禁猎(渔)期使用禁止使用的猎捕工具、方法猎捕、杀害国家重点保护野生动物、破坏野生动物栖息地的;(9) 未取得勘查许可证、采矿许可证,或者采取破坏性方法勘查开采矿产资源的;(10) 其他故意情形。”关于严重后果的认定,第 8 条规定:“人民法院认定侵权人污染环境、破坏生态行为是否造成严重后果,应当根据污染环境、破坏生态行为的持续时间、地域范围、造成环境污染、生态破坏的范围和程度,以及造成的社会影响等因素综合判断。侵权人污染环境、破坏生态行为造成他人死亡、健康严重损害,重大财产损失,生态环境严重损害或者重大不良社会影响的,人民法院应当认定为造成严重后果。”

(二) 惩罚性赔偿的后果

惩罚性赔偿是指行为人恶意实施某种行为,或者对该行为有重大过失时,以对行为人实施惩罚和追求一般抑制效果为目的,法院在判令行为人支付通常赔偿金的同时,还可以判令行为人支付受害人高于实际损失的赔偿金。换言之,被侵权人得到的惩罚性赔偿数额包括“补偿性赔偿部分”加“相应的惩罚性赔偿部分”。惩罚性赔偿除了具有赔偿的损害填补功能外,还具有惩罚和遏制不法行为的功能。

关于惩罚性赔偿的倍数问题,《赔偿解释》第 10 条第 1 款规定:“人民法院确定惩罚性赔偿金数额,应当综合考虑侵权人的恶意程度、侵权后果的严重程度、侵权人因污染环境、破坏生态行为所获得的利益或者侵权人所采取的修复措施及其效果等因素,但一般不超过人身损害赔偿金、财产损失数额的二倍。”

三、生态环境损害之公益诉讼

(一)"违反国家规定"的行为要件

《民法典》第 1234 条规定:"违反国家规定造成生态环境损害,生态环境能够修复的,国家规定的机关或者法律规定的组织有权请求侵权人在合理期限内承担修复责任。侵权人在期限内未修复的,国家规定的机关或者法律规定的组织可以自行或者委托他人进行修复,所需费用由侵权人负担。"

生态环境保护是公共利益,而经济社会发展也是公共利益,为平衡两种公共利益,我国公益诉讼以"违反国家规定"为行为要件。这是因为国家在制定相应污染物排放标准、自然资源开发利用限度等规定时,已经考虑了当时的环境资源承载能力。如果行为人并未违反国家相关规定,但其行为却导致生态环境损害,那也只能说明国家排放标准设置不够合理、环境容量的计算不够准确,或者意味着国家允许其对生态环境产生一定程度的损害,而不能归责于行为人正常生产经营行为,亦不能让其承担环境公益侵权责任。

(二)环境公益诉讼的请求权主体

我国《民事诉讼法》第 58 条规定:"对污染环境、侵害众多消费者合法权益等损害社会公共利益的行为,法律规定的机关和有关组织可以向人民法院提起诉讼。人民检察院在履行职责中发现破坏生态环境和资源保护、食品药品安全领域侵害众多消费者合法权益等损害社会公共利益的行为,在没有前款规定的机关和组织或者前款规定的机关和组织不提起诉讼的情况下,可以向人民法院提起诉讼。前款规定的机关或者组织提起诉讼的,人民检察院可以支持起诉。"可见,我国环境公益侵权的请求权主体包括三类:法律规定的机关,例如自然资源局;专门从事环境保护公益的组织;人民检察院。

(三)环境公益诉讼的请求权范围

《民法典》第 1235 条规定:"违反国家规定造成生态环境损害的,国家规定的机关或者法律规定的组织有权请求侵权人赔偿下列损失和费用:(1)生态环境受到损害至修复完成期间服务功能丧失导致的损失;(2)生态环境功能永久性损害造成的损失;(3)生态环境损害调查、鉴定评估等费用;(4)清除污染、修复生态环境费用;(5)防止损害的发生和扩大所支出的合理费用。"

污染环境、破坏生态的侵权人所承担的损害赔偿责任可以分为两大类:一是生态环境服务功能损失,分别为生态环境受到损害至修复完成期间服务功能丧失导致的损失和生态环境功能永久性损害造成的损失;二是相关国家规定的机关和法律规定的组织因处置环境污染和生态破坏、修复被损害的生态环境所造成的实际损失,分别为生态环境损害调查、鉴定评估等费用,清除污染、修复生态环境费用,以及防止损害的发生和扩大所支出的合理费用。

四、生态环境损害责任适用案例

(一)污染环境公益诉讼案①

1. 基本案情

被告武汉卓航江海贸易有限公司通过租赁船舶从事国内水上货物定线运输业务,其经营的涉案船的航线为从江苏省南京市经安徽省芜湖市、浙江省台州市至宁波市北仑港后返回南京市。卓航公司制定了《防止船舶造成污染管理须知》,规定涉案船舱底含油污水可通过油水分离器处理达标后排放,也可由具备接收资质的第三方接收。卓航公司机务部常年不采购、不更换油水分离器滤芯,使得船舶油水分离器无法正常工作,分管机务部的副总经理等人还指示工作人员用纯净水替代油水分离器出水口水样送检,纵容船舶逃避监管实施偷排。此外,其并未将含油污水交给有资质第三方处理,使含油污水长期无合法处置去向。

2017年8月—2019年3月,先后担任船长的被告人向某、担任轮机长的殷某某、胡某某伙同同案其他被告人违反法律规定,先后5次偷排船舶含油污水。后又购买污水接收证明自行填写后附于油类记录簿应付检查。2019年3月,经举报,涉船将含油污水偷排入长江的行为及作案工具被查获。

检察院同时提起刑事附带民事公益诉讼,指控卓航公司及各被告人犯污染环境罪,并请求判令卓航公司承担本案环境损害赔偿费用、专家评估费用等。

2. 裁判处理

法院认定被告单位卓航公司犯污染环境罪,判处罚金人民币4万元;以污染

---

① 《武汉卓航江海贸易有限公司、向阳等12人污染环境刑事附带民事公益诉讼案》(最高人民法院指导性案例202号)。

环境罪分别判处被告人向某等 12 名被告人 1 年 6 个月—8 个月不等的有期徒刑,并处罚金;判令附带民事公益诉讼被告卓航公司支付生态环境损害赔偿费用及专家评估费用等。

3. 典型意义

根据水污染防治法等法律法规,卓航公司虽制定了舱底含油污水等污染环境防治措施,但相关措施在实际运行中流于形式,没有实际执行,导致用于防治污染的油水分离器不能正常使用。案涉污染环境行为系为了被告单位卓航公司的单位利益,在公司分管副总经理指使下,由船长、轮机长、机工等多人参与,共同将未经处理的舱底含油污水偷排至驶经的长江及近海水域,应当认定为单位犯罪。被告人向某等各被告人系单位犯罪中直接负责的主管人员或其他直接责任人员,应当以污染环境罪对其定罪处罚。附带民事公益诉讼被告卓航公司污染环境,应依法承担生态环境损害赔偿责任。

(二) 生态破坏民事公益诉讼案①

1. 基本案情

青岛市崂山区某艺术鉴赏中心系经营餐饮服务的个体工商户,2017—2018 年在未依法取得收购、出售野生动物行政许可的情况下,先后购入大王蛇 3 条、穿山甲 1 只、熊掌 4 只,并将部分野生动物做成菜品销售。经鉴定,大王蛇为孟加拉眼镜蛇,属于《国家保护的有重要生态、科学、社会价值的陆生野生动物名录》中的“三有”保护动物;熊掌为棕熊熊掌,棕熊属于《国家重点保护野生动物名录》中的国家二级保护野生动物;穿山甲于 2020 年 6 月被确定为国家一级保护野生动物。2020 年 10 月,某艺术中心负责人吴某霞因犯非法收购、出售珍贵、濒危野生动物罪,被判处有期徒刑 3 年,缓刑 3 年,并处罚金 6 万元。后山东省青岛市人民检察院提起民事公益诉讼,经评估,某艺术中心破坏生态行为造成野生动物损失 8.3 万元、生态环境服务功能损失 90.75 万元。

2. 裁判结果

法院认为,某艺术中心违法收购珍贵、濒危野生动物,将其做成菜品销售,造

---

① 《最高人民法院发布 15 个生物多样性司法保护专题典型案例之十:山东省青岛市人民检察院诉青岛市崂山区某艺术鉴赏中心生态破坏民事公益诉讼案》,https://www.pkulaw.com/chl/1f90612f8781a97fbdfb.html,最后访问日期:2023 年 6 月 29 日。

成野生动物及其生态价值损失近百万元,除应承担生态环境侵权赔偿责任外,还应依法承担惩罚性赔偿责任。某艺术中心在本案审理过程中悔改态度较好,申请以劳务代偿方式承担部分惩罚性赔偿责任,予以准许。遂判决某艺术中心赔偿野生动物损失、生态环境服务功能损失及惩罚性赔偿共计 108 余万元,其中惩罚性赔偿 99 050 元中的 24 924 元以某艺术中心指定两人、每人提供 60 日生态环境公益劳动的方式承担,由法院指定当地司法局作为协助执行单位管理和指导,最迟于 2022 年 1 月 28 日前完成。

3. 典型意义

餐饮服务经营者违法收购珍贵、濒危野生动物,将其做成菜品销售,为非法猎捕、杀害野生动物提供了市场和动机。本案中,被告故意侵权行为造成野生动物及其生态价值损失近百万元,人民法院依法判令其承担生态环境损害赔偿责任,并适用惩罚性赔偿,同时根据案件具体情况允许被告以提供有益于生态环境保护的公益劳务方式替代履行部分惩罚性赔偿责任。

第十一节

高度危险责任

一、高度危险责任的产生

高度危险责任是伴随着现代工业革命的进程而不断发展的。19 世纪以来,随着工业革命带来的社会化大生产的迅速发展和科学技术的不断进步,铁路、机械、炸药等广泛应用于生产、生活中,在给人类巨大方便和福祉的同时,也给人们的生存和发展带来危险。1838 年,普鲁士通过《普鲁士铁路企业法》,规定铁路公司所运输的人及物,或者因转运之事故对他人人身和财物造成损害,应当承担赔偿责任。后来,该规定扩大适用于包括铁路公司在内的一切容易致人损害的从事高度危险作业的企业。

英美法关于无过错责任的实践也从危险责任开始,"赖兰兹诉弗来彻案"(Rylands vs. Fletcher,1868 年)确认了对于土地非自然使用一类案件适用严格责任,其成立要件为:第一,行为人出于个人目的向自己的土地上引进某种物质;第二,该物质一经泄漏则可造成危害;第三,行为人系以非自然的方式使用其土地;第四,行为人引进的物质已经泄漏或溢出。[1]工业革命完成后,严格责任原则在环境侵权领域逐渐得到英美法的肯定。

二、高度危险责任的内涵

《民法典》第 1236 条规定:"从事高度危险作业造成他人损害的,应当承担侵权责任。"

(一)"高度危险作业"的判断

所谓"作业"既包括从事对周围环境具有高度危险的各类活动,也包括占有、使用对周围环境具有高度危险的各种物品。判断一项作业活动是否属于高度危险作业,是决定适用高度危险责任条款的前提,其关键在于"高度危险"的判断标准。

《民法典》列举规定了一些高度危险作业活动,但未给出高度危险活动的具体判断标准。有学者认为,"如果一项作业的危险性是无法预知和避免的,或者是现有科技水平难以发现或者难以控制的,并且其造成的损害是巨大的和严重的,那么应被认为是高度危险作业,如核设施的运营就是一种高度危险作业。"[2]

(二)高度危险责任适用无过错责任原则

高度危险责任适用无过错责任原则。无过错责任原则的重要特征在于其免责或者减责事由仅限于法律规定。关于高度危险责任的减免责任的事由,法律通常规定为不可抗力、受害人故意或受害人重大过失三种情形。

在高度危险责任中,不可抗力原则上是可以作为完全的免除责任事由的,但在例外情况下,不可抗力的抗辩或免责效果也受到限制。例如,《民法典》第 1238 条关于民用航空器致害责任的规定,仅对受害人故意可以免责,并未规定不可抗力可以免责;第 1237 条规定的民用核设施致害责任仅将不可抗力限于战争情形,战争以外的其他不可抗力不能作为免责事由。

在高度危险责任中,受害人故意是具有普适性的免责事由。受害人对损害的发生具有故意,足以表明受害人的行为是损害发生的唯一原因,因此与加害人

---

[1] 曾祥生、赵虎:《环境侵权民事责任归责原则研究》,《武汉大学学报(哲学社会科学版)》2011 年第 6 期。
[2] 张新宝:《中国民法典释评——侵权责任编》,中国人民大学出版社 2020 年版,第 237 页。

的行为无关,从而免除了行为人的责任。

在法律有规定的情形下,被侵权人的重大过失[①]可以作为减责事由。《民法典》第 1239 条规定:"占有或者使用易燃、易爆、剧毒、高放射性、强腐蚀性、高致病性等高度危险物造成他人损害的,占有人或者使用人应当承担侵权责任;但是,能够证明损害是因受害人故意或者不可抗力造成的,不承担责任。被侵权人对损害的发生有重大过失的,可以减轻占有人或者使用人的责任。"第 1240 条规定:"从事高空、高压、地下挖掘活动或者使用高速轨道运输工具造成他人损害的,经营者应当承担侵权责任;但是,能够证明损害是因受害人故意或者不可抗力造成的,不承担责任。被侵权人对损害的发生有重大过失的,可以减轻经营者的责任。"

三、擅自进入高危场所致害责任

《民法典》第 1243 条规定:"未经许可进入高度危险活动区域或者高度危险物存放区域受到损害,管理人能够证明已经采取足够安全措施并尽到充分警示义务的,可以减轻或者不承担责任。"某种意义上说,本条实际上是高度危险作业适用无过错责任的法定例外。

对于擅自进入危险作业区域的受害人,作业区域管理人能够证明已经采取足够安全措施并尽到充分警示义务的,可以减轻或者不承担责任。管理人的责任标准为"足够安全措施并尽到充分警示义务",即对于所采取的安全措施需要"足够",而警示义务需要"充分"。实践中,对于如何认定管理人所采取的安全措施及警示义务是否达到了减轻或者不承担责任的程度,由法官裁量确定。

四、高度危险责任适用案例

(一)触电人身损害责任纠纷案[②]

1. 基本案情

2022 年 4 月 7 日,吕某某在某地钓鱼,上方 5 米左右有高压线通过,吕某某

---

① 根据注意义务的要求程度不同,过失区分为重大过失与一般过失:重大过失以一般人的注意义务为标准;一般过失以善良管理人的注意义务为标准。
② 《国网山东省电力公司莱阳市供电公司、中国人民解放军某部队等触电人身损害责任纠纷民事二审民事判决书》,(2023)鲁 06 民终 1469 号。

钓鱼时,鱼竿触及高压线导致触电死亡。该高压线路权属某部队所有,由供电公司给该高压线路供电,某部队向供电公司交纳电费。吕某某近亲属以触电人身损害责任纠纷将供电公司、某部队诉至法院。

2. 裁判处理

法院认为,本案的争议焦点有二:一是高压线路的经营者是谁? 二是受害人是否有重大过失?

关于高压线路的经营者,法院认为,从事高压电活动的经营者既包括利用电力设施输送高压电以获取利润的供电公司,也包括利用电力设施使用高压电的单位。本案中,被告供电公司作为输送高压电的公司、被告某部队作为高压电的使用者,在其从事高压电活动进行经营的高度危险作业过程中,造成他人损害的,均应依法承担相应损害赔偿责任。

关于吕某某是否有重大过失的问题,法院认为,该高压线路已经存在多年,吕某某明知水沟的上方有高压线路经过,其应当知道鱼竿的高度容易触碰高压线路,但其未尽到注意义务,致使鱼竿触及高压线路,产生损害后果,吕某某存在重大过失,应当适当减轻侵权人的责任。

综合本案实际情况,法院认定被告某部队承担 50％的赔偿责任,被告供电公司承担 30％的赔偿责任,吕某某自己承担 20％的责任。

3. 典型意义

从事高空、高压、地下挖掘活动或者使用高速轨道运输工具造成他人损害的,经营者应当承担侵权责任。但是,被侵权人对损害的发生有重大过失的,可以减轻经营者的责任。

(二) 擅自进入高度危险活动区域责任案[1]

1. 基本案情

2019 年 1 月 24 日 7 时许,受害人卢某某通过发短信、打电话的方式向被告王某某催要工程款,并要求被告王某某中午 12 点前必须返回,否则就将被告王某某仓库的门锁砸坏。13 时许,卢某某来到被告王某某的仓库门外,发现仓库

---

[1] 辽宁省大连市金州区人民法院:《金州区法院适用〈民法典〉审结高度危险责任纠纷第一案》,https://www.pkulaw.com/pal/a3ecfd5d734f711d152cf272a589bdc56217604dded79816bdfb.html,最后访问日期:2023 年 6 月 29 日。

大门紧锁无法进入,卢某某翻越仓库大门旁边的平房进入仓库院内,发现门房并无值守人员,后卢某某开始攀爬院内的塔吊。在此过程中,卢某某的女婿、妻子及案外人李某一起在仓库门外驻足并向院内张望。15时许,被告王某某驾车来到仓库,在仓库门外与原告崔某某(受害人妻子)、李某谈话。但没想到此时悲剧发生,卢某某从塔吊坠落,见此情形,原告崔某某情绪失控并抱住被告王某某的腿部,被告王某某打开仓库大门、挪车让出通道,并与原告崔某某一起进入仓库院内,随后110、120到达现场。受害人卢某某因高坠伤死亡。

受害人家属遂提起民事诉讼,要求被告王某某、被告大连某公司第三分公司、被告大连某公司对卢某某的死亡共同承担赔偿责任。

2. 裁判处理

法院认为,塔吊的高处具有高度危险性,为高度危险活动区域,应由该塔吊的所有人,即本案被告王某某管理控制。被告王某某存放塔吊的仓库建有院墙且被告王某某将仓库大门紧锁,自由通行已不可能,被告王某某能够证明已经采取足够安全措施并尽到充分警示义务。在此情况下,受害人卢某某未经许可翻越院墙并攀爬塔吊,导致其从塔吊上坠落身亡,被告王某某对损害的发生依法不承担责任。3原告对其余两被告的主张没有法律依据,法院亦不予支持,故依法驳回原告的诉讼请求。

3. 典型意义

本案涉及高度危险活动区域、高度危险物存放区域损害责任的认定。未经许可进入高度危险活动区域或者高度危险物存放区域受到损害,管理人能够证明已经采取足够安全措施并尽到充分警示义务的,可以减轻或者不承担责任。

| 第十二节 |

饲养动物致害责任

一、饲养动物致害的责任类型

"危险性越高责任越严"。根据饲养动物的危险性,法律分为危险动物致害、违规饲养动物致害与其他饲养动物致害三种责任类型。[1]

（一）危险动物致害责任

《民法典》第 1247 条规定："禁止饲养的烈性犬等危险动物造成他人损害的，动物饲养人或者管理人应当承担侵权责任。"

危险动物致害的，饲养人或者管理人适用无过错责任，且法律没有提供免责或减责事由。这是因为"禁止饲养的烈性犬等危险动物"极具危险性，该危险并非动物饲养人或管理人可以控制。饲养人或管理人违反法律的禁止性规定饲养烈性犬等动物，本身具有可非难性。

（二）违规饲养动物致害责任

《民法典》第 1246 条规定："违反管理规定，未对动物采取安全措施造成他人损害的，动物饲养人或者管理人应当承担侵权责任；但是，能够证明损害是因被侵权人故意造成的，可以减轻责任。"

违规饲养动物致害的，适用无过错责任，但法律规定了减轻事由。应注意的是，如果能够证明损害是因被侵权人故意造成的，仅可以减轻民事责任，而不能免除民事责任。

关于饲养动物的管理规定，我国《动物防疫法》第 30 条规定："单位和个人饲养犬只，应当按照规定定期免疫接种狂犬病疫苗，凭动物诊疗机构出具的免疫证明向所在地养犬登记机关申请登记。携带犬只出户的，应当按照规定佩戴犬牌并采取系犬绳等措施，防止犬只伤人、疫病传播。街道办事处、乡级人民政府组织协调居民委员会、村民委员会，做好本辖区流浪犬、猫的控制和处置，防止疫病传播。"

（三）其他饲养动物致害责任

《民法典》第 1245 条规定："饲养的动物造成他人损害的，动物饲养人或者管理人应当承担侵权责任；但是，能够证明损害是因被侵权人故意或者重大过失造

---

[1] 与我国规范最为类似的是美国侵权法上的"三阶层区分法"。"三阶层区分法"区分"家养动物""野生动物""异常危险的动物"。"家养动物"原则上适用过错责任，在主人知道或者应当知道其异常危险时负严格责任；"野生动物"原则上负严格责任；"异常危险的动物"适用严格责任。

成的,可以不承担或者减轻责任。"可以说,本条属于饲养动物致害责任的兜底条款。

不属于危险动物、违规饲养动物的饲养动物致害责任,饲养人或者管理人亦适用无过错责任,但法律规定了减责甚至免责事由。需注意的是,只有被侵权人故意造成损害的,才可以免除动物饲养人或管理人的民事责任;被侵权人有重大过失的,只能减轻动物饲养人或管理人的责任,而不能免除责任。

二、动物饲养行为规范

当前我国宠物行业步入加速发展期,据统计2020年宠物市场规模达3 000亿元,养宠人数达到7 355万,76.8%的人饲养猫狗。[①]《民法典》第1251条规定:"饲养动物应当遵守法律法规,尊重社会公德,不得妨碍他人生活。"

(一) 不得违反法律规定

按照规定饲养动物,可以丰富饲养人的精神生活,提高饲养人的生活质量,是饲养人的自由;但是,饲养动物妨碍他人生活,则为法律所禁止。法律在保障个人饲养动物权利的基础上,也充分关注他人享有安全生活环境的权利。

我国《噪声污染防治法》第65条第1款规定:"家庭及其成员应当培养形成减少噪声产生的良好习惯,乘坐公共交通工具、饲养宠物和其他日常活动尽量避免产生噪声对周围人员造成干扰,互谅互让解决噪声纠纷,共同维护声环境质量。"《治安管理处罚法》第75条第1款规定:"饲养动物,干扰他人正常生活的,处警告;警告后不改正的,或者放任动物恐吓他人的,处二百元以上五百元以下罚款。驱使动物伤害他人的,依照本法第四十三条第一款[②]的规定处罚。"可见,涉及饲养动物的治安处罚,处罚方式通常为警告或200元以上500元以下罚款,仅在"驱使动物伤害他人"情形中有拘留规定。

(二) 应当尊重社会公德

社会公德是指维护公共安全、稳定社会秩序等指向公共利益和维持共同生

---

① 上海艾瑞市场咨询有限公司:《中国宠物消费趋势白皮书》,《艾瑞咨询系列研究报告》2021年第5期。
② 《治安管理处罚法》第43条第1款规定:"殴打他人的,或者故意伤害他人身体的,处五日以上十日以下拘留,并处二百元以上五百元以下罚款;情节较轻的,处五日以下拘留或者五百元以下罚款。"

存所需底线道德的基本秩序。从行为规范来看,属于公序良俗和诚实信用的涵摄范围。动物饲养人应避免动物给他人带来噪声、卫生、安全等问题。

《民法典》第 286 条规定:"业主应当遵守法律、法规以及管理规约,相关行为应当符合节约资源、保护生态环境的要求……业主大会或者业主委员会,对任意弃置垃圾、排放污染物或者噪声、违反规定饲养动物、违章搭建、侵占通道、拒付物业费等损害他人合法权益的行为,有权依照法律、法规以及管理规约,请求行为人停止侵害、排除妨碍、消除危险、恢复原状、赔偿损失。业主或者其他行为人拒不履行相关义务的,有关当事人可以向有关行政主管部门报告或者投诉,有关行政主管部门应当依法处理。"

三、饲养动物致害责任适用案例

(一) 饲养烈性犬伤人案①

1. 基本案情

成某及其女友在本市某小区内因故与刘某发生争执,刘某携带的意大利卡斯罗犬对成某扑咬。事发后,成某至医院就诊,事发当日成某身着的衣物、眼镜破损。该小区属于本市重点限养区,刘某饲养的卡斯罗犬属于本市重点限养区禁养犬的品种。

2. 裁判处理

法院审理认为,刘某饲养的卡斯罗犬系本市重点限养区禁养犬的品种,本案事故发生地亦属于本市重点限养区范围,故刘某作为动物饲养人应对成某的损失承担全部赔偿责任。

3. 典型意义

动物饲养人应注意以下三点:一是饲养宠物需依法依规进行,不要饲养明令禁止饲养的宠物;二是外出遛狗时应对犬只加强管理,使用犬绳牵引,主动避让行人和车辆,必要时,为犬只戴上嘴套,让犬只时刻处于养犬人的控制之下,避免发生犬只伤人或者因犬吠、扑咬动作惊吓他人的事件;三是养犬居民不应干扰和影响他人正常生活秩序,更不能危害他人的人身安全。

---

① 《江苏省镇江市中级人民法院发布 2021 年度弘扬和践行社会主义核心价值观十大典型案例之案例十 饲养烈性犬伤人,要全赔!》,https://www.pkulaw.com/pal/a3ecfd5d734f711d49a60ca480ae3ee36c9682 a6f6369229bdfb.html,最后访问日期:2023 年 6 月 29 日。

（二）饲养鸵鸟撞伤致残案①

1. 基本案情

郑某兵系某村村民,于 2019 年起租用该村一宗族祠堂饲养鸵鸟,并于 2020 年 1 月取得个体工商户营业执照,名称为新罗区某种植农场。2020 年 9 月 29 日,同村村民郑某海因张贴扫墓祭祀清单需要,跟随郑某兵的妻子进入祠堂。因成年鸵鸟具有较强的攻击性,散养在祠堂内的鸵鸟发现郑某海后,突然将其撞倒并踩踏和啄咬,导致郑某海身上 3 处骨折、多处软组织挫伤,花去医疗费若干。后经福建闽西司法鉴定所鉴定,郑某海此次受伤构成十级伤残。

2. 裁判处理

法院认为,饲养的动物造成他人损害的,动物饲养人或者管理人应当承担侵权责任。本案中,饲养人郑某兵未提供充分证据证明其在事发前曾有张贴警示告示以及在事发前有告知受害人鸵鸟会攻击人的事实;同时,郑某兵的妻子进入祠堂未将大门锁住,导致郑某海进入祠堂,随后被鸵鸟攻击致伤,因此饲养人对此次受伤事件具有重大过错。因新罗区某种植农场系郑某兵设立的个体工商户登记的字号,故涉案赔偿责任应由该农场承担。原告郑某海曾多次进入祠堂,疏于防范导致事故发生,也应承担一定的责任。综合本案案情以及双方的过错程度,对郑某海的损失,新罗区某种植农场承担 70% 的责任,郑某海自身承担 30% 的责任。因本案事故造成了一定的精神损害,郑某海主张赔偿精神损害抚慰金 5 000 元,郑某兵对此无异议。该主张不违反法律规定,故法院予以认可。

3. 典型意义

本案中,鸵鸟冲撞郑某海致其受伤,郑某兵作为本案鸵鸟的饲养人,应当对郑某海遭受人身损害这一后果承担侵权责任。饲养动物应当遵守法律,尊重社会公德,不得妨碍他人生活。祠堂是族人祭祀祖先或先贤的场所,也是子孙办理婚、丧、寿、喜等事以及族亲商议族内重要事务的活动场所。饲养动物应综合考虑各方因素,合理选择饲养场所,以免引发不必要的矛盾纠纷。动物饲养人或者管理人应当严格履行饲养动物的一些必要义务,规范自己的行为,文明饲养动物。

---

① 福建省龙岩市新罗区人民法院:《散养在祠堂的鸵鸟将老汉撞伤致残》,https://www.pkulaw.com/pal/a3ecfd5d734f711de9ac241615b0053ad18d83646ecd5681bdfb.html,最后访问日期:2023 年 6 月 29 日。

| 第十三节 |

物件致害责任

一、脱落物、坠落物致害责任

《民法典》第 1253 条规定："建筑物、构筑物或者其他设施及其搁置物、悬挂物发生脱落、坠落造成他人损害，所有人、管理人或者使用人不能证明自己没有过错的，应当承担侵权责任。所有人、管理人或者使用人赔偿后，有其他责任人的，有权向其他责任人追偿。"

所有人、管理人或者使用人对其所有、管理、使用的工作物及其搁置物悬挂物负有管理和维护义务。搁置物、悬挂物，包括搁置在阳台上的花盆、鸟笼等以及悬挂于房屋外墙的广告牌、空调机，脚手架上悬挂的建筑工具等。

搁置物、悬挂物脱落、坠落致害是意外事件，还是管理过失？适用过错推定归责，在所有人、管理人或者使用人不能证明自己没有过错的情况下，推定其对建筑物、构筑物或者其他设施及其搁置物、悬挂物存在设置或管理瑕疵。所有人、管理人或者使用人只有在证明其本身已尽管理、维护义务，或者损害是因第三人原因、受害人原因或者不可抗力造成的情况下，才能够免责。

脱落物、坠落物致害适用过错推定归责是基于占有人对土地（设施）的控制及其状况的知晓，故其对土地（设施）中的人身、财产安全负有一定的危险防控义务。

二、高空抛物致害责任

（一）行为人适用无过错责任

与搁置物、悬挂物坠落致人损害相比，高空抛物行为致人损害，行为主观恶性更重，社会危险性更大，高空抛物适用无过错责任归责。《民法典》第 1254 条第 1 款规定，从建筑物中抛掷物品或者从建筑物上坠落的物品造成他人损害的，由侵权人依法承担侵权责任。

（二）可能加害人适用补偿责任

针对实践中存在的查找行为人难问题,法律提供了"可能加害人的补偿责任"制度救济:"经调查难以确定具体侵权人的,除能够证明自己不是侵权人的外,由可能加害的建筑物使用人给予补偿。"(《民法典》第 1254 第 1 款第 2 句的后半句)

通常情形下,可能加害人如果能够证明如下事项,可以免责:一是发生损害时,自己并不在建筑物中;二是证明自己根本没有占有造成损害发生之物;三是证明自己所处的位置客观上不具有造成抛掷物致人损害的可能性。[1]

（三）物业公司承担安全保障责任

《民法典》第 1254 第 2 款规定:"物业服务企业等建筑物管理人应当采取必要的安全保障措施防止前款规定情形的发生;未采取必要的安全保障措施的,应当依法承担未履行安全保障义务的侵权责任。"

法律明确建筑物管理人应当对建筑物及相关设施、物业管理和服务采取必要的安全保障措施,其目的在于引导和规范建筑物管理人更加注意采取相应的安全保障和防范、监控措施,以在履职范围内充分保护人民群众的人身财产安全。

（四）公安机关的查明责任

《民法典》第 1254 第 3 款规定:"发生本条第一款规定的情形的(从建筑物中抛掷物品),公安等机关应当依法及时调查,查清责任人。"这一规定有利于推动公安机关根据自身职责权限及时调查,确定高空抛物、掷物行为的行为人。

三、高空抛坠物的刑事责任

2019 年《最高人民法院关于依法妥善审理高空抛物、坠物案件的意见》(简称《高空抛物、坠物案件的意见》)规定了高空抛物、坠物的刑事责任。

（一）高空抛物的刑事责任

关于高空抛物的犯罪,《高空抛物、坠物案件的意见》第 5 条规定:"准确认定

---

[1] 陈现杰:《中华人民共和国侵权责任法条文精义与案例解析》,中国法制出版社 2010 年版,第 293 页。

高空抛物犯罪。对于高空抛物行为,应当根据行为人的动机、抛物场所、抛掷物的情况以及造成的后果等因素,全面考量行为的社会危害程度,准确判断行为性质,正确适用罪名,准确裁量刑罚。故意从高空抛弃物品,尚未造成严重后果,但足以危害公共安全的,依照刑法第一百一十四条规定的以危险方法危害公共安全罪定罪处罚;致人重伤、死亡或者使公私财产遭受重大损失的,依照刑法第一百一十五条第一款的规定处罚。为伤害、杀害特定人员实施上述行为的,依照故意伤害罪、故意杀人罪定罪处罚。"

(二) 高空坠物的刑事责任

关于高空坠物的犯罪,《高空抛物、坠物案件的意见》第 7 条规定:"准确认定高空坠物犯罪。过失导致物品从高空坠落,致人死亡、重伤,符合刑法第二百三十三条、第二百三十五条规定的,依照过失致人死亡罪、过失致人重伤罪定罪处罚。在生产、作业中违反有关安全管理规定,从高空坠落物品,发生重大伤亡事故或者造成其他严重后果的,依照刑法第一百三十四条第一款的规定,以重大责任事故罪定罪处罚。"

四、物件损害适用案例

(一) 大风吹落门牌砸坏车辆纠纷案①

1. 基本案情

彭某将自家小轿车停放在某广场前停车位内,被该广场上因大风刮落的巨大铁皮门牌砸中,致车辆受损,为此彭某支出修理车辆费用 5 300 元。

彭某多次与该广场协商赔偿事宜,但该广场始终以车辆受损是因不可抗力因素导致,其不应承担责任为由,拒绝赔偿,故彭某将该广场诉至法院。

2. 裁判处理

法院认为,彭某将车辆正常停放在停车位内,其本身不存在过错。某广场作为涉案门牌装饰物的所有人、管理人及使用人,有义务对其门头装饰物进行日常维修、养护和管理。由于该广场未举证证实其尽到了管理义务,且彭某车辆被脱

---

① 河南省鹤壁市中级人民法院:《大风吹落门牌砸坏车辆车主索赔获支持》,https://www.pkulaw.com/pal/a3ecfd5d734f711d04d09254363147c7c7cd2eef643d6223bdfb.html,最后访问日期:2023 年 6 月 29 日。

落物砸坏的客观事实亦反映出该广场并未能采取足以消除装饰物脱落隐患的安全防护措施,故依法判决该广场赔偿彭某车辆维修费 5 300 元。

3. 典型意义

本案的典型意义在于提醒建筑物、构筑物或者其他设施及其搁置物、悬挂物的所有人、管理人或者使用人,应尽到日常维修、养护和管理义务,根据相关天气情况积极采取安全防护措施,消除安全隐患,以免造成不必要损失。至于大风等因素是否能使该广场免责或者减轻责任,随着科技的发展,刮风下雨可以被预见,其危害后果也并非不可避免或是不能完全避免,灾害性天气与不可抗力之间并不构成必然关系。大风前当地气象部门做出了预警,但该广场并未对门牌装饰等安全性进行检查或加固,因而发生本案纠纷,最终需要承担侵权责任。

(二) 物件脱落、坠落损害责任纠纷案①

1. 基本案情

李某东与杨某均系成都市某小区业主,成都某物业公司系该小区物业服务公司。杨某与物业公司签订《车位服务协议》,对其车辆使用小区路面车位进行了约定,即杨某交纳停车服务费,物业公司提供停车管理服务。2021 年 7 月 24 日 22 时 30 分左右,李某东告知物业公司其家房屋玻璃发生破裂。后李某东房屋玻璃因破裂坠落,砸中杨某停放在小区路面的案涉车辆。杨某修复车辆共计支付费用 16 312 元。因协商不成,杨某遂向法院起诉,要求李某东向其支付修车费 16 312 元及交通损失费 625.41 元,同时要求成都某物业公司对上述请求承担连带责任。

2. 裁判处理

法院认为,李某东作为案涉房屋的所有人、管理人和使用人,在房屋窗户玻璃破裂后,应当知晓玻璃破裂坠落可能危及他人人身和财产安全,故有义务立即采取有效措施避免损害发生。虽然李某东在发现玻璃破裂后立即通知了小区物业公司,但其自身责任并不能因已通知物业公司而转移。李某东在其房屋玻璃破裂后对玻璃坠落持放任态度,最终导致其房屋玻璃坠落砸损杨某车辆,李某东

① 《四川省高级人民法院发布八件弘扬社会主义核心价值观典型案例之案例四:李某东诉杨某、成都某物业公司物件脱落、坠落损害责任纠纷案》,https://www.pkulaw.com/pal/a3ecfd5d734f711df7a181ab4aea87fa0c6abb7ae9fd0739bdfb.html,最后访问日期:2023 年 6 月 29 日。

对此具有过错,应当承担侵权责任。

成都某物业公司对杨某车辆未尽到安全保障的注意义务,杨某有权要求成都某物业公司承担相应侵权责任。故李某东与成都某物业公司之间虽然没有共同的过错,但二者行为共同导致了杨某车辆受损的损害后果。《民法典》第1172条规定:"二人以上分别实施侵权行为造成同一损害,能够确定责任大小的,各自承担相应的责任;难以确定责任大小的,平均承担责任"之规定,遂判决李某东与成都某物业公司按6:4的比例对杨某承担赔偿责任。

3. 典型意义

高空坠物致损问题在居民日常生活中屡见不鲜,既给小区居民的生命健康和财产安全带来了重大隐患,也给现代高楼层建筑的社会治理带来了挑战。本案合理划分了高空坠物引起损失的责任分担,对于强化公民对其房屋搁置物、悬挂物的安全管理意识、促进小区物业提升服务质量具有积极意义。

主要参考文献

一、著作类

习近平：《习近平谈治国理政》（第四卷），外文出版社 2022 年版。

习近平：《论坚持推动构建人类命运共同体》，中央文献出版社 2018 年版。

最高人民法院民法典贯彻实施工作领导小组：《中华人民共和国民法典总则编理解与适用》，人民法院出版社 2020 年版。

邹海林：《民法总则》（第二版），法律出版社 2018 年版。

李适时：《民法总则释义》，法律出版社 2017 年版。

王泽鉴：《民法总则》，北京大学出版社 2009 年版。

王泽鉴：《民法学说与判例研究》（第二册），中国政法大学出版社 1998 年版。

尹田：《物权法理论评析与思考》，中国人民大学出版社 2004 年版。

董安生：《英国商法》，法律出版社 1991 年版。

韩世远：《合同法总论》，法律出版社 2018 年版。

蒋忠新：《摩奴法论》，中国社会科学出版社 1986 年版。

范忠信：《一国两法与中国的完全统一》，香港文教出版企业有限公司 1998 年版。

杨鸿烈：《中国法律对东亚诸国之影响》，中国政法大学出版社 1999 年版。

张晋藩：《中华法制文明史（近当代卷）》，法律出版社 2013 年版。

邵义：《民律释义》，王志华勘校，北京大学出版社 2008 年版。

窦海洋：《对他人行为之侵权责任——以体系的角度为视角》，中国政法大学出版社 2012 年版。

陈现杰：《中华人民共和国侵权责任法条文精义与案例解析》，中国法制出版社

2010 年版。

佟柔：《中国民法》，法律出版社 1990 年版。

王利明等：《民法学》（第六版），法律出版社 2020 年版。

黄薇：《中华人民共和国民法典人格权编解读》，中国法制出版社 2020 年版。

〔德〕康德：《法的形而上学原理》，沈书平译，商务印书馆 1997 年版。

〔德〕黑格尔：《法哲学原理》，范扬、张企泰译，商务印书馆 2009 年版。

〔德〕卡尔·拉伦茨：《德国民法通论》（上册），王晓晔、邵建东、程建英等译，法律出版社 2003 年版。

〔德〕拉德布鲁赫：《法学导论》，米健等译，中国大百科全书出版社 1997 年版。

〔德〕迪特尔·梅迪库斯：《德国民法总论》，邵建东译，法律出版社 2013 年版。

〔法〕孟德斯鸠：《论法的精神》，申林译，北京出版社 2007 年版。

〔奥〕凯尔森：《法与国家的一般理论》，沈宗灵译，中国大百科全书出版社 1996 年版。

二、论文类

习近平：《充分认识颁布实施民法典重大意义，依法更好保障人民合法权益》，《求是》2020 年第 12 期。

徐清：《新时代法理学教材的转型升级——〈法理学〉（第五版）教材修订纪实》，《法制与社会发展》2018 年第 4 期。

林来梵、张卓明：《论法律原则的司法适用——从规范性法学方法论角度的一个分析》，《中国法学》2006 年第 2 期。

郭明瑞：《民法总则规定民事责任的正当性》，《烟台大学学报》2014 年第 4 期。

邓肖潇、龚天平：《论亚里士多德关于正义的分配思想》，《湖北文理学院学报》2015 年第 1 期。

张新宝：《从〈民法通则〉到〈民法总则〉：基于功能主义的法人分类》，《比较法研究》2017 年第 4 期。

焦富民：《我国〈民法典〉居住权设立规则的解释与适用》，《政治与法律》2022 年第 12 期。

孙宪忠：《法律行为理论纲要》，《法治社会》2022 年第 6 期。

王洪：《合同形式要件欠缺与履行治愈论——兼评〈合同法〉第 36 条之规定》，

《现代法学》2005 年第 3 期。

罗昆：《缔约方式发展与民法典缔约制度完善》，《清华法学》2018 年第 6 期。

朱广新：《民法典之典型合同类型扩增的体系性思考》，《交大法学》2017 年第
1 期。

易军：《我国〈民法典〉买卖合同制度的重大更新》，《法学杂志》2022 年第 2 期。

杨立新、扈艳：《〈人格权法〉建议稿及立法理由书》，《财经法学》2016 年第 4 期。

联合国教育、科学及文化组织：《世界人类基因组与人权宣言》，《科技与法律》
2000 年第 3 期。

张新宝、高燕竹：《性骚扰法律规制的主要问题》，《法学家》2006 年第 4 期。

贾平：《人类可遗传基因组编辑的伦理和法律治理》，《经贸法律评论》2022 年第
1 期。

彭錞：《再论中国法上的隐私权及其与个人信息权益之关系》，《中国法律评论》
2023 年第 1 期。

王利明：《公众人物人格权的限制和保护》，《中州学刊》2005 年第 2 期。

李姗萍：《民法典时代背景下的忠诚协议》，《交大法学》2022 年第 5 期。

王歌雅：《离婚财产清算的制度选择与价值追求》，《法学论坛》2014 年第 4 期。

王利明：《体系化视野下〈民法典〉婚姻家庭编的适用——兼论婚姻家庭编与其
他各编的适用关系》，《当代法学》2023 年第 1 期。

龙著华：《论侵权法保护的利益》，《法商研究》2007 年第 4 期。

冯珏：《汉德公式的解读与反思》，《中外法学》2008 年第 4 期。

薛军：《〈民法典〉对精神损害赔偿制度的发展》，《厦门大学学报（哲学社会科学
版）》2021 年第 3 期。

韩荣：《〈民法典〉视野下知识产权合同法律规定的意定主义强化趋势及其影
响》，《大连理工大学学报（社会科学版）》2023 年第 1 期。

郑尚元：《雇佣关系调整的法律分界》，《中国法学》2005 年第 3 期。

胡亚非、杨鹏：《缺陷产品召回与行政处罚的关系研究》，《西南政法大学学报》
2014 年第 5 期。

李响：《我国食品安全诉讼中的惩罚性赔偿刍议》，《法治研究》2021 年第 1 期。

曾祥生、赵虎：《环境侵权民事责任归责原则研究》，《武汉大学学报（哲学社会科
学版）》2011 年第 6 期。

三、报纸类

习近平:《在哲学社会科学工作座谈会上的讲话》,《人民日报》2016年5月19日,第2版。

石岩、黄硕:《作家新书"一错千金"悬赏广告引纠纷》,《人民法院报》2018年7月10日,第3版。

沈峰、程汉鹏:《鼓励器官捐献应完善立法设计》,《人民法院报》2016年5月30日,第2版。

闫洋:《妻子婚前隐瞒重大精神疾病 丈夫请求法院判决撤销婚姻获支持》,《人民法院报》2021年7月3日,第3版。

史燕君:《郎咸平赠出去的房子为什么可以收回》,《国际金融报》2016年8月26日,第8版。

周常焱:《离婚诉讼中的"冷静期"》,《人民法院报》2021年2月23日,第6版。

周圣:《家事纠纷视野下的〈权力的游戏〉——家庭管理与国家治世之辩》,《人民法院报》2018年12月21日,第7版。

姬雷:《成年子女能否向父亲追索未按约支付的抚养费?》,《人民法院报》2021年6月22日,第3版。

王锡怀:《法院:赡养父母是强制性法定义务,免赡养协议无效》,《人民法院报》2021年6月25日,第3版。

林星雨:《继父和母亲离婚,继子女是否还有赡养义务?》,《人民法院报》2020年10月29日,第3版。

后 记

本书是广东省普通高校人文社科项目特色创新类《推进汕头城市治理法治化研究》(项目编号：2018GWTSCX069)成果。

本书能够完成得益于华东政法大学博士阶段学习、广东泛尔律师事务所的律师执业、上海交通大学出版社的支持，尤其得益于汕头职业技术学院领导和同事的帮助。感恩师友！感谢时光！

日拱一卒，功不唐捐。希望 5 年后，本书的续作《〈公司法〉释法说理》或《〈刑法〉释法说理》能够完成。